Verhandlungen
des
sechsunddreißigsten
Deutschen Juristentages
(Lübeck)

Herausgegeben
von
dem Schriftführer-Amt der ständigen Deputation

Erster Band:
(Gutachten)
1. Lieferung

Berlin und Leipzig 1930
Walter de Gruyter & Co.
vormals G. J. Göschen'sche Verlagshandlung — J. Guttentag, Verlagsbuchhandlung — Georg Reimer — Karl J. Trübner — Veit & Comp.

Druck von Walter de Gruyter & Co., Berlin W 10

Inhaltsverzeichnis.

I.

Gutachten des Herrn Senatspräsidenten am Reichsgericht i. R. Dr. Adolf Lobe-Leipzig

über die Frage:

Empfiehlt sich eine gesetzliche Regelung der Frage, ob und ev. in welchem Umfange das Reichsgericht nach Inkrafttreten des neuen Strafgesetzbuches an seine auf Grund des bisherigen StGBs. erlassenen Erkenntnisse gebunden und also bei etwaiger Abweichung zur Einholung einer Plenarentscheidung verpflichtet ist?

I.

1. Die Aufgabe eines höchsten Gerichtshofes ist von jeher eine doppelte gewesen: Erhaltung der Einheit der Rechtsprechung und Fortbildung des Rechts, Lobe, Fünfzig Jahre Reichsgericht, S. 3 ff., 19. Ist diese Aufgabe auf mehrere an sich selbständige Abteilungen des Gerichtshofes verteilt, derart, wie beim Reichsgericht, daß jeder Senat „das Reichsgericht" ist und seine Rechtsprechung die des ganzen Reichsgerichtes bedeutet, Lobe, a. a. O. S. 20, so besteht die Gefahr, daß die einzelnen Senate in der Rechtsprechung abweichen. Dann wird gerade die eine der Aufgaben, die Einheit der Rechtsprechung zu wahren, nicht erfüllt werden. Die andere Aufgabe aber, das Recht fortzubilden, wird gleichfalls in uneinheitlicher, und darum schädlicher Weise erledigt. Deshalb hat GVG. § 136 ein Mittel vorgesehen, um für das Reichsgericht diese Einheitlichkeit nach beiden Richtungen hin sicherzustellen. Es handelt sich hierbei nur um die Einheitlichkeit der Rechtsprechung des Reichsgerichtes selbst innerhalb der Senate. Nur dieses wird zunächst an seine eigene Rechtsprechung gebunden, nicht etwa schlechthin auch

die Rechtsprechung der Untergerichte, vgl. hierzu v. Weber, Rechtseinheit und Rechtsprechung S. 11. Diese sind nach StPO. § 358 nur in der einzelnen Rechtssache gebunden. Während aber sonst die dem Urteil beigegebenen Gründe nicht in Rechtskraft erwachsen, sondern nur die Entscheidung selbst, sind es hier gerade die Entscheidungsgründe, die auch die anderen Senate binden, soweit in diesen eine „Rechtsfrage" entschieden wird und auf dieser das Urteil beruht. Auch die Bindung des Reichsgerichtes ist verschieden. In derselben Rechtssache ist der entscheidende selbe Senat auch an seine eigene frühere Rechtsansicht gebunden, sofern er wiederholt im Rücklauf darin zu entscheiden hat, RGStr. 59, 31; 22, 156; 6, 357 u. a., während er im übrigen von seiner eigenen Rechtsauffassung, die er in früheren Entscheidungen vertreten hat, abweichen kann. Das gilt sowohl für die Zivilsenate als die Strafsenate, RGZ. 19, 275; 21, 305. GVG. § 136 will also nur die Einheit der Rechtsprechung unter verschiedenen Senaten herbeiführen. Dies wird dadurch erreicht, daß wirklich das ganze Reichsgericht in seinen vereinigten Senaten oder im Plenum zusammentritt und über die Unstimmigkeit der Auffassungen der verschiedenen Senate einen Spruch fällt, an den nun der erkennende Senat gebunden ist. Der Spruch des Plenums gleicht dem eines Rechtshofes. Er bringt eine die Senate des Reichsgerichtes bis auf weiteres bindende authentische Gesetzesauslegung.

Das Verfahren, das bei der Herbeiführung einer solchen Entscheidung des ganzen Reichsgerichtes nach GVG. § 136 vorgeschrieben ist, erfreut sich nicht der Beliebtheit bei den Reichsrichtern. Wie man es zu vermeiden sucht, ist bei Löwe-Rosenberg, Komm. z. GVG. § 136 Anm. 4 und Lobe, Archiv f. Rechtsphilosophie Bd. 20 zu ersehen. Daß es zum großen Teil weder mit dem Wortlaut noch mit dem Sinn des Gesetzes in Einklang zu bringen ist, ist schon mehrfach und von verschiedenen Seiten hervorgehoben worden, z. B. Gerland, Strafprozeßrecht S. 46, Jourdan in JW. 54 S. 929, Lobe, Archiv für Rechtsphilos. Bd. 20, 212; Oetker, JW. 57, 2266 und neuerdings noch v. Weber, Rechtseinheit und Rechtsprechung in „Recht und Staat in Geschichte und Gegenwart", Heft 66 (1929); Aug. Köhler in der Festgabe der Universitäten Bd. V S. 166 ff. Wenn Köhler a. a. O. S. 170 die Rechtsprechung der erstinstanzlichen Strafsenate der der Revisionssenate für die Frage des GVG. § 136 völlig gleichstellt, so übersieht er den von mir dagegen geltend gemachten Grund, daß bei ihnen das Abstimmungsverhältnis ganz verschieden ist und schon eine Minderheit die dem Angeklagten günstige Rechtsansicht in der ersten Instanz zur Geltung bringt, während bei den Revisionssenaten die absolute Mehrheit entscheidet. Es zwingt also eine Minderheit ihre Rechtsansicht nicht nur dem eigenen Senat auf — was hier aus rein rechtspolitischen Gründen zulässig erscheint — sondern auch allen anderen Revisionssenaten, hier aber fällt dieser in favorem des Angeklagten geltende Gesichtspunkt völlig fort und die Bindung kann das gerade Gegenteil einer Begünstigung herbeiführen.

Der Rechtszustand, wie er jetzt besteht, ist hiernach schon an sich unerfreulich und bedarf einer gründlichen Reform. Jedenfalls muß er, auch soweit die Praxis des Reichsgerichts sachlich billigenswert erscheint, auf die Basis des Gesetzes gestellt werden. Auf die Dauer geht es nicht an, das Gesetz so umzubiegen, wie es jetzt geschieht.

2. Aller Anlaß, hier Wandel zu schaffen, wird aber gegeben, wenn der Rechtsprechung des Reichsgerichtes mit der Anwendung eines neuen Strafgesetzbuches eine neue und schwierige Aufgabe erwächst. Daß das Gesetzbuch Leben gewinnt und eine vernünftige Auslegung erfährt, hängt allein von der Anwendung durch die Gerichte ab, vorab von der Rechtsprechung des Reichsgerichtes. Gerade am Anfang werden sich häufig Abweichungen in der Rechtsauffassung der einzelnen Senate ergeben. Da ist besonders eine Gewähr für die Herbeiführung einer Einheitlichkeit vonnöten. Diese darf dann nicht durch den horror pleni, wie er jetzt besteht, gefährdet werden. Es muß Fürsorge getroffen werden, daß die Anrufung in einer für die Praxis möglichen Weise gesetzlich geregelt wird, daß diese gesetzliche Regelung dann aber auch streng befolgt wird. Die Untergerichte werden noch mehr als jetzt auf die Entscheidungen des RG. auch dort sehen, wo sie rechtlich nicht an diese gebunden sind. Dann kann aber jede Abweichung bei den einzelnen Senaten und ihre Unstimmigkeit verhängnisvoll werden für die ganze Anwendung des neuen StGBs.

Die Frage, ob überhaupt das neue StGB. eine Reform des GVG. § 136 nötig macht, muß deshalb schlechthin bejaht werden, ganz ohne Rücksicht darauf, nach welcher Richtung hin die Reform sich zu bewegen hat.

3. Einer neuen Ausgestaltung der Plenarentscheidungen bedarf es aber auch noch aus einem anderen Grunde. Der horror pleni hat zu einem Festhalten an Rechtsanschauungen geführt, die offensichtlich nicht alle mehr von der Mehrzahl der Richter des RGs.

geteilt werden, von denen abzugehen aber nur möglich ist durch Herbeiführung einer Plenarentscheidung. Und da man diesen Weg nicht nur wegen seiner Umständlichkeit, sondern auch wegen der Unsicherheit eines günstigen Erfolges zu beschreiten zögert, ist es vielfach zu einer Erstarrung in der Rechtsprechung des RGs. gekommen, die alles andere als Erfüllung der weiteren großen Aufgabe, die Fortbildung des Rechts, bedeutet. Einmal übernommene Ansichten über Versuch mit untauglichen Mitteln und am untauglichen Objekt, über Bewußtsein der Rechtswidrigkeit, über Kausalität usw. werden trotz ihrer vielfachen Mißbilligung bei den Richtern des RGs. selbst doch weiterhin fortgeführt. Dieses Festhalten an einmal ausgesprochenen Rechtsansichten und sich Verschließen gegen die dagegen erhobene wohlbegründete Einwendungen darf aber gerade bei Entscheidungen auf Grund des neuen Strafgesetzbuches nicht stattfinden. Der Weg, um von einer früheren Entscheidung abzugehen, darf nicht versperrt werden durch eine unhandliche Einrichtung des Plenums. Gerade am Anfang ist auch das RG. selbst nicht völlig geschützt vor Irrtümern und wird nicht selten eine begründete Kritik seiner Urteile erfahren, die ihm die Nachprüfung und Revidierung seiner Ansicht leicht machen muß. Vgl. auch Aug. Köhler, a. a. O. S. 171.

II.

Weil nun zu erwarten ist, daß schon die Anwendung des neuen StGBs. selbst jedenfalls anfänglich in erhöhtem Maße zur Anrufung des Plenums führen wird, um auftauchende Meinungsverschiedenheiten der Senate über die Auslegung der neuen gesetzlichen Vorschriften zu beseitigen, da es immer eine Zeit dauert, bis sich eine ständige Rechtsauffassung über sie gebildet hat, so ist es um so dringender geboten, die Notwendigkeit dieser Anrufung auf das geringste Maß zu beschränken.

Diese Möglichkeit zeigt sich dort, wo in Frage kommt, ob Entscheidungen einer Rechtsfrage unter der Herrschaft des alten Strafgesetzbuches nach GVG. § 136 weiter bindend bleiben, wenn es sich um Entscheidung derselben Rechtsfrage nun unter der Herrschaft des neuen StGBs. handelt, Graf z. Dohna in Festgabe der Universitäten Bd. V S. 30.

1. Über den Begriff der „Rechtsfrage" i. S. von GVG. § 136 und über die Stellung des RGs. hierzu liegen bereits zwei wertvolle Abhandlungen vor von August Köhler, Plenarentscheidungen des RGs. in Strafsachen in der Festgabe der Universitäten für das

RG. Bd. V S. 160 und von Graf z. Dohna ebenda S. 30: Die Stellung des RGs. zum neuen Strafgesetzbuch. Da ich diesen zutreffenden und erschöpfenden Ausführungen nur beitreten kann, unterlasse ich es, die Frage hier noch einmal zu behandeln und verweise lediglich auf diese Abhandlungen.

Eine Rechtsfrage ist hiernach vom Richter immer dort zu entscheiden, wo es sich nicht um tatsächliche Feststellungen und Beweiswürdigungen, sondern um Auslegung und Anwendung einer Rechtsvorschrift handelt. Wie das Gesetz nun nicht die einzige Quelle des Rechts ist, Lobe in LZ. 1929 S. 865, so ist selbstverständlich auch der Begriff Rechtsvorschrift nicht identisch mit Gesetzesvorschrift, und eine Rechtsfrage kann zu entscheiden sein, ohne daß das Recht in einem Gesetz seine Grundlage hat. Die Anwendung des GVG. § 136 setzt weiter voraus, daß es sich um dieselbe Rechtsfrage handelt, die bereits von einem Senat des RGs. entschieden worden ist, und die nun ein anderer Senat in anderem Sinne entscheiden will. Kann eine Rechtsfrage nicht gleichzeitig in verschiedenem Sinne entschieden werden und die Rechtsvorschrift in verschiedenem Sinne zur Anwendung kommen, sondern immer nur in einem Sinne, so liegt diese Identität vor, Graf z. Dohna a. a. O. S. 42; Roesener, Reichsgericht und horror pleni (1912) S. 40; Aug. Köhler a. a. O. S. 161. Auch wenn ein Gesetz Quelle einer Rechtsvorschrift ist, so können doch mehrere Gesetze dieselbe, inhaltlich gleiche Rechtsvorschrift enthalten, sei es gleichzeitig, z. B. § 3 Nr. 2 Anfechtungsgesetz und KO. § 24, sei es nacheinander, letzteres namentlich wenn der Gesetzgeber aus einem früheren Gesetz eine Rechtsregel in ein neueres Gesetz übernimmt, z. B. § 3 Abs .1 des Geldstrfges. v. 21. XII. 21 (RGBl. S. 1604) in § 27b StGB. durch Ges. v. 27. IV. 1923 (RGBl. S. 254). Die Identität der Rechtsfrage ist sonach nicht von der Identität der Rechtsquelle, insbesondere des Gesetzes, und der Identität des Gesetzgebers abhängig. Diese wird auch nicht in GVG. § 136 gefordert, wenn dort die „Entscheidung über eine Rechtsfrage" als Anlaß zur Einholung einer Plenarentscheidung genommen wird. Eine derartige Beschränkung enthält der Wortlaut der Vorschrift nicht und widerspricht ihrem Sinn und Zweck. Denn nicht um der Rechtsvorschrift an sich ist gleichmäßige und einheitliche Auslegung sichergestellt, sondern um der Rechtsunterworfenen willen, deren Verhalten sie regeln soll. Für sie würde eine uneinheitliche Anwendung der Vorschrift ein ungleichmäßiges Handeln und Verhalten erfordern, was unerträglich wäre. Und das Ansinnen einer Änderung des Verhaltens durch Änderung der Auslegung der Rechtsvorschrift darf nur aus wichtigen, vom ganzen obersten Gerichtshof anerkannten Erwägungen gestellt werden. Für diese Wirkung kommt es aber auf den Wechsel der Rechtsquelle nicht an, sofern der Inhalt der Rechtsregel dieselbe bleibt. Es kann deshalb RGStr. 58, 110 nicht beigetreten werden, daß GVG. § 136 (137) nicht anwendbar sei, weil StGB. § 27b gegenüber § 3 Abs. 1 des Geldstrafgesetzes ein anderes Gesetz sei, da beide Rechtsvorschriften den gleichen Inhalt haben, dieselbe rechtliche Regelung vorschreiben. Und ebensowenig RGZ. 51, 76. Übereinstimmend hiermit erklärt Aug. Köhler a. a. O. S. 150: „Die Einheit der Rechtsfrage erfordert nicht notwendig Identität des Gesetzes". Ebenso Graf z. Dohna a. a. O. S. 32 und v. Weber, Rechtseinheit und Rechtsprechung S. 10.

2. Nun ist gewiß Graf z. Dohna a. a. O. S. 42 darin beizupflichten, daß „ein die Fundamente erfassender Wechsel der Rechtsauffassung, wie er sich in einem völlig neuen Gesetzgebungswerk kundgibt, alle in seinem Bereich auftauchende Rechtsfragen in neue Beleuchtung rückt," so daß eine Rechtsvorschrift als Bestandteil eines neuen Gesamtgesetzgebungswerkes auch inhaltlich nicht mehr dieselbe ist, trotz ihres anscheinend gleichen Inhalts, als sie es als Bestandteil eines früheren Gesetzgebungswerkes war. Dies kann der Fall sein, ist es aber nicht notwendig. Für den Entwurf des neuen StGBs. jedenfalls darf nicht gesagt werden, daß er gegenüber dem alten Strafgesetzbuch derart auf völlig neuen Grundlagen aufgebaut ist und völlig neue Rechtsgrundsätze enthält, daß schlechthin jede Einzelvorschrift inhaltlich etwas anderes gibt, als eine gleichlautende Vorschrift des jetzt geltenden StGBs. Die neuen Gedanken des Entwurfs, die sich auf das Wesen der Strafe, die Einführung sichernder und bessernder Maßnahmen, die Berücksichtigung des Rechtsirrtums u. a., beziehen, die dem Richter bei der Zubilligung der Strafe ein weitgehendes Ermessen gewähren, sind nicht solche, die das Wesen des Verbrechens betreffen, und die Typisierung der einzelnen Delikte schlechthin ändern. Keinesfalls treffen diese Bedenken dort zu, wo der Gesetzgeber selbst die Identität der neuen mit der alten Vorschrift hervorhebt und die neue Vorschrift gerade mit der Gleichheit begründet. Es ergibt die Begründung zum Entwurf vielfach, daß man Rechtsvorschriften des alten StGBs. und anderer Strafgesetze absichtlich ins neue StGB. übernehmen, daß man ferner die Auslegung, die Vorschriften des alten Rechts durch die Rechtsprechung des RGs.

erfahren haben, in den neuen Bestimmungen hat gesetzlich festlegen wollen. So wird im Entwurf v. 1927 § 73 Satz 5 die Vorschrift des StGBs. § 27b übernommen. Begründung S. 4 hierzu sagt: „Die Geldstrafe wird ähnlich wie im Geldstrafengesetz ausgestaltet; bei allen Vergehen kann, wenn Milderungsgründe vorliegen und der Strafzweck durch eine Geldstrafe erreicht werden kann, an Stelle einer verwirkten Freiheitsstrafe von höchstens 3 Monaten auf Geldstrafe erkannt werden". — Die Vorschrift des § 101 Abs. 1 „entspricht", wie die Begründung S. 66 sagt, im wesentlichen dem ersten Tatbestand des § 8 Nr. 1 des Ges. z. Schutz der Rep. v. 21. VII. 22 (RGBl. I 1922 S. 585). — „Der Tatbestand des § 107a, der durch Gesetz vom 23. Mai 1923 (RGBl. I S. 296) geschaffen worden ist, ist als § 173 in den neuen Abschnitt (Störung der öffentlichen Ordnung) eingestellt worden", Begr. S. 67: „Die Tatbestände, an die unter dem Gesichtspunkt einer Störung der Beziehungen zum Ausland in den §§ 112—114 eine Strafdrohung geknüpft wird, decken sich im wesentlichen mit dem geltenden Recht", Begr. S. 69. „Die einleitenden Bestimmungen des Entwurfs decken sich im wesentlichen mit den einleitenden Bestimmungen des StGBs., Begr. S. 6, 7, 8, 10. Das gilt auch für die Regelung der Verjährung, Begr. S. 59, und deren Ruhen, Begr. S. 60. Der Begriff des Beamten wird gesetzlich festgelegt, wie ihn bisher die Rechtsprechung des RGs. ausgebildet hat, Begr. S. 11. Ebenso ist die Regelung der Einziehung aus dem StGB. übernommen, Begr. S. 41. „Die Vorschriften des Entw. §§ 161, 162 decken sich im wesentlichen mit den §§ 137, 136 StGBs.", Begr. S. 86. Diese Beispiele ließen sich erheblich vermehren.

Ergibt sich aber aus den ausdrücklichen Erklärungen des Gesetzgebers, daß er alle diese Vorschriften des neuen StGBs. aus früheren Gesetzen übernommen hat und sie mit diesen inhaltlich gleich erachtet, so liegt auch eine gleiche Rechtsvorschrift vor, bei deren Auslegung es sich um dieselbe Rechtsfrage i. S. v. GVG. § 136 handelt. Der Umstand, daß die Vorschriften nun Bestandteile eines neuen Gesamtgesetzgebungswerkes geworden sind, ändert für diese absichtlich übernommenen Vorschriften hinsichtlich ihrer Identität nichts. Dann besteht aber für diese übernommenen Vorschriften auch die Bindung der Senate an die frühere Rechtsprechung und die Notwendigkeit, bei Abweichungen die Entscheidung des Plenums einzuholen. So ist z. B. auch für den Begriff der Sache nach Entw. § 161 RGStr. 24, 40 weiterhin maßgebend.

3. Gewisse Streitfragen über die Auslegung einzelner gesetz-

licher Vorschriften bleiben auch nach dem Entwurf eines neuen StGBs. bestehen. So über die Frage, ob ein Eidesunmündiger einen Meineid begehen kann, RGStr. 36, 278; ob schwerer Diebstahl vorliegt, wenn der Dieb zunächst nur in der Absicht, einen Mundraub zu begehen, einsteigt, dann aber andere Sachen nimmt, RGStr. 14, 312; über die Vermögensbeschädigung beim Betrug RGStr. 44, 230. Diese Streitfragen betreffen überall dieselben Rechtsfragen, wie sie bereits bei den Vorschriften des alten StGBs. bestanden. Vgl. hierzu zutreffend Floegel in Jur. Rundschau 1929 S. 206 ff.

4. Weiter gibt es Rechtsfragen allgemeiner Art, die überhaupt nicht im gegenwärtigen StGB. und im Entwurf eines StGBs. geregelt sind, worauf schon August Köhler a. a. O. S. 160 aufmerksam macht. Hierher gehören die über den Begriff der Verursachung und Unterbrechung des Ursachenzusammenhanges RGStr. 61, 318, der fortgesetzten Handlung, der Straflosigkeit der Selbstbegünstigung, der notwendigen Teilnahme, des Einflusses des bürgerlichen Rechts auf das Strafrecht (die Vorschrift des Entw. § 23 behandelt nur ein Teilproblem hiervon), Lobe, der Einfluß des bürgerlichen Rechts auf das Strafrecht (1898); Die ex tunc-Wirkung des bürgerlichen Rechts und ihre Bedeutung für die strafrechtliche Beurteilung, Rückwirkung und Fiktion im Strafrecht, Werner Schubert (1928), Kern in der Festgabe der Universitäten für das RG. Bd. V S. 146 ff. Saunus, Inwieweit ist der Strafrichter an präjudizielle Entscheidungen des Zivilrichters gebunden? (1928); Binding, Strafrechtliche und strafprozessuale Abhandlungen Bd. I S. 113, 125. Die Beantwortung all dieser Rechtsfragen ist unabhängig von der Geltung dieses oder jenes Strafgesetzes und wird durch die Einführung des neuen StGBs. in keiner Weise beeinflußt. Die Rechtsfrage bleibt hier wie dort dieselbe und für ihre Entscheidung muß daher nach wie vor GVG. § 136 gelten.

5. Von besonderer Bedeutung sind die Unrechtausschließungsgründe oder Rechtfertigungsgründe. Ihre rechtliche Regelung liegt anerkanntermaßen auf außerstrafrechtlichem Gebiete und nur zum geringen Teil sind sie im StGB. selbst behandelt, Beling, Grundzüge des Strafrechts (1925) S. 35; Graf z. Dohna, Recht und Irrtum (1925) S. 5, 9 ff.; Lobe im Leipziger Kommentar S. 15 u. a.; RGStr. 61, 247. Insbesondere kommen hier wieder schon nach Entw. § 23 auch Vorschriften des bürgerlichen Rechts in Betracht, ob und inwieweit sie die Rechtswidrigkeit ausschließen,

vgl. z. B. Zitelmann, Ausschluß der Widerrechtlichkeit im Archiv f. zivil. Praxis Bd. 99 (1906) S. 1; Voltz, Die Züchtigung fremder Kinder in ZtschStW. Bd. 50 (1929) S. 339 ff. Sind die Rechtsvorschriften über die Rechtfertigungsgründe aber außerstrafrechtlicher Natur, d. h. in ihrer Mehrheit jedenfalls nicht im Strafgesetzbuch geregelt, weder im gegenwärtigen noch nach dem Entwurf im künftigen, — wie ausdrücklich in der Begründung zu Entw. § 23 zugegeben wird, Begr. S. 21. — so kann selbst nach der unter 1 bekämpften Ansicht des RGs. das neue StGB. nicht die Einführung einer anderen Rechtsfrage bringen und die Identität beseitigen. Ist das StGB. überhaupt nicht die Rechtsquelle für sie, so muß eine Änderung des Strafgesetzes ohne Einfluß bleiben. Die Rechtsfrage, ob eine Ausschließung der Rechtswidrigkeit bei einem bestimmten Tatbestand vorliegt, oder nicht, bleibt beim alten wie beim neuen StGB. dieselbe und beantwortet sich für beide nach den gleichbleibenden außerstrafrechtlichen Rechtssätzen. Es macht auch keinen Unterschied, ob man die Rechtfertigungsregeln als Ausnahmen von den allgemeinen Regeln über die Rechtswidrigkeit ansieht, Frank, Kommentar z. StGB. (18. Aufl.) S. 140, oder ob man in ihnen die Bestimmung der Grenzgebiete erblickt, über die hinaus sich die Vorschriften über die Rechtswidrigkeit von vornherein nicht erstrecken und insoweit erkennen lassen, in welchem beschränkten Umfange sie gelten, Lobe im Leipziger Kommentar (4. Aufl.) S. 14. Die Entscheidungen über diese Rechtfertigungsgründe sind sonach wie für das alte, so für das neue StGB. maßgebend und daher muß auch für sie GVG. § 136 gelten. Für die Bedeutung der Einwilligung als Rechtfertigungsgrund wird das schon von Aug. Köhler a. a. O. anerkannt.

III.

Aus dem Ausgeführten ergibt sich, in welch weitem Umfange auch für das neue StGB. Entscheidungen des RGs. über Rechtsfragen bindend bleiben und, soll von ihnen abgewichen werden, das Verfahren nach GVG § 136 erforderlich ist. Das bedeutet aber nicht nur die Gefahr einer erheblichen Belastung des RGs, sondern, wenn man dieser ausweichen will, die Gefahr einer Erstarrung der Rechtsprechung. Trotz des neuen StGBs. werden sich dann Gesetz und Rechte wie eine ewige Krankheit fortpflanzen.

Ich habe bereits in meinem Bericht über Änderung des Strafverfahrens auf dem letzten Juristentag in Salzburg den Vorschlag gemacht, um eine gesunde Fortentwicklung des Rechts nicht um der Erzielung der Einheitlichkeit der Rechtsprechung willen zu unterbinden, die Notwendigkeit der Einholung einer Plenarentscheidung nach GVG. § 136 für Entscheidungen, die älter als 10 Jahre sind, entfallen zu lassen, Verhandlungen des 35. Deutschen Juristentages (1928) 2. Band, Stenogr. Berichte, S. 575. Der Vorschlag war aus dem Bedürfnis der Praxis heraus entsprungen. Es war mir damals unbekannt, daß ein ähnlicher schon früher von Kitzinger in „Juristische Aphorismen" (1922) Nr. 55 gemacht worden war und ich freue mich seiner Zustimmung, vgl. Festgabe Bd. V S. 258.

Das Bedürfnis tritt um so stärker hervor, wenn es sich um Rechtsfragen handelt, die nun in den Bereich des neuen Strafgesetzbuches hineinragen. Da entsteht ganz besonders lebhaft der Wunsch, mit den alten Entscheidungen einmal tabula rasa zu machen, sie nicht als Fessel weiter fortschleppen zu müssen, und einmal diese Rechtsfrage wieder von neuem und nach neuen Gesichtspunkten fortgeschrittener Erkenntnis nachprüfen zu können. Da dies nach der Rechtslage lediglich aus dem Grunde, weil ein neues Strafgesetzbuch erlassen worden ist, nicht möglich ist, ist hierzu eine gesetzliche Bestimmung erforderlich, die dem RG. diese Möglichkeit gibt. Und sie ist auch aus den soeben erwähnten Gründen wünschenswert, wie auch Graf z. Dohna a. a. O. der Festgabe S. 41 erklärt. Diese Vorschrift kann in dem Einführungsgesetz zum StGB. Platz finden und etwa folgendermaßen lauten:

> „Der Einholung der Entscheidung der vereinigten Strafsenate oder des Plenums nach GVG. § 136 Abs. 1 und 2 bedarf es nicht, wenn bei der auf Grund des neuen StGBs. zu treffenden Entscheidung über eine Rechtsfrage von einer Entscheidung abgegangen werden soll, die das RG. früher auf Grund des alten StGBs. getroffen hat."

Durch eine derartige Vorschrift würde auch in den oben unter 1—5 erwähnten Fällen die Anwendung des GVG. § 136 sich erledigen.

II.

Gutachten des Herrn Rechtsanwalts Dr. Gustav Schwartz-Berlin

über die Frage:

Empfiehlt es sich, das Reichs- und Staatsangehörigkeitsgesetz von 1913 in seinen grundsätzlichen Bestimmungen abzuändern?

Inhaltsübersicht.

Das deutsche Staatsangehörigkeitsrecht (StAR.) hat Krieg und Umwälzung ohne formale Änderung überstanden. Einige wenige Bestimmungen sind durch den äußeren und inneren Strukturwandel des deutschen Staatswesens gegenstandslos geworden — so die elsaß-lothringische StA. und die Entziehung der StA. wegen Nichterfüllung der Wehrpflicht — aber im übrigen gilt auch materiell unverändert noch heute, was vor dem Kriege im Reichs- und Staatsangehörigkeitsgesetz vom 22. Juli 1913 erschöpfend niedergelegt worden war[1]). Zu anderen Zeiten sind 16 Jahre eine kurze Lebensdauer für ein Staatsgrundgesetz; unser älteres vom 1. Juni 1870 hatte ein Alter von 44 Jahren ungerechnet einiger Verjüngungskuren erreicht. Heute altern deutsche Gesetze rasch; aber auch die Staatsangehörigkeitsgesetze des Auslandes haben zumeist den Krieg nicht überlebt: unser Gesetz ist relativ uralt. Aber im Leben der Gesetze ist weder Jugend eine Vermutung für Kraft noch Alter ein Anzeichen von Schwäche.

Das Gesetz vom 22. Juli 1913[2]) konnte einigen Anspruch auf Dauerwert erheben. Allerdings verdankte es seinen Ursprung einem einzelnen Mißstand, dessen Beseitigung von der öffentlichen Meinung seit vielen Jahren gefordert worden war: dem Verlust der StA. durch 10jährigen Auslandsaufenthalt nach § 21 des Gesetzes von 1870. Die Regierungsvorlage bezeichnete daher als Ziel des neuen Gesetzes in erster Linie die Erhaltung des Deutschtums im Ausland[3]). Das hat jedoch nicht gehindert, daß schon der Entwurf, der sich auch formell als völlig neue Kodifikation ausgab, über dieses Ziel hinaus nicht unwesentliche Änderungen am bisherigen Recht vorsah. Namentlich aber hat der Reichstag in gründlicher Kommissionsarbeit und ausgedehnten Plenarverhandlungen eine Überprüfung des gesamten Rechtsstoffs vorgenommen und kaum eine der Fragen unerörtert gelassen, die sich auch heute bei einer Gesetzesreform aufdrängen würden. Wenn die zahlreich vorgebrachten weitgehenden Änderungswünsche die Vorlage nicht erheblich umzugestalten vermochten, so zeigt sich gerade hierin, daß der primäre Widerstand der Reichsressorts und des Bundesrats gegen eine Gesamtreform unserer für

---

[1]) Von der Änderung des § 38 durch das Gesetz v. 5. Nov. 1923 (RGBl. I S. 1077), das allgemein Gebührenhöchstsätze für die Erteilung der wichtigsten Urkunden einführte, und der Ausführungsvo. vom 27. Juni 1924 (RGBl. I S. 659) kann hier abgesehen werden.

[2]) Die folgende Kommentarliteratur wird nur nach den Verfassernamen zitiert: v. Keller und Trautmann, Kommentar zum RuStAG., München 1914, Cahn, Reichs- und Staatsangehörigkeitsgesetz, Berlin 1914, E. Isay, Kommentar zum RuStAG. und zu den deutschen StAs.verträgen, Berlin 1929, Schätzel, Das deutsche Staatsangehörigkeitsrecht, Berlin 1928, Woeber und Fischer, RuStAG. von 1913 mit den bayrischen Vollzugsvorschriften, 4. Aufl., München 1928. Darstellungen des deutschen StARs: Gmelin, „Staatsangehörigkeit" im Handwörterbuch d. Rechtswissenschaft V, S. 612, Sartorius, „Erwerb und Verlust der deutschen StA." im Hdb. d. deutschen Staatsrechts hgg. von Anschütz u. Thoma, I S. 258, Tübingen 1929.

[3]) Begründung S. 15 ff., Verh. d. Reichstags XIII. Leg.-Per. 1. Session Drucksachen Bd. 298 Nr. 6.

das StAR. geltenden Grundsätze von einer breiten Reichstagsmehrheit unterstützt wurden und in dem Ergebnis die herrschende Auffassung der Zeit mit großer Treue zum Ausdruck kam. Hielt doch auch der Fortschritt die Ablehnung mancher seiner Reformwünsche für nicht so schwerwiegend, daß er sich von der Annahme des Gesetzes ausgeschlossen hätte; nur die Sozialdemokratie und die Protestparteien der Grenzländer haben den von der Kommission bearbeiteten Entwurf abgelehnt. Das wohl vorbereitete Ergebnis einer ausgedehnten öffentlichen Erörterung und einer jahrelangen gemeinsamen Arbeit von Regierung und Reichstag war in einer der fruchtbarsten Arbeitsperioden des alten Reichstags ohne ernste parlamentarische Kämpfe langsam herangereift und ist von der öffentlichen Meinung des Inlands — nicht des Auslands, worauf zurückzukommen ist — ganz überwiegend begrüßt worden. Die gesetzgebenden Faktoren haben dem Gesetz von 1913 die sicheren Züge einer gegebenen und anscheinend unabänderlichen Staats- und Rechtsauffassung eingeprägt und nach eingehender Prüfung bewußt eine umfassende Neugestaltung abgelehnt. Es spiegelt in den Bestimmungen, die es enthielt, und nicht weniger in denen, die ihm fehlten, das Deutschland von 1913 auf der Höhe seiner Macht, seiner kolonialen Ausdehnung, seines Volksreichtums innerhalb und außerhalb der politischen Grenzen, das Deutschland der allgemeinen Wehrpflicht, der personenrechtlichen Unselbständigkeit der Ehefrau und nicht zuletzt den Bundesstaat preußischer Führung wieder. Ob es mit diesem Charakter eine von der damaligen Staatsauffassung des europäischen **Auslands** grundsätzlich abweichende Gestaltung aufwies, ein Vorwurf, der ihm im In- und Ausland schon damals gemacht worden ist, wird einer rechtsvergleichenden Prüfung bedürfen.

A. Das materielle Staatsangehörigkeitsrecht.

Will man unser StAR. in die Entwicklung des Rechts der ausländischen Staaten einordnen, so ist besser derjenige Mechanismus auszuschalten, der unserm Gesetz infolge des **Bundesstaatscharakters** des Deutschen Reichs eingefügt werden mußte. Das Verhältnis von Reichs- zu Landesangehörigkeit sowie die unmittelbare RA. und die Verfahrensfragen können für die Betrachtung der internationalen Rechtsentwicklung und die Reformbedürftigkeit unserer Erwerbs- und Verlustnormen aus dem Spiel bleiben.

I. Die Grundsätze des Gesetzes von 1913.

1. Der Abstammungsgrundsatz. Zwei Kriterien stehen zur Verfügung: Geburtsort und Abstammung. Das deutsche Gesetz hat als grundlegendes Prinzip den Abstammungsgrundsatz (ius sanguinis) von seinem Vorgänger übernommen: Deutscher wird durch Geburt das eheliche Kind eines deutschen Vaters, das uneheliche Kind einer deutschen Mutter. Dieser Grundsatz gilt mit ausnahmsloser Strenge: Es wird trotz Geburt in Deutschland das Kind eines Ausländers nicht Deutscher, selbst wenn seine Vorfahren seit Generationen in Deutschland leben, während umgekehrt das im Ausland geborene Kind eines Deutschen mit der Geburt Deutscher wird, gleichgültig, ob bereits sein Vater oder Großvater im Ausland geboren war; entscheidend ist allein die im Zeitpunkt der Geburt des Kindes noch vorhandene deutsche StA. des Vaters. Auch die Bestimmung unseres § 4 Abs. 2, nach der in Deutschland aufgefundene Findelkinder als Kinder eines Deutschen gelten, stellt keine Ausnahme vom ius sanguinis, sondern eine widerlegbare Vermutung für eine deutsche Abstammung dar.

2. Der Grundsatz der Ermessungseinbürgerung. Der Staat kann die Rechtssätze über die Einbürgerung von Ausländern sehr verschieden ordnen, je nachdem ob er grundsätzlich das Verschmelzen der im Land wohnenden Fremdbevölkerung beschleunigen, hemmen oder verhindern will. Je mehr er die Verschmelzung wünscht, desto näher liegt für ihn die Hinneigung zum ius soli, das in seiner reinen Form nichts anderes als langsame Zwangseinbürgerung der im Inland geborenen Fremden bedeutet. Diese Hinneigung kann sehr wohl auch Länder des ius sanguinis erfassen; ius sanguinis und ius soli schließen sich begrifflich nicht aus und das ius soli läßt sich von der unbedingten Zwangseinbürgerung über eine bedingte Einbürgerung mit Ablehnungrecht bis zum Einbürgerungsanspruch abschwächen. Deutschland huldigt dem reinen ius sanguinis jedoch auch in dem Sinne, daß es das ius soli selbst in abgeschwächter Form ausschließt. Der Umstand, daß ein Fremder in Deutschland geboren ist, spielt niemals mit der Wirkung eine Rolle, daß der Betreffende auch nur einen Anspruch auf Einbürgerung besitzt. Deutschland befolgt vielmehr mit ziemlicher Strenge den Grundsatz der Ermessenseinbürgerung im Wege staatlicher Verleihung. Soweit es einen Anspruch auf Einbürgerung gewährt, geschieht es aus dem Prinzip des ius sanguinis heraus: indem es den Wiedererwerb früher verlorener

StA. [4]) gestattet. Die Geburt in Deutschland dagegen stellt, wenn sie mit der Niederlassung in Deutschland zusammentrifft, lediglich eine gewisse, auf das 22. und 23. Lebensjahr beschränkte Naturalisationserleichterung dar (§ 9 Abs. 2).

Die Mindestvoraussetzungen der Einbürgerung sind im Regelfall: volle Geschäftsfähigkeit, Unbescholtenheit, Niederlassung in Deutschland, Wohnung am Niederlassungsort, Unterhaltsfähigkeit für sich und die Angehörigen. Eine Mindestdauer der der Einbürgerung vorangehenden Inlandsniederlassung wird vom Gesetz nicht gefordert. In Ausnahmefällen können ehemalige Deutsche und deren Abkömmlinge auch ohne Niederlassung im Inland eingebürgert werden (§ 13, 33 Ziff. 2).

3. Grundsatz der Familieneinheit. Er drückt sich darin aus, daß die Ausländerin durch Eheschließung mit einem Deutschen die deutsche StA. erwirbt und die Deutsche durch Eheschließung mit einem Ausländer die deutsche StA. verliert (§ 6, 17 Ziff. 6). Der Grundsatz gilt ausnahmslos, auch dann, wenn einerseits die Ausländerin ihre Heimatangehörigkeit durch die Eheschließung nicht verliert oder wenn andrerseits der Ausländer staatenlos ist oder die Deutsche die StA. ihres Ehemannes nach dessen Heimatrecht nicht erwirbt. Unter den Gesichtspunkt der Familieneinheit reiht sich auch die staatsangehörigkeitsrechtliche Wirkung der Legitimation ein: Die Legitimation durch einen Deutschen begründet den Erwerb, diejenige durch einen Ausländer den Verlust der deutschen StA. (§ 5, 17 Ziff. 5) [5]). Der Grundsatz der Familieneinheit wirkt sich ferner darin aus, daß die Einbürgerung des Ausländers sich regelmäßig auch auf seine Ehefrau und seine minderjährigen Kinder erstreckt (§ 16 Abs. 2). Entsprechendes gilt nicht in gleichem Umfang im Fall des Verlusts der deutschen StA. Der Grundsatz der Familieneinheit bedeutet in erster Linie staatsangehörigkeitsrechtliche Unselbständigkeit der Ehefrau. Sie kann soweit gehen, daß ihr ein selbständiges Antragsrecht in StAs.dingen versagt wird. In Deutschland gilt das nicht für den Erwerb: ausländische Ehefrauen können für sich allein und ohne Zustimmung des Mannes in Deutschland eingebürgert werden. Dagegen kann die deutsche Ehefrau nicht ohne Mitwirkung ihres Ehemannes den Verlust der deutschen StA. herbeiführen.

---

[4]) Der Erwerb durch Anstellung im öffentlichen Dienst wird vom Gesetz als Unterfall der Einbürgerung behandelt (§ 15, 34).

[5]) Ein Gleiches gilt jedoch nicht für die Adoption.

4. Grundsätze des **Verlusts** auf Grund
a) ausdrücklichen oder vermuteten **Verzichts**
b) staatlicher **Ausbürgerung wegen Nichterfüllung staatsbürgerlicher Pflichten.**

Zu a). Die wichtigsten, in bevölkerungspolitischer Hinsicht allein ins Gewicht fallenden Verlustgründe lassen sich auf den gemeinsamen Gedanken zurückführen, daß ein ausdrücklicher oder zu vermutender Wille, die StA. aufzugeben, vom Staate anzuerkennen sei. Am deutlichsten tritt die Maßgeblichkeit eines solchen Verzichtswillens für die deutsche Rechtsauffassung in dem dem deutschen Recht eigentümlichen Institut der **Entlassung** zutage (§ 18 bis 24). Hier wird dem in einem Antrage geäußerten Wunsch auf Entlassung aus der StA. nachgegeben. Sie gilt allerdings als nicht erteilt, wenn der Betreffende seinen Wohnsitz in Deutschland behält. Dagegen wird ein Nachweis, daß der Antragsteller eine andere StA. besitzt oder erwirbt, nicht verlangt, wie unserm Recht überhaupt die Verhinderung der Staatenlosigkeit nicht als Grundsatz innewohnt.

Von größerer praktischer Bedeutung ist der Grundsatz des § 25, nach dem der auf Antrag erfolgte **Erwerb einer ausländischen StA.** auch ohne vorherige Entlassung den Verlust der deutschen StA. zur Folge hat. Diese Bestimmung hat erst das Gesetz von 1913 in unser Recht aufgenommen. Der Wille zum Verzicht wird hier auf Grund schlüssigen Verhaltens vermutet. Die Vermutung kann durch einen ausdrücklichen Antrag auf Beibehalt der deutschen StA. widerlegt werden; die Genehmigung braucht nicht erteilt zu werden (§ 25 Abs. 2, 3). Dagegen hat das Gesetz von 1913 jene andere außerordentlich weitgehende Vermutung eines Verzichts auf die StA. endgültig preisgegeben: ein mindestens 10jähriger ununterbrochener Aufenthalt im Ausland führt den Verlust der StA. in keinem Fall mehr herbei; eines Eintrags in die Konsulatsmatrikel bedarf es daher zur Widerlegung einer solchen Vermutung nicht mehr (§ 21 Ges. v. 1870).

Zu b) Unser Gesetz kennt drei Fälle der Ausbürgerung wegen Nichterfüllung staatsbürgerlicher Pflichten: α) die automatische Zwangsausbürgerung wegen Nichterfüllung der Wehrpflicht oder wegen Fahnenflucht (§ 26), die Zwangsausbürgerung durch Ausspruch der Behörde, β) wegen Nichtbefolgung eines Rückkehrgebots im Kriegsfalle (§ 27) oder γ) wegen Nichtbefolgung einer Aufforderung zum Austritt aus ausländischem Staatsdienst (§ 28). Gemeinsam ist allen drei Bestimmungen, daß sie sich an Deutsche **im Ausland** wenden[6]). Mangels einer anderen Zugriffsmöglichkeit zerschneidet der Staat das Band zwischen sich und dem abtrünnigen Angehörigen. Die Bestimmung zu α) ist neu in das Gesetz von 1913 aufgenommen worden und unterscheidet sich von den beiden andern Fällen schon dadurch, daß die Folge der Pflichtverletzung zwangsläufig, ohne Ausspruch der Behörde, eintritt.

Die Bestimmung zu β) kann zwar gleichfalls dem Wehrgedanken dienstbar gemacht werden, setzt aber unabhängig hievon eine allgemeine Treuepflicht gegenüber dem Staat voraus, deren Erfüllung in der Rückkehr in die durch Kriegsgefahr bedrohte Heimat gesehen wird. Das Rückkehrgebot kann sich generell an bestimmte Personengruppen in Form öffentlicher Bekanntmachungen wenden; der Ausbürgerungsbeschluß der Behörde ergeht jedoch individuell gegen die einzelne Person bzw. das einzelne Familienhaupt.

Die Bestimmung zu γ) ist im Gegensatz zum Fall β) nicht auf den Kriegsfall beschränkt. Dagegen kann wie im Fall β) die Aufforderung zum Austritt auch durch allgemeine Maßnahmen erfolgen, z. B. etwa durch das Gebot an alle Fremdenlegionäre deutscher StA., aus deren Diensten auszutreten.

II. Die Entwicklung des Staatsangehörigkeitsrechts im Ausland in neuerer Zeit.

Wirft man einen Blick auf die Gesetzgebung des Auslands, so ergibt sich unverkennbar, daß mit dem Ausbruch des Weltkriegs eine vermehrte Tätigkeit der Gesetzgeber auf dem Gebiet des StAR. einsetzt. Die Bewegung ist nicht beschränkt auf die kriegführenden Staaten, ergreift vielmehr auch die neutralen Völker. Sie ist uneinheitlich in den Motiven und im Ergebnis; durch den Krieg ausgelöste gegensätzliche Kräfte, wie die auf Vermehrung der Bevölkerungsziffer gerichtete Wehrpolitik auf der einen und der Fremdenhaß auf der anderen Seite, haben in mehreren Ländern mit verschiedenem Erfolg, ja im gleichen Land im Verlauf des Kriegs mit wechselndem Glück miteinander gerungen. Der Krieg gab überdies nur den Anstoß: voll entfaltet sich die Bewegung erst in der Umwälzungs- und Umbildungszeit des letzten Jahrzehnts; das Entstehen neuer Staaten bedingt zudem erstmalige Regelungen der Grundsätze über die Zugehörigkeit zum Staatsvolk[7]).

---

[6]) Formell besteht diese Voraussetzung nicht im Falle γ); jedoch werden Fälle ohne diese Voraussetzung sehr selten praktisch werden.

[7]) Eine ausführliche rechtsvergleichende Darstellung dieser Erscheinungen

Eine Untersuchung der Änderungsbedürftigkeit unseres deutschen Gesetzes kann an dem Ergebnis der legislatorischen Bewegung des Auslandes nicht vorübergehen. Nicht nur weil unsere Materie in besonderem Maß international verzahnt ist und die Verschiedenheit des Rechtszustands zu unerwünschten Anomalien des Rechtsverkehrs, z. B. Staatenlosigkeit und Doppelstaatsangehörigkeit führt, sondern weil eine rechtsvergleichende Betrachtung den ideengeschichtlichen Zusammenhang der Rechtsentwicklung herstellt und uns rechtspolitisch vor drüben erkannten Fehlern und ungewollter Rechtsisolierung bewahren könnte. Freilich darf eine solche Prüfung niemals die konkreten Bedürfnisse des ausländischen Staates außer acht lassen und etwa der Vereinheitlichung wegen für angleichungswürdig halten, was ein besonderes bevölkerungspolitisches Interesse im Ausland gebot.

Sehen wir von den lediglich durch Kriegserfordernisse bedingten zeitweiligen Maßnahmen ab, so sind an bedeutsamen Neuregelungen des Staatsangehörigkeitsrechts im Ausland folgende Gesetze zu verzeichnen [8]):

das ägyptische Dekret-Gesetz von 1929, das albanische bürgerliche Gesetzbuch von 1929, das britische durch die Novellen von 1918 u. 1922 ergänzte Gesetz von 1914, die belgischen Gesetze von 1922 u. 1926, das Danziger Gesetz von 1922, die Verfassung der dominikanischen Republik von 1924, die im wesentlichen übereinstimmenden skandinavischen Gesetze, nämlich das dänische Gesetz von 1925 und das isländische Gesetz von 1926, das norwegische sowie das schwedische Gesetz von 1924, das estnische Gesetz von 1922, die finnischen Gesetze von 1920 und 1927, das französische Gesetz von 1927, die griechischen Dekrete von 1926 und 1927, das bürgerliche Gesetzbuch von Guatemala von 1926, das italienische Gesetz von 1926, die japanischen Gesetze von 1916 u. 1924, das jugoslavische Gesetz von 1928, das kubanische Gesetz von 1929, die lettischen Gesetze von 1919 und 1927, das litauische Gesetz von 1919 und die Memelgebietsgesetze von 1928 u. 1929, die mexikanische Verfassung von 1917, das

enthält mein Buch „Das Recht der Staatsangehörigkeit in Deutschland und im Auslande seit 1914", Berlin 1925 (zitiert: Schwartz).

[8]) Die obige Übersicht stützt sich in erster Linie auf E. Isay, Kommentar zum RuStAG., S. 291 ff., Magnus, Tabellen zum internationalen Recht (Heft 2: Staatsangehörigkeit, Mitarbeiter: Schwartz u. Mersmann-Soest), Berlin 1926.

österreichische Gesetz von 1925, das polnische Gesetz von 1920, das rumänische Gesetz von 1924, das russische Bundesstaatsangehörigkeitsgesetz von 1924, die schweizerischen Gesetze von 1920 und 1928, das tschechoslowakische Gesetz von 1920 (es bringt keine Neuordnung, sondern läßt das alte österreichische und ungarische Recht weitergelten), das türkische Gesetz von 1928, das Gesetz der Vereinigten Staaten von 1922, die Gesetze von Venezuela von 1916 und 1928.

Aus den Neufassungen bzw. Änderungen der Gesetze dieser teils alten teils neuen Staaten lassen sich folgende Grundzüge entnehmen, wobei jeweils erkennbar gemacht wird, ob seit 1914 eine grundsätzliche Änderung am Staatsangehörigkeitsrecht vorgenommen wurde.

1. Erwerb durch Geburt.

a) Reines Abstammungsprinzip mit grundsätzlicher Ablehnung der Zwangseinbürgerung. Dem ausschließlichen ius sanguinis ohne gleichzeitige Zulassung eines automatisch wirkenden ius soli huldigen:

Belgien (das sein bis 1922 neben dem ius sanguinis geltendes ius soli zu einer facultas soli, d. h. einem Optionsrecht abgeschwächt hat), China[9]), Danzig[9]), Estland, Finnland, Japan[9]), Jugoslavien, Lettland, Litauen[9]), Mexiko (das sein bis 1917 geltendes ius soli zu einem Optionsrecht abgeschwächt hat), Österreich[9]), Polen[9]), Rumänien[9]), Rußland, Tschechoslowakei.

Hinzu treten als Länder, die den gleichen Rechtszustand bereits vor 1914 gehabt haben bzw. ihr Recht seit dieser Zeit nicht revidiert haben: Deutschland, Monaco, Niederlande[9]), Spanien, Ungarn.

b) Reines Geburtsortsprinzip (also Zwangseinbürgerung) ohne grundsätzliche Berücksichtigung der Abstammung. Das ausschließliche ius soli ohne daneben geltendes automatisch wirkendes ius sanguinis ist seit 1914 in keinem Land neu eingeführt. Es gilt — meist mit Zulassung wenigstens einer facultas sanguinis — aus der Zeit vor 1914 in:

Argentinien, Bolivien[10]), Brasilien[10]), Chile[10]), Ko-

[9]) Mit der Einschränkung, daß grundsätzlich ein ius soli für die im Inland geborenen Kinder von Staatenlosen besteht.

[10]) Jedoch mit Zulassung des ius sanguinis, wenn die Eltern bzw. das Kind sich später im Inland niederlassen.

lumbien, Ecuador[11]), Guatemala[10]), Nikaragua, Paraguay[10]), Peru, Portugal[10]), Uruguay.

c) Verbindung von Abstammungsprinzip mit Geburtsortsprinzip in verschiedenen Abstufungen (also Zwangseinbürgerung). Diese Kombination von ius sanguinis mit automatisch wirkenden ius soli, wobei zumeist die Möglichkeit besteht, die iure soli erworbene StA. wieder auszuschlagen, weisen auf:

Ägypten[12]), Britisches Reich[13]), Dänemark[14]), Dominikanische Republik[15]), Frankreich[16]), Griechenland[15]), Italien, Island[14]), Norwegen[14]), Schweden[14]), Türkei[16]), Schweiz (sie hat wenigstens durch die am 20. Mai 1928 erfolgte Änderung des Art. 44 der Bundesverfassung die Voraussetzung zur Einführung des ius soli gegeben, soweit es sich um Kinder, deren Mutter schweizerischer Abstammung ist, handelt), Vereinigte Staaten[17]).

Hinzu treten als Länder, die den gleichen Rechtszustand bereits vor 1914 gehabt haben bzw. ihr Recht seitdem nicht verändert haben:

Bulgarien[18]), Luxemburg[19]), Venezuela.

2. Erwerb durch Naturalisation.

Eine rechtsvergleichende Aufzählung ist ohne Interesse, soweit es sich um die eigentliche Ermesseneinbürgerung handelt. Sie

---

[10]) Siehe S. 19.

[11]) Ius soli gilt nur, wenn die ausländischen Eltern im Inland ansässig sind. ius sanguinis wird zugelassen, wenn das Kind sich im Inland niederläßt u. für E. optiert.

[12]) Ius soli wirkt erst in 2. Generation und nur zugunsten gewisser Volks- und Religionszugehörigkeit. Andernfalls besteht nur facultas soli (Optionsrecht für Ägypten).

[13]) Reines ius soli. Ius sanguinis verliert mit der in der 2. Generation im Ausland erfolgenden Geburt seine volle Wirkung. Über die wechselnde Einschätzung des ius sanguinis in England s. Schwartz, S. 70/71.

[14]) Ius soli wirkt nur bei Wohnsitz im Inland bis zum 19. bzw. 22. Lebensjahr. Ius sanguinis verliert bei tatsächlicher Entfremdung von der Heimat in der 2. Generation seine Kraft.

[15]) Ius soli wirkt erst in 2. Generation unbedingt, sonst nur bei Wohnsitz im Inland bei Volljährigkeit.

[16]) Ius soli wirkt erst in 2. Generation unbedingt.

[17]) Mit Abschwächung des ius sanguinis wie des ius soli bei tatsächlicher Entfremdung von der Heimat.

[18]) Ius soli wirkt nur bei Wohnsitz in B. bei Volljährigkeit.

[19]) Ius soli wirkt erst in 2. Generation und bei Zusammentreffen weiterer Voraussetzungen.

findet sich in allen Staaten. Meist sind die Voraussetzungen gesetzlich geregelt, aber als Mindestbedingungen, so daß sich aus ihnen über die größere oder geringere Naturalisationsfreundlichkeit des Staats wenig entnehmen läßt. Einige Länder räumen dem Naturalisierten nicht die vollen Staatsbürgerrechte ein. Häufig sind ihm die höchsten Ämter und politische Mandate verwehrt. In Belgien fehlen ihm sogar grundsätzlich die politischen Rechte, wenigstens bei der naturalisation ordinaire. Wichtiger ist, daß eine Reihe von Ländern die Naturalisation nachträglich wieder rückgängig machen können (s. unten 4 d).

Die Naturalisation, auf die der Antragsteller einen im Rechtsweg verfolgbaren Anspruch hat, und erst recht der Erwerb der StA. durch Option, d. h. durch einseitige Willenserklärung, verdienen gesetzgebungspolitisch ein größeres Interesse. Beide Formen stellen die Mitte zwischen den automatischen Erwerbsarten und der Ermessenseinbürgerung dar. Praktisch sind sie meist eine Konzession an den Gedanken des ius soli und als sogenannte facultas soli aufgebaut, d. h. das Zusammentreffen von Geburt im Inland mit andern Zugehörigkeitsmerkmalen ergibt die Qualifikation. Derartige Regelungen finden sich in Ägypten (1929), Belgien (1922—26), Frankreich (1927), Haiti, Honduras (als facultas soli und als facultas sanguinis), Italien, Luxemburg, Mexiko (1917), Rußland (1924), Spanien, Türkei (1929), sowie als facultas sanguinis in Argentinien, Ekuador, Guatemala, Nikaragua, Peru und Portugal.

Von dem Wiedererwerb einer früher verlorenen StA., der nahezu überall gesetzlich erleichtert wird, kann hier abgesehen werden.

3. Einfluß der Eheschließung auf die StA. der Ehefrau.

Der Grundsatz, nach dem die Ausländerin durch Eheschließung mit einem Inländer bedingungslos die inländische StA. erwirbt und die Inländerin durch Eheschließung mit einem Ausländer bedingungslos die inländische StA. verliert, hat in den letzten 15 Jahren nach verschiedener Richtung zugunsten einer rechtlichen Selbständigkeit der Ehefrau eine Abschwächung erfahren. Es sind heute drei Ländergruppen zu unterscheiden (Jahreszahlen geben an, ob das betr. Land seit 1914 grundsätzliche Neuordnungen an seinem StAR. vorgenommen hat)[20]):

[20]) Die hier vervollständigte Übersicht in meinem Aufsatz in der JW. 1928

a) Grundsätzliche Unselbständigkeit der Ehefrau. Länder, die den Erwerb durch Eheschließung mit einem Inländer und den Verlust durch Eheschließung mit einem Ausländer eintreten lassen (soweit der Verlust nur eintritt, wenn die Betr. die StA. ihres Gatten nach dessen Heimatrecht erwirbt, ist dies durch Sperrdruck hervorgehoben): Ägypten (1929), Britisches Reich (1914—22), Bolivien (bez. des Erwerbs bestritten), Bulgarien, China, Costa Rika, Danzig (1922), Deutschland, Dominikanische Republik (1924), Griechenland (1926—27), Haiti, Japan (1916—24) Italien, Lettland (1919—27), Litauen (1919), Luxemburg, Mexiko (1917), Monako, Nikaragua, Niederlande, Österreich (1925), Persien, Peru[20a]), Polen (1920), Portugal, Salvador, Siam Schweiz (1920—28), Spanien, Tschechoslowakei, Ungarn, Venezuela (1916).

b) Bedingte Selbständigkeit der Ehefrau.

α) Bedingsloser Erwerb durch Eheschließung mit einem Inländer. Verlust durch Eheschließung mit einem Ausländer erst bei Wohnsitzverlegung ins Ausland: Dänemark (1925), Island (1926), Norwegen (1924), Schweden (1924), Finnland (1927), Ecuador, Honduras.

β) Erwerb durch Eheschließung mit einem Inländer und Verlust durch Eheschließung mit einem Ausländer mit der Möglichkeit, durch Option den Erwerb bzw. Verlust nicht eintreten zu lassen: Belgien (1922—26); Optionsmöglichkeit nur zugunsten des Nichterwerbs: Jugoslavien (1928); nur zugunsten des Nichtverlusts: Albanien (1929)[20b]), Estland (1922), Rumänien (1924).

γ) Erwerb durch Eheschließung mit einem Inländer. Nichtverlust durch Eheschließung mit einem Ausländer: Kuba (1926)[20b]) Türkei (1928),

δ) Nichterwerb durch Eheschließung mit einem Inländer und Nichtverlust durch Eheschließung mit einem Ausländer, aber in beiden Fällen Möglichkeit der Option zugunsten des Erwerbs bzw. Verlusts: Guatemala (1926), Frankreich (1927) (wobei in Frankreich ferner der automatische Erwerb eintritt, wenn die Ausländerin nach ihrem Heimatrecht ihre StA. durch die Eheschließung notwen-

---

S. 31 enthält einen Nachweis über die durch die Neuerungen eintretende Doppelstaatsangehörigkeit und Staatenlosigkeit.

[20a]) Nach Calbairac, Traité de la Nationalité de la femme mariée, Paris 1929 S. 317.

[20b]) Nach Calbairac a. a. O. 248, 267.

digerweise verliert [also nach den Rechten der unter a) nicht gesperrt gedruckten Länder], und der automatische Verlust eintritt, wenn das Paar seinen ersten Wohnsitz im Ausland nimmt und die Frau nach dem Recht des Ehemannes dessen StA. erwirbt), Vereinigte Staaten (1922) (wo jedoch an Stelle der Option zugunsten des Erwerbs nur erleichterte Naturalisationsbedingungen gelten, aber neben die Option zugunsten des Verlusts der automatische Verlust bei mehrjährigem Wohnsitz im Ausland tritt).

c) Unbedingte Selbständigkeit der Ehefrau. Nichterwerb bzw. Nichtverlust durch Eheschließung mit einem Inländer bzw. Ausländer: Argentinien, Brasilien, Chile, Kolumbien, Panama, Paraguay, Uruguay. (Der Rechtszustand in den vorgenannten Ländern steht, da das Gesetz größtenteils schweigt, nicht völlig fest), Rußland (1924).

4. Verlustgründe.

a) Unter den automatischen Verlustgründen nimmt neben dem der Eheschließung mit einem Ausländer (s. oben) die Naturalisation im Ausland bzw. der freiwillige Erwerb einer ausländischen StA. die erste Stelle ein. Er gilt dem Grundsatz nach — aber nur insoweit — jetzt nahezu überall. Eine Ausnahme machen in Europa von jeher die Schweiz und Ungarn (Deutschland seit 1914 nicht mehr), außerhalb Europas Argentinien (bestritten) und die Dominikanische Republik. Neuerdings haben sich Jugoslavien (1928) und Rußland (1924) diesen Ländern beigesellt. Freilich kann man den Grundsatz auch in denjenigen Ländern keineswegs als praktisch durchgeführt anerkennen, in denen der Verlust nur eintritt, wenn die Naturalisation im Ausland mit Genehmigung des Heimatstaates erfolgt ist. Diese Regelung besteht in Ägypten (1929), Bulgarien, Frankreich (1927), Griechenland (1926—27), Persien, Türkei (1928; hier kann die StA. aber bei Naturalisation ohne Genehmigung aberkannt werden).

b) Der Verlust der StA. durch Auswanderung oder langjährigen Auslandsaufenthalt, in Deutschland seit 1914 abgeschafft, ist von früher her noch geltendes Recht in Mexiko, den Niederlanden (falls der Betr. im Ausland geboren war), Ungarn und den Vereinigten Staaten von Amerika. Neu eingeführt haben den gleichen Grundsatz die skandinavischen Staaten (1924—26) für im Ausland geborene Kinder, die niemals im Inland gewohnt haben und nicht bei Volljährigkeit optieren, ferner Griechenland (1926—27), Jugoslavien (1928), Rußland (1924). Ferner kann man unter den gleichen Gesichtspunkt Großbritannien einreihen, das seit 1922 bei im Ausland geborenen Kindern von gleichfalls im Ausland geborenen Briten den Verlust bei Volljährigkeit eintreten läßt, falls sie nicht optieren.

c) Den Verzicht bzw. die Entlassung auf Antrag in irgend einer Form, zumeist nur für den Fall des gleichzeitigen Besitzes mehrerer StAen. oder des Erwerbs einer anderen StA., kennen: Belgien (1922—26), Britisches Reich, Bulgarien, die skandinavischen Staaten (1924—26), Deutschland, Danzig (1922), Frankreich (1927), Japan (1916—24), Italien, Jugoslavien (1928), Lettland (1919), Rußland (1924), Tschechoslowakei (1920), Türkei (1928).

d) Die Entziehung der StA. wegen staatsfeindlichen Verhaltens oder aus verwandten Gründen ist im Kriege gegenüber Naturalisierten in einer Reihe von Ländern neu eingeführt worden [21]). Sie findet sich in der Form der Denaturalisation heute in Ägypten (1929), Belgien (befristet bis 1929), im Britischen Reich (1918), Frankreich (1927, während der ersten 10 Jahre nach der Naturalisation), Jugoslavien (1928), Rumänien (1924, nur während eines Krieges), in den Vereinigten Staaten (auf Grund der Rechtsprechung) in der weitgehenden Form der Denationalisation (also auch gegenüber gebürtigen Inländern) in Italien (1926), Rußland (1924), Türkei (1928). Die letztere ist in Verbindung mit Strafen von früher her auch bekannt in Chile, Haiti, Paraguay, Peru und Portugal. Keiner besonderen Erwähnung bedarf, daß eine große Anzahl von Staaten den Eintritt in ausländische Dienste ohne Genehmigung des Heimatstaats mit dem meist automatischen Verlust der StA. bedrohen, so neben vielen amerikanischen Staaten Ägypten (1929), Bulgarien, Danzig (1922), Deutschland, Frankreich, Griechenland (1926—27), Italien, Niederlande, Österreich (1925), Polen (1920), Portugal, Rumänien (1924), Rußland (1924), Tschechoslowakei (1920), Türkei (1928), Ungarn.

5. Überblick.

Der Gesetzgebung über die StA. sind, wenn man von einer starken Bewegung der Bevölkerung über die Staatsgrenzen als gegebener Erscheinung ausgeht, zwei hauptsächliche Funktionen eigen: Wahrung des

[21]) Über die Kriegsgesetzgebung eingehend Schwartz, S. 18, 61, 89, 95.

volklichen Zusammenhangs über die Staatsgrenzen hinaus und Aufsaugung der fremden Wohnbevölkerung in das Staatsvolk. Dem ersten Gedanken dient das ius sanguinis, dem zweiten das ius soli. Die Staaten können durch ihre Gesetzgebung beiden Funktionen zum Recht verhelfen, sie können aber auch die eine oder andere vernachlässigen oder ganz auf sie verzichten. Bevölkerungspolitisch ist die zweite Funktion, nämlich die Verschmelzung der Fremdbevölkerung mit dem Staatsvolk von ungleich größerer Bedeutung als die Wahrung der Zugehörigkeit zum Heimatstaat für die Auswanderer. Der Eingewanderte ist dem Wohnsitzstaat tatsächlich verfallen, wie er dem Heimatstaat praktisch verloren ist. Das Staatsangehörigkeitsband zur alten Heimat hat rechtliche und ethische Bedeutung für ihn, erschlafft aber im Lauf der Generationen mit Notwendigkeit und kommt sinnfällig nicht zum Ausdruck. Ganz anders tritt die Macht des Wohnsitzstaats, der die körperliche Zugriffsmöglichkeit hat, für den Eingewanderten in Erscheinung; belegt der Wohnsitzstaat ihn — oder wenigstens seine Kinder — noch dazu mit der StA., so hat diese den tatsächlichen Lebensumständen entsprechende Zugehörigkeit eine gewaltige Prävalenz vor der vielleicht daneben erhalten gebliebenen formalen Zugehörigkeit zum früheren Heimatstaat.

Betrachtet man Europa in seinem geographischen Zusammenhang daraufhin, wie seine Gesetzgebung sich zu den beiden erwähnten möglichen Funktionen des StAR. verhält, so fallen zwei große ziemlich geschlossene Gebiete ins Auge, in denen völlig verschiedene Staatsangehörigkeitspolitik getrieben wird. Die eine mittel- und osteuropäische Ländermasse umfaßt Holland, Belgien, Deutschland, Danzig, die Randstaaten, Rußland, Polen, Tschechoslowakei, Österreich, Ungarn, Jugoslavien und Rumänien und greift im Westen nach Spanien über. Diesem gewaltigen Territorium steht ein nord-, west- und südeuropäischer Gürtel gegenüber, der von Skandinavien über die britischen Inseln nach Frankreich, Luxemburg, der Schweiz und Portugal führt und dem vom Mittelmeer- und Balkangebiet Italien, Griechenland, Bulgarien, die Türkei und das hier des geographischen Zusammenhangs wegen mit zu erwähnende Ägypten angehören. Einig sind beide Gebiete darin, daß die außer Landes geborenen Kinder der Volksgenossen dem Staatsvolk wenigstens in rechtlicher Beziehung nicht verloren gehen sollen (ius sanguinis). Dabei wird jedoch in einem Teil des zweiten Gebiets immerhin dem Gedanken Raum gewährt, daß der Abstammungszusammenhang durch dauernde räumliche Entfremdung von der Heimat auch an rechtlicher Wirksamkeit verlieren muß (Skandinavien, Großbritannien). Der eigentliche Gegensatz zwischen beiden Gebieten besteht aber darin, daß die nord-, west- und südeuropäische Ländergruppe die fremde Wohnsitzbevölkerung ohne Rücksicht auf die etwa fehlende Verwandtschaft mit dem Staatsvolk aufsaugt (ius soli), während Mittel- und Osteuropa die fremden Volkssplitter durch Generationen als Fremdkörper behandelt, mag es auch wenigstens in Teilgebieten dem Einzelnen einen Einbürgerungsanspruch irgendwelcher Art gewähren (facultusa soli) oder hinsichtlich der Staatenlosen eine Konzession an das ius soli machen. Wie sich diese beiden Auffassungen der Staatengruppen zu den Wünschen der betroffenen Individuen verhalten, bleibe dahingestellt: Die Zwangsnaturalisation des ius soli kann dem Einwanderer im Hinblick auf seine Kinder ebenso unerwünscht sein wie das Fehlen der Möglichkeit, durch automatischen StAs.erwerb zum mindesten der Kinder vor etwaiger Behördenwillkür gesichert zu werden. Aber die politischen Beweggründe der Staaten, die hier das ius soli gestatten und dort verbieten, liegen klar zutage. Die Staaten des Ostens, die dem Weltkrieg ihre Entstehung oder Ausdehnung verdanken, entbehren zum Teil der volklichen Einheit so sehr, daß der Staat einer automatischen Verschmelzung von Einwohnern, die der herrschenden Nation nicht angehören, nicht ruhig zusehen könnte (Polen, Tschechoslowakei, Jugoslavien, Rumänien); zum Teil sind sie zu klein, um einen größeren Aufsaugungsprozeß ohne volkliche Gefährdung ertragen zu können (Randstaaten). Ähnliche Gesichtspunkte können die Regelung Hollands und die neuerliche Belgiens erklären. Für den althergebrachten Rechtszustand in Deutschland, Österreich und Ungarn ist die mitteleuropäische, dem Zustrom von Osten zugewandte Lage entscheidend. Nicht so sehr das zahlenmäßige Gewicht dieser Einwanderung in die bevölkerungsreichen Staaten der europäischen Mitte, wie die Unablässigkeit dieser jahrtausend alten nach Westen drängenden Zielrichtung, die potentielle Energie, die in den östlichen Nachbarländern mit ihrem gewaltigen Geburtenüberschuß steckt, und die qualitative und kulturelle Minderschätzung des Zuwachses im übervölkerten Staatsgebiet verbieten eine Verschmelzungspolitik. Von Rußland, für das die Zugehörigkeit zur werktätigen Bevölkerung wichtiger ist als alle andern Kriterien, kann in diesem Zusammenhang nur die Ablehnung des ius soli-Gedankens festgestellt werden. Ganz anders liegen die Dinge in der Ländergruppe des ius soli. In Großbritannien ist das ius soli zunächst der Ausdruck einer altüberlieferten territorial empfindenden Vorstellung vom Verhältnis zwischen König und Untertan. Aber es entspricht den Bedürfnissen des Weltreichs noch heute, um so mehr als das statute law das ius sanguinis längst daneben einführte. Bedroht das ius soli britische Interessen, wobei weniger das volkliche Moment als die Lage des Arbeitsmarkts eine Rolle spielen, so hilft eine Aliens Restrictions Act für die erforderliche Zeit ab. Die skandinavischen Länder sind weder volkreich noch starker Einwanderung ausgesetzt, so daß sie sich ein hilfsweises ius soli leisten können, das auch den erwünschten Ausgleich bei der Bevölkerungsverschiebung innerhalb Skandinaviens bringt. Andrerseits sind die militärpolitischen Ansprüche gering, so daß sie — hierin ähnlich wie Großbritannien — und im Gegensatz zu den meisten Ländern beider Ländergruppen (das deutsche Gesetz stammt von 1913) — das ius sanguinis bei tatsächlicher Entfremdung von der Heimat verjähren lassen können. In Frankreich dagegen führt der Bevölkerungsmangel zwangsläufig zum ius soli, soweit es mit der Erhaltung des Volkstums irgend vereinbar erscheint, und zu einem uneingeschränkten ius sanguinis, das den Auswanderer aus seinen Pflichten nicht entläßt. Außerdem sorgt es durch Gewährung von Optionsrechten (facultas soli) und leichte Naturalisationsbedingungen für weiteren Zuwachs. Ähnliches gilt für die heutige Türkei, während für die Mittelmeerländer und einige ihrer Nachbarn verschiedene Faktoren zur Bevorzugung hier des einen, dort des andern Systems Veranlassung gaben, ohne daß übrigens der Gesetzgeber gerade in diesen Staaten die Folgerungen aus den letzten 15 Jahren schon überall gezogen hätte. Eine Sonderstellung nimmt die Schweiz ein, die im Begriff steht, ihre gewaltige Fremdbevölkerung mit Hilfe des ius soli aufzusaugen, was beweist, daß so konträre Tatbestände wie Bevölkerungsmangel und Überfremdung die gleichen Wirkungen auf den Gesetzgeber auszuüben vermögen.

Die Betrachtung der außereuropäischen Länder hat nicht entfernt ein gleiches Interesse für uns. Wir können uns auf die Feststellung beschränken, daß in ganz Amerika abgesehen von Mexiko, ferner in sämtlichen Teilen des britischen Imperiums, in den französischen Besitzungen sowie in dem von vielen Deutschen bewohnten Niederländisch-Indien das ius soli allein oder neben dem ius sanguinis herrscht. All diese Länder, auch die Vereinigten Staaten, betreiben ungeachtet einer sehr verschiedenartigen Einwanderungspolitik die Aufsaugung der einmal ansässig gewordenen Fremdbevölkerung in ihr Staatsvolk. Dagegen macht Asien von dieser in der außereuropäischen Welt nahezu vorhandenen Rechtseinheit eine wichtige Ausnahme, indem China sowohl wie Japan, ferner auch Persien Länder des reinen ius sanguinis sind.

Die neue Entwicklung auf dem Gebiet der StA. der Ehefrau ist im Verhältnis zu den oben behandelten Grundsätzen des StAR.s von geringer Bedeutung für die demographische Lage der Völker. Die frauenrechtliche Seite, der Gedanke der Emanzipation, die Rücksicht auf das Individuum bestimmt den Gesetzgeber, weniger die Sorge um die Erhaltung von Volkssplittern oder die Abwehr volksfremder Elemente. Für einen Gewinn oder Verlust an der Zahl der Staatsangehörigen hebt sich im übrigen die Wirkung einer voll durchgeführten Selbständigkeit der Ehefrau auf: die außer Landes heiratenden Töchter bleiben der Volkszahl erhalten, die ausländischen Frauen der Söhne des Landes wachsen dem Bestand an Staatsangehörigen nicht zu. Eine solche volle Selbständigkeit hat aber in Europa bisher nur Rußland durchgeführt, dasjenige Land, das bei aller Größe seiner Bevölkerung für den Austausch im Weg der Eheschließung zurzeit am wenigsten in Betracht kommt. Wo sich im übrigen Europa Ansätze des neuen Prinzips zeigen, wird die Parität nicht gewahrt: Die Landestochter soll ihre StA. erst verlieren, wenn sie mit dem ausländischen Gatten die Heimat verläßt; die Ausländerin wird aber durch Eheschließung stets Inländerin, auch wenn sie in ihrer Heimat bleibt. Eine solche Regelung mag einigen zahlenmäßigen Einfluß auf den Bestand an Staatsangehörigen haben; bevölkerungspolitisch fällt der Gewinn nicht ins Gewicht, weil er außerhalb der Landesgrenzen erfolgt. Dieses gleichwohl rechtspolitisch wichtige System hat in Europa von den skandinavischen Staaten seinen Ausgang genommen, wird seit 1927 in Frankreich befolgt und ist in der Türkei 1928 erneuert worden [22]). Der gleiche Gedanke wird neuerdings in Belgien, Estland, Rumänien, Jugoslavien, Albanien in der schwächeren Form der Einräumung von Optionsrechten an die Ehefrau durchgeführt. Im gesamten übrigen Europa und in Asien, sowie in fast allen Kolonien herrscht aber das alte Prinzip der Familieneinheit in der StA. noch vor, in vielen Ländern in der unzweckmäßigen Fassung, daß die inländische StA. auch verloren geht, wenn die Frau eine neue StA. durch Eheschließung gar nicht erwirbt (z. B. einen Staatenlosen heiratet). In

[22]) In der Türkei in der schärferen Form, daß der Verlust auch bei Wohnsitzverlegung ins Ausland nicht eintritt.

Amerika haben die Vereinigten Staaten 1922 den wichtigen Schritt zur grundsätzlichen Selbständigkeit der Ehefrau getan, während in den großen Ländern Südamerikas schon von jeher die unbedingte Selbständigkeit der Ehefrau Rechtens war. Bolivien, Costa Rika, Mexiko, Nikaragua, Peru, Salvador, Venezuela haben das europäische System, eine Reihe mittelamerikanischer Staaten befolgen die jetzt in Europa aufkommenden mittleren Lösungsversuche.

6. Vereinheitlichung des Staatsangehörigkeitsrechts.

Seit der Beendigung des Weltkriegs haben sich die Bestrebungen verstärkt, dem Wirrwarr der untereinander abweichenden nationalen Gesetze ein Ende zu bereiten und durch internationale Verständigung wenigstens seinen schlimmsten Folgen, der Staatenlosigkeit und der doppelten StA., entgegenzutreten. Um den Gegenstand bemühen sich seit Jahren wissenschaftliche Körperschaften wie das Institut de droit international, die International Law Association, die Deutsche Gesellschaft für Völkerrecht. Der Fleiß der Gelehrten hat insofern Früchte getragen, als der Völkerbund das Thema als kodifikationsreif bezeichnet und auf die Tagesordnung der für den März 1930 einberufenen Staatenkonferenz zur Kodifikation des internationalen Rechts als ersten Punkt „die Staatsangehörigkeit" gesetzt hat. Es ist hier nicht der Ort, der Entwicklung dieser Arbeiten, ihren verschiedenen Lösungsmethoden und den Kodifikationsentwürfen nachzugehen. Wichtig ist die Feststellung, daß die vorbereitenden Arbeiten des Völkerbunds nicht auf ein einheitliches Staatsangehörigkeitsgesetz gerichtet sind, sondern auf ein Abkommen, das eine Anzahl von Grundsätzen aufführt, zu deren Innehaltung in ihrer nationalen Gesetzgebung die Vertragsstaaten sich verpflichten würden. Ein erster Vorentwurf von 1927, der nach dem polnischen Delegierten „Entwurf Rundstein" genannt wird[23]), hat in 13 Artikeln sehr behutsam einen Rahmen für den Inhalt eines solchen Abkommens abgesteckt. Weiter führen die „Diskussionsgrundlagen", die der vorbereitende Ausschuß für die Kodifikationskonferenz auf Grund der Antworten zusammengestellt hat, die 31 Staaten auf einen Fragebogen von 15 Punkten dem Völkerbundsausschuß eingereicht haben. Eine erschöpfende Behandlung des sehr interessanten und umfangreichen Materials, das sich zu einem Teile auch auf Kollisionsnormen bezieht, ist im Rahmen des mir gestellten Themas nicht möglich. Jedoch er-

---

[23]) Abgedruckt u. a. bei Schätzel, S. 154.

schien es erforderlich, bei allen Reformvorschlägen für das deutsche Recht einen Hinweis auf etwaige abweichende oder übereinstimmende Grundsätze des Völkerbundsausschusses zu geben [24]). Dabei ist jedoch zu berücksichtigen, daß die „Diskussionsgrundlagen" — an deren Abfassung Deutschland übrigens nicht beteiligt war — nach dem Bericht der Verfasser keine Vorschläge, sondern Zusammenfassungen der Antworten sind und den Verlauf der Konferenz, geschweige denn ihr Ergebnis nicht voraussehen lassen. Daher braucht auch die Frage einer Reform des deutschen Rechts nicht etwa deshalb zurückgestellt zu werden, weil die Auswirkungen der Staatenkonferenz abzuwarten seien und die Unterzeichnung eines Abkommens der deutschen Neuregelung vorzugehen habe. Immerhin muß für die Erörterung der deutschen Reform versucht werden, die Übereinstimmung mit Prinzipien, über die sich eine gemeinsame Auffassung der Staaten schon abzeichnet, zu bewahren oder herzustellen. Das Vorliegen besonderer nationaler Bedürfnisse und die Notwendigkeit, auf sie Rücksicht zu nehmen, wird gelegentlich überschätzt. Gibt Deutschland ihnen im Gesetz zu breiten Raum, macht es sich möglicherweise für lange Zeit konventionsunfähig. Allerdings berühren eine Reihe jener Diskussionsgrundlagen die deutschen Interessen sehr nahe. Das gleiche gilt zum Teil für die neuerdings von Rauchberg und Strupp im Verfolg der Arbeiten der Deutschen Gesellschaft für Völkerrecht ausgearbeiteten „Leitsätze für die Kodifikation des internationalen Staatsbürgerschaftsrechts" [25]), mit denen sich hier und da eine Auseinandersetzung empfahl. Im übrigen wird jeder, der sich auf einem für die internationale Ordnung so wichtigen Gebiet wie dem unsrigen bewegt, die von Triepel zum Siege geführte Lehre beherzigen, daß ungeschriebenes Völkerrecht die Autonomie der Staaten, ihr StAR. frei zu ordnen, zweifellos einschränkt und kein Staat mit einer solchen Ordnung etwa in den Volksbestand eines andern Staats willkürlich eingreifen darf [26]).

---

[24]) Die Berichte des vorbereitenden Ausschusses, die Fragen, sowie die Antworten sämtlicher Länder und die Diskussionsgrundlagen stellen den Bd. I Nationalité des Materials für die Kodifikationskonferenz dar (Völkerbundsdrucksache Nr. C. 73. M. 38. 1929. V). Zitiert: „Diskussionsgrundlagen".

[25]) Vgl. Bericht von Strupp über die Arbeiten der Staatsangehörigkeitskommission mit Anlage, Mitteilungen d. Dtsch. Ges. f. Völkerrecht, Heft 9 (1929) S. 125, sowie Rauchberg, Die Kodifikation des internationalen Staatsbürgerschaftsrechts, Prager Jur. Zschr. 1929, S. 329 und Zschr. f. öff. Recht VIII, 1928, Heft 4.

[26]) Vgl. zuletzt hierüber Triepel, Internationale Regelung der StA. in

III. Reform des deutschen Rechts.

1. Bewährung des deutschen Gesetzes von 1913.

Die Frage nach der Bewährung unseres deutschen StAG. drängt sich um so mehr auf, als unserm Gesetz, das am 1. Januar 1914 in Kraft trat, nur eine halbjährige Geltungszeit unter den Verhältnissen beschieden war, aus denen heraus es geschaffen wurde. Im Kriege erfährt jedes StAG. eine starke Belastungsprobe. Die Friedensschlüsse schufen eine Verschiebung in den StAs.verhältnissen Europas in ungeahntem Maße. Die staatliche Umwälzung brachte die konstruktiven Grundlagen, auf denen sich unser Reichs- und Landesangehörigkeitsrecht aufbaut, ins Wanken und gefährdete die Vorstellungswelt, in der das Gesetz von 1913 gelebt hatte. Einiges ist ohne formelle Änderung obsolet geworden. Aber wie ist das Gesetz den positiven Bedürfnissen dieser wechselvollen fünfzehn Jahre gerecht geworden?

Verweilen wir kurz bei der Kriegszeit. Wie war es bei den kriegführenden Mächten der Gegenseite? Der Kriegsminister braucht Soldaten: Teils wird der Erwerb der StA. erleichtert, teils der Verlust erschwert (Frankreich, Italien, England im Wege der Rechtsprechung, Vereinigte Staaten) [27]. Die öffentliche Meinung wendet sich — und zwar auch nach dem Kriege — gegen die feindlichen Ausländer im Inland: ihnen wird der Erwerb der StA. verschlossen (Frankreich, in England bis 1931), der unkontrollierbare Erwerb durch Option wird für alle Fremden erschwert oder beseitigt (Belgien, Italien), der Erwerb der inländischen StA. durch Eheschließung an eine staatliche Erlaubnis geknüpft (Frankreich). Schließlich fordert der Innenminister, daß der Naturalisierte feindlichen Ursprungs des Schutzes der erworbenen StA. entkleidet werde. Spionenfurcht, Fremdenhaß und nicht zuletzt Sequestereifer verbünden sich: Das neue Rechtsinstitut der Denaturalisation ist erfunden und macht

---

Zschr. f. ausl. öff. R. u. Völkerrecht 1929 I, 1, S. 158, V. Bruns, Völkerrecht als Rechtsordnung, dortselbst S. 145 und Leibholz, Verbot der Willkür u. des Ermessensmißbrauchs im Völkerrecht, dortselbst S. 99 ff., ferner Pohl, Die StA. im internationalen Recht in Recht u. Staat im neuen Deutschland II 1929 S. 417. Über StAs.probleme im internationalen Zusammenhang vgl. Kunz, Zum Problem der doppelten StA., Zschr. f. Ostrecht 1928 S. 401 u. Leibholz, „StA. u. Naturalisation" in Strupp's Wörterbuch d. Völkerrechts II und III.

[27]) Die Kriegs- und Nachkriegsgesetzgebung des Auslandes kann hier nur gestreift werden. An Stelle von Belegen im einzelnen verweise ich auf Schwartz, namentlich S. 184 ff.

Schule (Frankreich, England, Italien, Belgien, Portugal, Rumänien, in der Praxis auch die Vereinigten Staaten). In Deutschland geschieht demgegenüber auffallend wenig und das wenige bleibt nahezu ganz unbeachtet. Pünktlich mit der Mobilmachung ergehen die ersten Kaiserlichen Verordnungen, die gemäß § 22 und 27 unseres Gesetzes die Entlassung von Wehrpflichtigen verbieten und die wehrpflichtigen Auslandsdeutschen zur Rückkehr auffordern. Ob die Bundesstaaten bei Nichtbefolgung des Rückkehrgebots in zahlreichen Fällen von der Entziehung der StA. Gebrauch gemacht haben, ist nicht bekannt geworden. Wichtiger und bedenklicher war, daß eine weitere Kaiserl. Vdg. vom 1. Februar 1916 (RGBl. S. 83) alle vor Kriegsausbruch in Elsaß-Lothringen ansässigen Deutschen zur Rückkehr aufforderte und danach listenmäßig Ausbürgerungen vorgenommen wurden, versehentlich auch in Fällen, in denen die Betreffenden nach Frankreich verschleppt worden waren. Gegen Kriegsende führte Deutschland ferner einen neuen Verlustgrund in sein StAR. ein: nach § 23 des Gesetzes gegen die Steuerflucht vom 26. Juli 1918 (RGBl. S. 951) konnten Deutsche, die wegen Steuerflucht rechtskräftig verurteilt waren, von der Zentralbehörde des Heimatbundesstaats ihrer StA. für verlustig erklärt werden. Die Geltung des Gesetzes war von vornherein auf 3 Jahre nach Kriegsende beschränkt; am 31. Dezember 1923 ist es außer Kraft getreten [28]). Ob es je praktische Bedeutung erlangt hat, ist schwer zu beurteilen, da die Ausbürgerungsbeschlüsse nicht veröffentlicht zu werden brauchten. Aber im übrigen beschäftigt sich weder Gesetzgeber noch öffentliche Meinung mit dem StAR. Die Gründe liegen freilich auf der Hand. Das deutsche Recht kennt weder ein ius soli irgendwelcher Art noch gewährt es Options- oder Naturalisationsansprüche an Fremde. Infolgedessen konnten eine Reihe von Konflikten zwischen gesetzlich geschützten Individualinteressen einerseits und dem Heeresinteresse und der Volkstumspolitik andrerseits nicht entstehen, die alle kriegführenden Länder des ius soli durchgemacht haben. Das ius sanguinis entsprach und genügt unsern Bedürfnissen vollkommen. Ein Naturalisationsverbot erübrigt sich bei dem Grundsatz der Ermesseneinbürgerung: sie stand dem feindlichen Ausländer praktisch wohl kaum offen. Die Fälle, in denen ein Anspruch bestand (§§ 10, 11, 12),

---

[28]) Zu Unrecht meint Schätzel, Kommentar S. 82, daß dieser Verlustgrund noch heute bestehe. § 452 Reichsabgabenordnung ändert jedoch nichts daran, daß das Gesetz vom 26. Juli 1918 gem. seinem § 30 am 31. Dez. 1923 außer Kraft getreten ist.

haben wohl zu gelegentlicher Erörterung in der Öffentlichkeit [29]), nicht aber zum Eingriff des Gesetzgebers geführt. Was die Verlustgründe angeht, so war gerade rechtzeitig vor Kriegsausbruch der Verlust durch 10jährigen Auslandsaufenthalt abgeschafft, der bei der unfreiwilligen jahrelangen Absperrung der Auslandsdeutschen von der Heimat verhängnisvolle Wirkungen hätte haben müssen. Der unheilvolle Einfluß des alten § 21 reicht ja ohnehin weit über seine Geltungsdauer hinaus, weil der damalige Verlust den Erwerb ex iure sanguinis für die Kinder verhinderte. Die „Entlassung" wird nicht oft erteilt worden sein; § 22 sah für den Kriegsfall die Verweigerung ausdrücklich vor. Zu Härten hat sicherlich die 1913 eingeführte Vorschrift des automatischen Verlustes bei Nichterfüllung der Wehrpflicht geführt (§ 26), die auf das Verschulden des Betreffenden gar nicht abstellt. Bekannt ist ferner, daß viele Ausländerinnen deutschen Ursprungs in der Heimat ihre durch die Eheschließung zwangsweise verlorene StA. schmerzlich entbehrt haben. Man denke an die von ihren Männern verlassenen Frauen italienischer und polnischer Arbeiter. Die Behandlung der Ehefrau im StAR. hat in der Nachkriegszeit mit Recht vor allem im Vordergrund des Interesses gestanden.

Eine ganz andere Frage ist, wie sich unser Gesetz dort bewährt hat, wo nicht vom deutschen Beamten und Richter entschieden wurde, sondern im Ausland nach deutschen Normen zu untersuchen war, ob man es mit einem deutschen Staatsbürger zu tun hatte oder nicht. Die Antwort braucht hier nicht des näheren gegeben zu werden [30]). Der größere Teil dieser Rechtsprechung im ehemals feindlichen Ausland soll der wohlverdienten Vergessenheit nicht entrissen werden. Was dort nicht selten angewandt wurde, war nicht Recht, geschweige denn deutsches. Aber an der Kritik, die unabhängig vom Einzelfall an unserm Gesetz geübt worden ist, darf doch nicht vorbeigegangen werden, wenn man heute an eine Neuordnung des deutschen Rechts herantritt, die auch Bedürfnissen des internationalen Rechtsverkehrs genügen soll. Wenn diese Kritik sich auch mit dem § 21 unseres alten Gesetzes (Verlust durch 10jährigen Auslandsaufenthalt) beschäftigt, der seit 1914 nicht mehr gilt, ist sie doch von Interesse, weil jene Bestimmung immer wieder zur Beurteilung des Vorhandenseins der deutschen StA. in Deutschland und im Ausland herangezogen werden

[29]) Z. B. Wedemeyer im Preuß. Verwaltungsblatt 1916/7, S. 219.
[30]) Ich habe ausführlich in meinem Buch darüber berichtet.

wird. Nicht die Bestimmung selbst, sondern die deutsche Rechtsprechung oder richtiger die deutsche Justizorganisation erregt einiges Kopfschütteln. Und die Tatsache, daß höchste deutsche Gerichte jene Bestimmung — im besonderen die Worte „ununterbrochen aufhalten" — ganz verschieden auslegen, daß jedes dieser Gerichte in jahrzehntelanger Praxis an seiner Auslegung festhält und daß die Möglichkeit besteht, daß die gleiche Person vom preußischen OVG. als Staatenloser und vom RG. als Preuße behandelt wird, ist ja nicht nur für den ausländischen Juristen schwer verständlich. Erst in der ausländischen Rechtsprechung, die sich bemüht, auf den Einzelfall das deutsche Recht richtig anzuwenden, tritt die Unmöglichkeit dieses Zustands erbarmungslos zutage. Völlig zutreffend erklärte 1925 der Richter Astbury des Londoner High Court in Sachen Hahn in seiner im Ergebnis übrigens angreifbaren Entscheidung, nachdem er drei deutsche Juristen — besondere Sachkenner — über das deutsche Recht im Prozeß vernommen hatte: „Auf jeden Fall scheint mir die Klage vom deutschen Recht abzuhängen, welches ich mir selbst zu konstruieren unzuständig und unvermögend bin, und es ist mir ganz unmöglich, unter den gegenwärtigen Umständen zu sagen, was das unbestreitbare und unzweifelhafte deutsche Recht ist, wenn selbst die höchsten deutschen Gerichtshöfe und Juristen sich diametral in ihrer Meinung gegenüberstehen [31]). Aus dieser beschämenden Feststellung werden für das deutsche Recht Folgerungen zum mindesten justizorganisatorischer Art zu ziehen sein.

Im übrigen konzentriert .sich die ausländische Kritik auf diejenigen Bestimmungen unseres Gesetzes von 1913, die eine doppelte StA. und zwar neben einer ausländischen eine gleichsam verborgene deutsche StA. zulassen. Es handelt sich um die §§ 25 Abs. 2, 13 und 33 Nr. 2. Danach tritt der Verlust der deutschen StA. beim freiwilligen Erwerb einer ausländischen StA. nicht ein, wenn die Landeszentralbehörde die Genehmigung zum Beibehalt erteilt. Ferner kann ein früherer Deutscher und seine Abkömmlinge die deutsche StA. wiedererwerben, auch wenn der Betreffende seinen Wohnsitz im Ausland und seine fremde StA. beibehält [32]). So übelwollend und gehässig die Kritik des Auslandes an jenen Bestimmungen gewesen ist und

---

[31]) Vgl. JW. 1926, S. 431.

[32]) Über die Entstehungsgeschichte vgl. v. Keller-Trautmann zu den einzelnen Paragraphen.

so häufig ihre Heranziehung lediglich als Vorwand für Fremdenverfolgung und Liquidationspolitik diente [33]), die Tatsache, daß schon vor dem Krieg ein ernster Einspruch des Auslandes [34]) erfolgte, daß das belgische Gesetz von 1922 die Naturalisation den Angehörigen solcher Staaten verwehrt, die die Genehmigung ihres Heimatstaates zum Beibehalt der StA. erhalten können [35]), und das englische Gesetz von 1918 aus dem gleichen Umstand einen ständigen Denaturalisationsgrund macht, gibt für eine deutsche Reform durchaus zu denken. Noch heute fehlt in kaum einer unser Fach berührenden Monographie des Auslands, namentlich Frankreichs, eine Erwähnung der „fameuse loi Delbruck", wie das Gesetz nach dem Staatssekretär Delbrück genannt wird: ja meist beschränkt sich die deutsche Rechtskenntnis des gelehrten Autors völlig auf den § 25 Abs. 2 unseres Gesetzes [36]). Dieses liebevolle Interesse des Auslands am deutschen StAG. ist unverdient und beschämend. Wenige Juristen, geschweige denn die Öffentlichkeit haben eine Ahnung von der „Doppelzüngigkeit" unseres Gesetzes [37]).

Wie unser Gesetz im weiteren den völlig veränderten Verhältnissen der Nachkriegszeit gerecht geworden ist, wird bei der Prüfung der Reformbedürftigkeit der einzelnen Grundsätze zu erörtern sein.

---

[33]) Vgl. im einzelnen Schwartz S. 153 ff. Noch heute führt das Bestehen des § 25 Abs. 2 z. B. in Frankreich zu folgender unrichtigen These: Bei einem Deutschen muß im Hinblick auf § 25 Abs. 2 vermutet werden, daß er seine ursprüngliche StA. selbst nach dem Erwerb einer fremden StA., dem nicht die ordnungsmäßige Entlassung aus der deutschen StA. vorangegangen ist, beibehalten hat (Urteil der Cour d'Appel de Chambéry v. 12. Juli 1927, Zschr. f. ausl. öff. R. u. Völkerrecht 1929 I, 2, S. 211).

[34]) Revue Darras 1913, S. 955, besonders 966 ff.

[35]) Vgl. ferner etwa Dänemark., das den Nachweis fordert, daß ein Deutscher von der Möglichkeit nach § 25 Abs. 2 keinen Gebrauch gemacht hat.

[36]) Vgl. etwa Louis-Lucas, La nationalité française, Paris 1929, S. 158, 270, 300.

[37]) Wie wichtig Frankreich jene Bestimmung nimmt und wie bekannt das Wort loi Delbrück in Frankreich ist, zeigte sich noch kürzlich beim Tode Hans Delbrücks, des Historikers. Eine deutsche Zeitung meldete aus Paris, man habe dort dem Tode des großen Historikers wenig Beachtung geschenkt und sich auf die Feststellung beschränkt, daß der Verstorbene der Erfinder jener berüchtigten Bestimmung sei, nach der man gleichzeitig Ausländer werden und heimlich Deutscher bleiben könne! Die zwischen den Zeilen erkennbare Ratlosigkeit des deutschen Korrespondenten über diese merkwürdigen Zusammenhänge ist verzeihlich.

2. Abstammungsgrundsatz[38]).

Am Grundsatz des ius sanguinis ist festzuhalten. Bei der großen Verbreitung auslandsdeutscher Kaufleute und Landwirte über alle Erdteile, bei dem Bestehen ganzer Kolonien von Menschen deutscher Stammes- und Staatszugehörigkeit und endlich bei der anhaltend starken Auswanderung aus Deutschland kann Deutschland auf den Abstammungsgrundsatz nicht verzichten. Es kann auch nicht etwa die englische Regelung in Betracht ziehen, nach der das ius sanguinis bei einer in der zweiten Generation im Ausland erfolgten Geburt seine volle Kraft verliert. Der einzige Umstand, der eine Einschränkung des Abstammungsgrundsatzes allenfalls rechtfertigen könnte, liegt auf internationalrechtlichem Gebiet: Die Doppelstaatsangehörigkeit, die den im Ausland geborenen Deutschen zufällt, wenn in ihrem Geburtsland das ius soli gilt. Diese Folge kann nicht durch ein Zurückweichen des deutschen Rechts beseitigt, wohl aber durch ein neu zu schaffendes Wahlrecht abgeschwächt werden (s. u. S. 62).

Hiermit ist die andere Frage, ob an der Ausschließlichkeit des Abstammungsgrundsatzes etwas zu ändern ist, noch nicht beantwortet. Soll ergänzend neben das ius sanguinis ein ius soli treten? Dabei soll der Begriff ius soli in der weitesten Auslegung verstanden sein und auch den durch eine Option etwa im Volljährigkeitsalter auflösend oder aufschiebend bedingten Erwerb und den auf der Inlandsgeburt beruhenden Einbürgerungsanspruch umfassen. So verschieden vom Individuum aus gesehen automatischer Erwerb und Erwerb kraft Willenserklärung sind, für den Staat haben die obengenannten Tatbestände das Gemeinsame, daß der Zuwachs an Staatsvolk im allgemeinen und an dem Ausländer X. im besonderen sich seiner Einwirkung entzieht. Das ius soli, zum mindesten in der Form eines Einbürgerungsanspruchs, ist bei der Beratung unseres Gesetzes von 1913 sehr umstritten gewesen. Sozialdemokratie und Fortschritt haben seine Einführung gefordert[39]). Wissenschaft und Praxis

---

[38]) Lit. zur Reform des deutschen Rechts im allgemeinen: Schätzel, Kommentar zum RuStAG. (passim), ferner Zur Reform des StAG., DJurZ. 1927, Sp. 1577, Loening, Reform des deutschen StAR.s, Reichsverwaltungsblatt 1927/8, S. 101, Pohl, Die StA. im internationalen Recht in „Recht und Staat im neuen Deutschland" II 1929 S. 410. Der wichtige Antrag Koch-Weser u. Gen. (Entwurf eines Reichtsangehörigkeitsgesetzes) von 1927 (Drucks. des Reichstags III Nr. 3629) wird zitiert: Demokratischer Entwurf.

[39]) Vgl. etwa die Reden der Abgeordneten Blunck und Landsberg, in der 153., von Bernstein in der 154. Sitzung der 13. Legislaturperiode. Stenogr. Bericht Bd. 290.

haben sich, wenn auch vereinzelt und aus den verschiedensten Erwägungen heraus, für das ius soli erwärmt [40]). Als politische Forderung wurde es mit der Notwendigkeit begründet, den Einbürgerungsakt von jeglicher Willkür der Behörden zu befreien. Der Hinweis, daß sich Deutschland mit seinem ausschließlichen ius sanguinis in völliger Isolierung befinde, ja, daß „es kaum einen einzigen Kulturstaat gebe, in dem nicht der Gedanke des ius soli in der einen oder andern Form Recht und Gesetz sei [41])", konnte an sich auch eine gewisse Beachtung beanspruchen. Seit dem Kriegsende und der Staatsumwälzung ist das ius soli als ein grundsätzliches Programm meines Wissens von keiner politischen Partei gefordert oder erörtert worden, auch nicht in dem Sinne, daß es am ehesten geeignet wäre, den zwischen Preußen und einigen süddeutschen Ländern bestehenden Gegensatz in der Naturalisationspraxis nach dem Wunsche Preußens aus der Welt zu schaffen. Auch der demokratische Entwurf enthält den ius soli-Gedanken als solchen nicht. Es kann auch keinem Zweifel unterliegen, daß ein Bedürfnis für Deutschland schlechterdings verneint werden muß, soweit es sich um seine Anwendung auf Angehörige, die eine fremde StA. besitzen, handelt. Das gilt für das uneingeschränkte ius soli im Sinne Englands ebenso wie für das bei der Inlandsgeburt in der zweiten Generation wirkende Bodenrecht Frankreichs und Skandinaviens, aber auch für die neue schweizerische Form, nach der das in der Schweiz geborene Ausländerkind Schweizer werden soll, wenn die Mutter von Abstammung Schweizerin ist und die Eltern in der Schweiz ihren Wohnsitz haben. Nicht einmal für die Einräumung eines Naturalisationsanspruchs scheint mir irgend ein Anlaß gegeben zu sein, wobei daran zu erinnern ist, daß für die Einbürgerung schon nach geltendem Recht Geburt und dauernder Aufenthalt im Inland eine praktisch wichtige Erleichterung bringen (§ 9 Abs. 2). Man kommt zu einem solchen ablehnenden Ergebnis, ganz gleich ob man die Frage nach den individuellen, den staatlichen und den Interessen des internationalen Rechtsverkehrs würdigt. Das ius soli ist übrigens niemals als natürliches Menschenrecht, als Anspruch der Person, dort beheimatet zu sein, wo sie geboren ist, empfunden worden, sondern als Untertanenpflicht, als unauf-

---

[40]) Vgl. aus früherer Zeit Lehmann in den Annalen des Deutschen Reiches 1899, S. 776 ff. und neuerdings Piloty auf der Würzburger Tagung der Deutschen Gesellschaft für Völkerrecht (Mitteilungen der Gesellschaft Heft 5, 1924).

[41]) Blunck a. a. O. S. 5284.

kündbares Treueverhältnis[42]). Und wo es heute beibehalten oder eingeführt wird, sind es staatliche Interessen, keineswegs irgendwelche Rücksichten der Humanität, die sich ja auch weniger mit der Zwangswirkung des ius soli, als mit einem Options- oder Naturalisationsanspruch vereinen ließen. Das zeigt das Beispiel der Einwanderungsländer Südamerikas, des bevölkerungshungrigen Frankreich, aber auch der Schweiz, die ihre bereits eingetretene Überfremdung durch das Mittel des automatischen ius soli zu beseitigen gedenkt. Irgendwelche bevölkerungspolitischen Interessen liegen bei uns für eine Verschmelzung der rund 900 000 in Deutschland ansässigen Ausländer nicht vor. Von einer Rechtsisolierung Deutschlands in dieser Beziehung kann heute weniger denn je die Rede sein, wo die Mitte, der Osten und Südosten Europas, darunter das uns nächstliegende Österreich, in einer nahezu geschlossenen Ländermasse das ius soli ablehnt.

Einer besonderen Prüfung bedarf freilich die Frage, ob dem ius soli in bezug auf Staatenlose Raum zu geben ist. Es braucht kein Wort darüber verloren zu werden, daß die Staatenlosigkeit ein unerwünschter und für den Betreffenden höchst nachteiliger Zustand ist. Das Entstehen dieses Zustands zu verhüten, aber auch die allmähliche Beseitigung der Heere von Staatenlosen, die namentlich die Friedensschlüsse, aber auch die russische Gesetzgebung haben entstehen lassen, ist eine überall, von wissenschaftlichen Vereinigungen, vom Völkerbund und manchen nationalen Gesetzgebern erkannte Aufgabe. Sehen wir von der durch Friedens- und Minderheitenschutzverträge in einigen Staaten eingeführten Rechtsvermutung ab (Staatenlose, die im Inland geboren sind, gelten, solange nicht ihre Angehörigkeit zu einem andern Land nachgewiesen ist, als Inländer), so hat allerdings von den Ländern des ius sanguinis nur Danzig ein vollwertiges ius soli für Staatenlose eingeführt, mit der einzigen Einschränkung, daß der staatenlose Vater bzw. bei Unehelichen die staatenlose Mutter sich fünf Jahre lang in Danzig aufgehalten haben muß. Deutschland steht hier vor einer nicht leichten Entscheidung. Sie tritt nicht nur bei einer Reform des StAG., sondern auch bei einem Beitritt zu einer internationalen Konvention mit Sicherheit an uns heran[43]). Nach der Volkszählung von 1925 haben sich ca. 35 000 staatenlose Per-

[42]) Vgl. noch heute das britische Gesetz von 1914: Any person born within His Majesty's dominions and allegiance ... is British subject.

[43]) Vgl. Art. 3 des Vorentwurfs Rundstein und Diskussionsgrundlage 12, a. a. O. S. 67.

sonen oder Personen mit nicht ermittelter StA. in Deutschland ständig aufgehalten. Diese gewiß nicht kleine Zahl hat bei einem 60 Millionen-Volk nichts Erschreckendes an sich, namentlich da für 30 000 Deutsch als Muttersprache angegeben wird. Aber diese Ziffer kann — gerade wegen der letzteren Angabe — unmöglich stimmen. Sie beruht auf Selbstangaben. Der Staatenlose neigt begreiflicherweise nicht zum Zugeständnis seiner Rechtsstellung. Sie ist ihm häufig nicht bewußt; oft leugnet er sie aus seiner Rechtsauffassung heraus (z. B. der russische Emigrant). Man wird also mit wesentlich höheren Zahlen zu rechnen haben. Nimmt man aber auch die Aufsaugung der vorhandenen Staatenlosen aus Gründen der Humanität und im Interesse des internationalen Rechtsverkehrs hin — wobei die Resignation mithilft, daß die Staatenlosen ungeheuer schwer auszuweisen sind, weil die als Herkunftsländer namentlich in Betracht kommenden Nachfolgestaaten des Ostens sie nicht übernehmen — so ist doch die ansaugende Wirkung kaum erträglich, die sich zwangsläufig aus der Einräumung eines ius soli in irgend einer Form ergeben müßte. Deutschland ist nicht nur nach seiner geographischen Mittellage ein natürliches Ziel für Einwanderung aus dem volkreichen Osten und Südosten, es bietet nicht nur in kultureller und gewerblicher Hinsicht Anreiz zur Niederlassung: die fehlende Wehrpflicht und die weit ausgebaute soziale Fürsorge können den Ausländer sehr wohl aus seinem bisherigen Wohnsitzland heranlocken. Ein nach sozialen Grundsätzen und demokratisch regiertes Land, das keinerlei militärische Ansprüche an seine Bevölkerung stellt, ist ein gegebenes Asyl, namentlich wenn auch der Steuerfiskus für den Flüchtling seine Schrecken verloren hat. Nimmt man hinzu, daß Staatenlosigkeit sich allenfalls auch herstellen läßt, indem man sie behauptet und der Behörde den Nachweis der wirklich vorhandenen fremden StA. unmöglich macht, so kann man die schwersten Bedenken gegen ein ius soli für Staatenlose nicht unterdrücken. Schätzel (S. 42) weist mit Recht ferner darauf hin, daß die Ausbreitung der Denaturalisation in der modernen ausländischen Gesetzgebung (s. oben S. 24) jedem Staat die Einführung des ius soli für Staatenlose erschwert. Bedeutet doch jede Expatriierung eine ständige Quelle neu entstehender Staatenlosigkeit, die Denaturalisation im besondern ihre gefährlichste Folge: die Entwurzelung des Umgepflanzten. Sollte Deutschland einem Abkommen beitreten, das das ius soli für Staatenlose fordert, so wird es diesen Zusammenhang beachten und die Abschaffung der Denaturalisation zur Bedingung machen müssen.

Angesichts dieser für Deutschland gegebenen Sachlage sollte m. E. auf ein allgemeines ius soli für Staatenlose verzichtet werden. Immerhin kann Deutschland ohne Gefahr eine Maßnahme ergreifen, die in absehbarer Zeit eine spürbare Verminderung der Staatenlosen herbeiführen wird, ohne daß ernstliche bevölkerungspolitische Bedenken entgegenstehen. Das in Deutschland geborene Kind aus der Ehe eines Staatenlosen mit einer gebürtigen Deutschen sollte mit der Geburt die deutsche StA. erwerben. Wir haben zurzeit den widersinnigen Zustand, daß das uneheliche Kind eines staatenlosen Vaters und einer deutschen Mutter ex iure sanguinis Deutscher wird, während die Eheschließung beider Konkumbenten der Frau die deutsche StA. kostet und späteren Kindern die Staatenlosigkeit einträgt, selbst wenn sie in Deutschland geboren werden. Sehen wir von der Staatenlosigkeit der Ehefrau zunächst noch ab, so ist jedenfalls für die Kinder der Erwerb der deutschen StA. ex iure soli durchaus zu rechtfertigen und steht mit unserm ius sanguinis-Grundsatz angesichts der Abstammung von einer durch Geburt deutschen Mutter sehr wohl im Einklang. Das neue französische und das neue schweizerische Gesetz enthält im Ergebnis den gleichen, dort jedoch noch weiter ausgebauten Gedanken. Im Interesse einer automatisch wirkenden Aufsaugung kann bei dem hier gekennzeichneten einfach festzustellenden Tatbestand auf eine Mitwirkung des Berechtigten oder des Staats, also auf ein Optionsrecht oder einen Einbürgerungsanspruch verzichtet werden. Ein Grund zur Einschaltung einer Behörde liegt nicht vor; in diesem Fall scheinen mir die Interessen des Individuums bedingungslos den Vorzug vor behördlicher Erwägung zu verdienen.

3. Ermessenseinbürgerung. In allen übrigen Fällen, d. h. selbst dort, wo ein Ausländer oder Staatenloser auf Grund seiner Geburt, seiner Erziehung, seines langjährigen Wohnsitzes im Inland oder auf Grund sonstiger tatsächlicher Bindungen ein hervorragendes Interesse an der Einbürgerung besitzt, sollte es bei unserm Grundsatz der Ermessenseinbürgerung verbleiben. Die Mindestvoraussetzung des deutschen Rechts für die Einbürgerung sind so außerordentlich gering, die Naturalisationspraxis der Behörden in so zunehmendem Maße weitherzig [44]), das staatliche Interesse an

---

[44]) Leider fehlt es an jeder Statistik über die erteilten und verweigerten Einbürgerungen. Nach einer unverbindlichen Äußerung aus dem Reichsinnenministerium dürften derzeit jährlich etwa 15 000 Einbürgerungen gem. § 9 Abs. 1 erteilt worden sein.

einer Vermehrung des Staatsvolks auf diesem Weg so schwach, daß kein Grund vorliegt, einen Naturalisationsanspruch über die selbstverständlichen Fälle der Wiedereinbürgerung [45]) hinaus einzuräumen oder andere Erleichterungen vorzusehen. Die richtige Abgrenzung des Einflusses von Reich und Ländern und der Länder untereinander steht auf einem andern Blatt (s. unten S. 85).

Es ist aber auch nicht notwendig, den Verlust der bisherigen StA. zur unbedingten Voraussetzung der Einbürgerung zu machen. Im allgemeinen wird der Antragsteller nach seinem Heimatrecht durch den freiwilligen Erwerb der deutschen StA. seine bisherige StA. ohnehin verlieren [46]). Es ist aber möglich, daß der Verlust nicht eintritt, etwa weil der Antragsteller seiner Dienstpflicht nicht genügt hat. Wir würden uns die Hände allzusehr binden, wenn wir in einem solchen Falle einen deutschstämmigen Ausländer, der seit Jahrzehnten in Deutschland ansässig ist, nicht einbürgern dürften. In den Vorarbeiten des Völkerbunds wird übrigens wohlweislich auf einen solchen Grundsatz verzichtet, nicht dagegen in den „Leitsätzen" von Rauchberg und Strupp (VII a. a. O. S. 132).

Schwieriger ist die Frage zu entscheiden, ob die Niederlassung im Inland eine unbedingte Voraussetzung für die Einbürgerung werden soll. Unser § 13 bzw. § 33 Nr. 2 gestattet bekanntlich dem ehemaligen Deutschen und dessen Abkömmlingen die Einbürgerung trotz Wohnsitz im Ausland. Diese Bestimmung ist, wie wir sahen, besonders stark im Ausland angefeindet worden. Man darf jedoch nicht vergessen, daß wir noch heute an den Folgen des unglückseligen § 21 des Gesetzes von 1870 leiden, der unser Auslandsdeutschtum langsam absägte. Außerdem gibt es über die ganze Welt verstreut versprengte deutsche Volksgenossen ohne deutsche StA., teils weil sie fremder Denaturalisation zum Opfer gefallen sind, teils weil sie wie etwa viele Deutschrussen und Balten vor Generationen aus Deutschland ausgewandert und aus ihrer zweiten Heimat geflüchtet sind. Für diese Menschen, die in Übersee oder Ostasien ein Unterkommen gefunden haben, ist der Anschluß an die deutsche Kolonie das gegebene und ersehnte Ziel, so daß solche Einbürgerungsanträge gar nicht selten sind. Wir dürfen diese Möglichkeit für die

[45]) Über die Erweiterung der Wiedereinbürgerungsfälle zugunsten der ehemals deutschen Ehefrau s. unten S. 55.

[46]) Gegenüber einigen Staaten bestehen völkerrechtliche Bindungen, vgl. z. B. den deutsch-tschechoslowakischen Vertrag v. 20. Juni 1920 (RGBl. S. 2284), vgl. auch Schätzel, S. 56.

Zukunft nicht versperren. Dagegen scheint es mir aus Gründen der comitas gentium dringend geboten, die internationalrechtliche Unanfechtbarkeit unserer Praxis dadurch zu erhärten, daß wir die Einbürgerung solchen ehemaligen Deutschen und ihren Abkömmlingen verweigern, die Staatsbürger desjenigen Landes sind, in dem sie ihren Wohnsitz zur Zeit der Stellung des deutschen Einbürgerungsantrages haben. In solchen Fällen wird auch bisher der Reichskanzler von seinem Einspruchsrecht gemäß § 13 a. E. Gebrauch gemacht haben. Aber jede Möglichkeit zu einer solchen gegenüber dem derzeitigen Heimat- und Wohnsitzstaat des Antragstellers unhöflichen Handlungsweise, die sich ja von jenem Staat unbemerkt vollziehen kann, ist aus Gründen der Sauberkeit auszuschließen. Sie läßt sich m. E. auch nicht mit Bedürfnissen der deutschen Minderheiten im Ausland verteidigen, so nahe dieser Gedanke angesichts der Abtretung deutscher Gebiete mit deutscher Bevölkerung liegt. Die so erworbene deutsche StA. würde ein Danaergeschenk für die Betroffenen selbst sein., deren staatsbürgerliche Loyalität in Zweifel gezogen werden könnte. Im übrigen ist das Wahlrecht zwischen Erwerb der LA. oder der unmittelbaren RA. zugunsten der letzteren zu beseitigen (s. unten S. 79). Von dieser Möglichkeit der Einbürgerung sollte aber überhaupt wie bisher nur in besonders begründeten Ausnahmefällen gegenüber Staatenlosen Gebrauch gemacht werden. Im Regelfall ist nach wie vor die Niederlassung im Inland Voraussetzung. Eine Mindestdauer vorzuschreiben, wie das in den meisten ausländischen Gesetzen der Fall ist, empfiehlt sich nicht. Ein Vorzug unseres Gesetzes liegt in der Elastizität, die die Anwendung auf die Besonderheit jedes Einzelfalls gestattet.

Mit den vorstehenden Gedankengängen steht ein Problem im Zusammenhang, das unsere besondere Aufmerksamkeit verdient: die doppelte Staatsbürgerschaft im Verhältnis zwischen Österreich und Deutschland. Der demokratische Entwurf von 1927 fordert im § 8 den Einbürgerungsanspruch für in Deutschland wohnende Österreicher und will den Eingebürgerten die frühere österreichische Staatsbürgerschaft belassen[47]). Das Verdienst, den Gedanken des gleichzeitigen Besitzes der österreichischen und deutschen StA. und der Verbreiterung seiner Anwendbarkeit zur Diskussion gestellt zu haben,

[47]) Die letztere Rechtsfolge auszusprechen, wäre Sache des österreichischen, nicht des deutschen Gesetzes. Aber dieser Punkt ließe sich durch Vereinbarung zwischen den Ländern technisch einwandfrei regeln.

gebührt Österreich. An einen Zeitungsaufsatz von Hertz aus dem Jahr 1926 hat sich eine von der österreichisch-deutschen Arbeitsgemeinschaft angeregte Debatte geknüpft, deren Ergebnis in einer Sammlung von Gutachten österreichischer wie deutscher Juristen niedergelegt ist [48]). Hertz schwebte der durchaus richtige Gedanke vor, die Anschlußidee dadurch praktisch und moralisch zu fördern, daß man beiderseits die Einbürgerung erleichtern und den Angehörigen des Bruderlands die politische und berufliche Betätigung im Nachbarland ermöglichen solle, ohne daß sie deshalb aufhören sollten, Staatsbürger ihrer engeren Heimat zu sein. Er dachte an Intellektuelle, Kaufleute, Arbeiter und eine individuelle Verleihung, bei der aber der Wohnsitz im Einbürgerungsland keine entscheidende Rolle spielen sollte. Dieser Gedanke ist in jenem Gutachten weit ausgesponnen und von Merkl auf österreichischer, Gmelin auf deutscher Seite in anregender Weise auf seine Ausbaufähigkeit im Sinne einer vollkommenen Gemeinsamkeit beider Staatsbürgerschaften untersucht worden. So faszinierend dieser Gedanke ist und so warm die Debatte als solche, die viel zu wenig beachtet wurde, begrüßt werden muß: die generelle Verleihung des österreichischen Staatsbürgerrechts an Reichsdeutsche und umgekehrt ist eine Form des Anschlusses und liegt auf politischem, nicht juristischem Gebiet. Konkreter und, wie wir uns eingestehen müssen, zeitgemäßer ist die Frage der individuellen Einbürgerung unter Beibehalt der bisherigen StA. Hier kommt das geltende Recht beider Staaten unsern Wünschen insofern schon entgegen, als weder das deutsche noch das österreichische Recht die Aufgabe der bisherigen StA. zur unbedingten Voraussetzung der Einbürgerung macht und beide Rechte ferner die ausnahmsweise Möglichkeit zulassen, daß die eigene StA. nicht durch freiwilligen Erwerb einer fremden StA. verloren geht. An diesem Zustand darf im Verhältnis zwischen Deutschland und Österreich keinesfalls eine Verschlechterung eintreten, worauf, wie bereits oben geschehen, so auch bei der Erörterung unseres § 25 Bedacht zu nehmen ist (s. S. 60). Doppelte StA., die sich im vollen Einvernehmen der beiden beteiligten Staaten entwickelt, ist internationalrechtlich kein unerwünschter Zustand und ganz anders zu beurteilen wie die durch Divergenz verschiedener Rechte hervorgerufene Doppelbürgerschaft. Die Zulässigkeit der ersteren hängt allein davon ab, wieweit die Treuepflicht zu beiden Staaten

[48]) Doppelte Staatsbürgerschaft (darin Beiträge von Hertz, Merkl, Gebhard, Gmelin), Verlag Deutsche Einheit, Wien 1928.

als miteinander vereinbar erachtet werden kann, eine Frage, die im Falle Österreich-Deutschland schon vom Gefühl bejaht wird, ohne daß es des Hinweises auf die kulturelle, historische und verfassungspolitische Gemeinsamkeit bedarf. Nun steht aber die Förderung des Einbürgerungsverkehrs, schließlich auch der sichtbare Ausdruck, den der Annäherungs- und Austauschgedanke im Gesetz finden soll, zur Debatte. Ich stehe nicht an, zu bekennen, daß mir die gegenseitige Einräumung eines Einbürgerungs**anspruchs** schwere Bedenken verursacht. Der deutsche demokratische Entwurf geht in diesem Punkt weiter als der Hertzsche Vorschlag, der gegenüber notorischer Unwürdigkeit immerhin der Behörde ein Versagungsrecht geben will; er geht weniger weit, indem er den Anspruch nur in Deutschland wohnenden Österreichern gewährt. Das einzig Förderliche an der Bestimmung ist die moralische programmatische Wirkung. Denn wer wollte bezweifeln, daß der unbescholtene Deutsche schon heute ebenso anstandslos in Österreich eingebürgert wird wie der Österreicher in Deutschland! Und daß der **Anspruch** gerade von denjenigen geltend gemacht wird, die Österreich ebenso ungern aufnehmen würde, wie Deutschland sie gern los wird! Es ist kein Verrat am Anschlußgedanken, wenn man die einfache Tatsache ausspricht, daß unter den 60 Millionen Deutscher viele Tausende unerwünschter Elemente leben, genau so wie das gleiche verhältnismäßig für Österreich der Fall ist. Die volle Freizügigkeit wäre im Zusammenhang mit dem wirklichen politischen Anschluß trotz der minderwertigen Elemente mit Freuden zu begrüßen. Aber Freizügigkeit und Einbürgerungsanspruch ohne Anschluß und Verwaltungseinheit: damit wird den Interessen beider Länder und dem Anschlußgedanken wirklich nicht gedient. Sollen wir gezwungen sein, den politischen Abenteurer, der in Österreich ausgespielt hat, einzubürgern, soll Österreich jeden zweifelhaften deutschen Ehrenmann, der Grund hat, Deutschland zu meiden, bei sich aufnehmen müssen? Von den sozialpolitischen Bedenken ganz zu schweigen, die sich hier aus der Überfüllung, dort der Leere am Arbeitsmarkt ergeben können. Not tun nicht so sehr Einbürgerungsansprüche als Einbürgerungen, ein wirklicher Austausch wertvoller Kräfte aller Berufe hinüber und herüber, wie **Hertz** ihn im Auge hat. Die rechtliche Möglichkeit hiezu ist durchaus gegeben. Sie kann und muß im Verwaltungswege erleichtert werden, wobei allerdings auf die Niederlassung im Inland nicht verzichtet werden kann. Und etwas anderes läßt sich auch ohne blinden Einbürgerungsanspruch erreichen, nämlich daß ein österreichischer Politiker in den Reichstag gewählt oder ein Münchener Anwalt in Wien zugelassen wird oder andere Formen doppelten Wirkens in Österreich und Deutschland gefördert werden. In letzter Zeit wird dem Vernehmen nach in den beteiligten Ressorts die Frage geprüft, ob man nicht gegenseitig den Staatsbürgern die Ausübung der politischen Rechte gestatten soll [49]). Damit würde sehr viel gewonnen sein. Und die Zulassung zu den Gerichten könnte — namentlich nach Vollendung des gemeinsamen Strafgesetzes — bei verbürgter Gegenseitigkeit ein einfaches aber sehr förderliches Mittel im Dienste des kulturellen Austauschs werden. Das liegt außerhalb unseres Themas. Dagegen scheint mir der Gedanke des Einbürgerungsanspruchs sachlich unberechtigt zu sein und nicht entfernt die Vorzüge zu besitzen, die er beim ersten Hören zu versprechen scheint.

Endlich empfiehlt sich eine Streichung für den einzigen Einbürgerungsanspruch, den unser Gesetz außer den Fällen der Wiedereinbürgerung kennt, nämlich für den Anspruch des Ausländers auf Grund mindestens einjährigen Dienstes im Heer oder in der Marine (§ 12). Der demokratische Entwurf hat diese Vorschrift für den Dienst in der Reichswehr übernommen (§ 9). Für unsere heutigen Verhältnisse treffen die Erwägungen des Gesetzgebers von 1913 aber nicht mehr zu. Die Möglichkeit der Naturalisation genügt für derartige selten gewordenen Ausnahmefälle sicherlich, soweit nicht überhaupt auf Grund der Anstellung im Reichsdienst der automatische Erwerb gemäß § 15 eintritt.

4. Familieneinheit.

a) Einfluß der Eheschließung auf die StA. der Ehefrau. Keine Frage drängt so sehr nach Entscheidung, wie diejenige, ob an der Maßgeblichkeit der StA. des Ehemannes für die StA. der Ehefrau festzuhalten ist oder nicht [50]). Die Frage hat ihre frauenrechtliche,

[49]) Vgl. auch Schätzel, S. 52, der in diesem Zusammenhang von der Anwendung der Theorie Garay (Verleihung des Bürgerrechts, nicht aber der StA. an alle Einwanderer) im Verhältnis zwischen Deutschland und Oesterreich spricht. Über die Theorie Garay im allgemeinen hat Triepel, Internat. Regelung der StA., Zschr. f. ausl. öff. R. u. Völkerrecht 1929 Bd. I, 1, S. 191 ff. das Erforderliche gesagt.

[50]) Aus der Literatur ist hervorzuheben: Zepf, Die StA. der verheirateten Frau (Diss.), Tübingen 1929, The Nationality of Married Women, Report (Intern. Federation of University Women, London SW 3) 1929, Calbairac, Traité de la Nationalité de la femme mariée, Paris 1929. Der nach einer Mitteilung des Reichsinnenministers im Haushaltsausschuß vom 7. März 1928

internationalrechtliche, nationale und bevölkerungspolitische Seite. Man kann ihr vielleicht noch mehr Gesichtspunkte abgewinnen. Aber die Antwort kann schließlich nur gefunden werden, wenn feststeht, an wessen Interessen sie orientiert werden soll. Nicht allein die Höflichkeit gebietet aber die Anerkennung, daß die maßgebliche Interesse an der Beantwortung niemand anders hat als die Frau selbst. Es handelt sich um ihr Interesse, wenn der Gesetzgeber ihr im Fall der Eheschließung die bisherige StA. nimmt und ein anderer ihr eine neue StA. zuspricht. Das wohlverstandene Interesse der Frau ist zu ergründen. Hiefür kann der vermutliche Wille der Frau einen Anhaltspunkt geben; entscheidend ist er nicht, selbst wenn er im Zeitpunkt der Eheschließung hinreichend bestimmt erkennbar wäre. Das Programm des Weltbundes für Frauenstimmrecht, der als Wortführer der Frauenbewegung für unsere Frage gelten darf, ist bekannt: Eheschließung zwischen Angehörigen verschiedener Staaten berührt die StA. beider Teile nicht. Die Frau behält ihre bisherige StA. und erwirbt diejenige des Mannes nicht. Also ein Ergebnis, daß nur durch entsprechende Änderung der Gesetze aller Staaten (soweit nicht vereinzelt schon geschehen) oder durch ein Staatenabkommen erreicht werden könnte. Man darf dieses Programm mit allen denkbaren Argumenten bekämpfen, nur nicht damit, daß ein Auseinanderfallen der StA. von Eheleuten einen grenzrechtlichen Wirrwarr, einen für das internationale Privatrecht des Familienrechts anstößigen Zustand bedeute. Das mag sein, wenigstens zur Zeit. Aber wenn die Lösung im übrigen gut ist, darf sie nicht unterbleiben, weil die Methoden der Rechtstechnik unvollkommen sind. Daß dem internationalen Privatrecht hier eine dienende, den Bedürfnissen des Lebens sich unterordnende Funktion zufällt, ist ja auch von den Regierungen derjenigen Staaten erkannt worden, die die Haager Abkommen über die Ehescheidung usw. in der Konferenz von 1928 gerade unter dem Gesichtspunkt der Divergenz der StA. von Ehegatten neugefaßt haben. Aber der Standpunkt der grundsätzlichen Selbständigkeit der Ehefrau in staatsangehörigkeitsrechtlicher Hinsicht ist aus andern Gründen angreifbar. Er wird den tatsächlichen Verhältnissen des Lebens nicht gerecht und vermehrt die Gefahren für die Ehefrau, die sich ohnehin aus einer gemischten Ehe im Sinne des Staatsrechts für beide Teile ergeben. Wir befinden uns bei dieser Frage auf weltanschaulichem Boden. Niemand wird sie losgelöst von der Auffassung

ausgearbeitete Entwurf ist noch nicht veröffentlicht. Über die Behandlung der Frage im Reichstag s. ausführlich Zepf, S. 97 ff.

über Ehe, Familie und Nation betrachten, keiner darauf rechnen können, die Gegenseite zu überzeugen. Sieht man in der Ehe die denkbar nächste Lebens- und Schicksalsgemeinschaft, so liegt der Gedanke nicht fern, sie auch durch die Einheit der Nationalität zu symbolisieren. Und es entspricht der herkömmlichen Auffassung von den tatsächlichen und rechtlichen Wirkungen der Ehe, daß die Braut, wie sie ihr elterliches Haus verläßt und dem Manne nachfolgt, wie sie ihren Namen mit dem des Gatten eintauscht, so auch in unserm Falle ihr Vaterland verläßt und Bürgerin des Heimatstaats ihres Mannes wird. Heiratet sie außer Landes, so soll und kann ihr nach dieser Anschauung der Konflikt nicht erspart bleiben, nicht nur ihr Vaterhaus, sondern auch ihr Vaterland aufzugeben und sich einer neuen Umwelt und einer neuen Heimat zu verpflichten. Jede andere Lösung ist hiernach eine Halbheit, eine laxe Auffassung vom Wesen der Ehe und der Selbstaufgabe, die sie von der Frau fordert. Der Standpunkt der Frauenbewegung dagegen ist begründet auf dem Gefühl der Gleichberechtigung der Geschlechter. Die Ehe als eine Verbindung gleichwertiger selbstverantwortlicher Menschen fordere keineswegs die Aufgabe der Persönlichkeit. Es liege eine Überheblichkeit gegenüber dem Eigenwert der Frau in einer Regelung, die der Ehefrau ihre frühere Nationalität entreißt und ihr eine neue aufzwingt. Das entspreche weder dem Willen der Frau, noch dem Wesen der Ehe, die in ihrer sittlichen Bedeutung gerade durch eine solche Geringschätzung des Persönlichkeitswerts der Frau entwertet werde. Beide Standpunkte haben ihre Berechtigung und der Gutachter ist erfreut, die scheinbar unversöhnlichen Gegensätze, die sich hier in der Beurteilung des Wesens der Ehe auftun, insoweit mildern zu können, als es sich um die Wirkungen auf die StA. handelt. Er braucht, um zu einer Lösung zu gelangen, die letzten Rätsel des Eheproblems an sich nicht zu beantworten. Es genügt, sich in die praktischen Interessen der Ehefrauen, die in gemischter Ehe leben, hineinzudenken. Eine solche Prüfung führt aber zu der Erkenntnis, daß es einen gewaltigen Unterschied ausmacht, ob die Ehefrau ihrem fremdstaatlichen Gatten ins Ausland folgt oder ob der Ausländer sich in der Heimat seiner Frau niederläßt.

Im ersten Fall weisen die praktischen Bedürfnisse auf einen Wechsel der StA. mit Sicherheit ihn: es liegt zweifellos im Interesse der Frau, die vollen staatsbürgerlichen Rechte, die dem Manne zukommen, in dem Land, in dem sie lebt, gleichfalls zu erhalten, während sie umgekehrt auf die formale Angehörigkeit zu ihrem Heimatstaat verhältnismäßig leicht verzichten kann. Dabei wird allerdings von der hier vertretenen Auffassung die Forderung anerkannt und die Folge hingenommen, daß die Frau Verpflichtungen gegen ihre neue Heimat lediglich auf Grund ihrer Ehe auf sich nimmt, daß sie sich in loyaler Weise der Nation ihres Mannes verbunden fühlt und ihre alte Heimat in dem gleichen Sinne und nur in diesem aufgibt wie ihren Vaternamen und ihre Familie. Gewiß ergeben sich ernste seelische Konflikte aus dieser Sachlage; aber sie sind in dem Verlassen der Heimat und der Ehe mit einem Ausländer begründet: der Wechsel der StA. stellt die Situation nur klar, er verschlimmert sie nicht. Im Gegenteil, das Gefühl, keine Fremde zu sein, muß die Stellung der Frau dem Mann, namentlich aber den Kindern gegenüber erleichtern. Man denke ferner an den Fall, daß sie Witwe wird oder sonst gezwungen ist, im Wohnsitzland der Kinder berufstätig sein soll. Soll sie sich dann erst um den Erwerb der StA. bemühen? Am unhaltbarsten scheint mir aber ihre Lage im Fall eines Krieges, so ferngerückt diese Möglichkeit erscheint. Macht er ihren Heimatstaat und ihren Wohnsitzstaat zu Feinden, so ist ihre seelische Lage bei der einen wie der andern Lösung natürlich gleich schmerzlich. Aber am gefährlichsten würde mir nach den Erfahrungen des Weltkriegs eine Rechtslage erscheinen, die dem Wohnsitzstaat erlauben könnte, sie, die vielleicht von ihrem Gatten getrennt lebt, als feindliche Ausländerin zu behandeln [50a]). Man unterschätze aber auch die Erschwerung ihrer häuslichen Stellung gerade im Falle eines Krieges nicht. Daß das Interesse der deutschen Ehefrau im Gegenteil den Nichterwerb der ausländischen StA. des Ehemanns fordere, kann nicht etwa damit begründet werden, daß nach den Rechten mancher Länder eine Ehescheidung unmöglich sei. Richtig ist, daß z. B. Italien, Spanien und zahlreiche südamerikanische Staaten die Scheidung nicht kennen bzw. sie für Angehörige bestimmter Glaubensbekenntnisse ausschließen und daß nicht selten Deutsche in völliger Unkenntnis dieser Rechtslage unlösbare Ehen mit Ausländern eingegangen sind. Diese oft tragische Unlösbarkeit ist aber nicht dem Verlust der deutschen StA., sondern dem internationalen Privatrecht, in unserm Fall dem Art. 17 EGBGB. zuzuschreiben, der das Recht

---

[50a]) Die völlige Selbständigkeit der StA. der Ehefrau wird eigenartigerweise in Frankreich mit dringenden staatlichen Bedürfnissen begründet, nämlich um Spioninnen fernzuhalten usw., vgl. Trinh Dinh Thao, de l'influence du Mariage sur la nationalité de la femme, Paris 1929, S. 41, 55, 232, 237.

des Ehemannes für die Scheidung als maßgeblich erklärt. Hier ist durch Erleichterung des Wiedererwerbs der deutschen StA. während bestehender Ehe und durch Änderung des Art. 17 EGBGB. Abhilfe zu schaffen (Vgl. Frankenstein, Schutz den deutschen Frauen von Ausländern! in Wirtsch. u. Recht, Beilage der Dtsch. Allg. Zeitg. v. 5. Febr. 1927). Die 6. Haager Konferenz über internationales Privatrecht hat die gleiche Frage bereits berührt, wenn auch nicht gelöst (Vgl. Volkmars Bericht über diese Konferenz in J. W. 1928, S. 859) [50b].

Ganz anders ist die Sachlage zu beurteilen, wenn die Frau einen in ihrer Heimat lebenden Ausländer heiratet oder wenn der Ausländer mit der Eheschließung seinen Wohnsitz in die Heimat der Frau verlegt. Hier sprechen wiederum die Interessen der Frau dafür, ihr das Höchstmaß an Rechten zu erhalten, die sie im Lande ihres Wohnsitzes praktisch auszuüben vermag. Hier rechtfertigen die äußeren und inneren Lebensumstände den Verzicht auf ihre bisherige StA. nicht. Dieser Verzicht könnte allein mit der Notwendigkeit, die Familieneinheit herzustellen, begründet werden. Die Familieneinheit um ihrer selbst willen, ungeachtet der Interessen der Frau und des sinnfäligen Sachverhalts, scheint mir aber eine überlebte Forderung zu sein [51]). Jedenfalls verlangt das Wesen der Ehe nicht die juristische Symbolisierung einer vom Leben nicht verwirklichten Einheit der Nationalität. Bei einer andern strengeren Auffassung der Ehe leidet die Wertung der StA. not. Es liegt ein betonter Formalismus darin, die badische Bauerntochter, die einen im Land ansässig werdenden italienischen Straßenbaumeister heiratet, als Italienerin oder die eingeborene Frau eines in Argentinien eingewanderten Pflanzers als Deutsche zu betrachten.

Stellen wir unsere nach den Belangen der Frau bemessene Prüfung in das Licht der international gegebenen Rechtslage, so ist weiter zu berücksichtigen, daß eine Deutsche durch Eheschließung mit einem Ausländer keinesfalls, gleichgültig ob eine Wohnsitzverlegung ins Ausland erfolgt oder nicht, ihre StA. verlieren darf, wenn sie nicht

---

[50b]) Vgl. ferner den interessanten Ausschußbericht über den Antrag Falk u. Gen. zur Änderung des EGBGB. hinsichtlich der Behandlung der Ausländer, Drucksachen des preußischen Landtags III Nr. 3725 von 1930.

[51]) Um der Familieneinheit willen regt Speidel, Das franz. Gesetz über die StA. vom 10. August 1927, Tübingen 1929 S. 75 an, in unserm Fall dem Mann die StA. der Frau zu geben. Darin liegt ein Überschätzung des rechtlichen Wertes der Familieneinheit und eine Unterschätzung der Interessen des Ehemannes.

gleichzeitig eine neue StA. erwirbt. Darüber, daß unser § 17 Ziff. 6 unhaltbar ist, der die StA. der Deutschen untergehen läßt, auch wenn sie einen Staatenlosen oder den Angehörigen eines Landes ehelicht, nach dessen Recht sie dessen Angehörigkeit nicht erwirbt, herrscht eine Meinung. Diese Regelung beruht freilich keineswegs auf einem Versehen, sondern ist von der Regierung seinerzeit ausdrücklich damit verteidigt worden, daß andernfalls die Ausweisung eines mit einer Deutschen verheirateten Staatenlosen praktisch unmöglich werde [52]). Diese Auffassung ist, wenn überhaupt, nur aus der Haltung Preußens in der dänischen Staatenlosenfrage zu verstehen. Sie kann heute keine Berücksichtigung beanspruchen. Das Ausland ist in der letzten Zeit, wie sich aus unserer Übersicht S. 22 ergibt, in zunehmendem Maße zu der hier befürworteten Regelung übergegangen und der vorbereitende Völkerbundsausschuß hat die gleiche Forderung in seiner Diskussionsgrundlage Nr. 16 erhoben [53]). Sie ist zur Vermeidung der Staatenlosigkeit um so notwendiger, als nicht nur die Zahl der als Ehemänner in Betracht kommenden Staatenlosen auf lange Zeiten hinaus beträchtlich sein wird, sondern auch abgesehen von den südamerikanischen Staaten die Vereinigten Staaten von Amerika und Rußland den automatischen Erwerb der StA. durch Eheschließung mit einem Inländer nicht mehr eintreten lassen. Es zeigt sich hier, daß die Familieneinheit ein Axiom ist, dessen Erfüllung nicht allein vom nationalen Recht abhängt, sondern das der übereinstimmenden Gefolgschaft aller Staaten bedarf.

Offengeblieben ist noch die Frage, ob sich die Rechtsfolgen, die sich in Zukunft an die Eheschließung einer Deutschen mit einem Ausländer und eines Deutschen mit einer Ausländerin knüpfen sollen, automatisch oder im Wege der Option vollziehen sollen. Es wäre denkbar und käme den Wünschen der Frauenbewegung entgegen, wenn man etwa wie in Belgien der in das Ausland heiratenden Deutschen das Recht gäbe, binnen 6 Monaten nach Eheschließung zu erklären, daß sie die deutsche StA. behalten wolle, und ebenso der Ausländerin, die einen Deutschen ehelicht, daß sie die deutsche StA. nicht erwerben wolle. Eine solche Regelung empfiehlt sich jedoch nicht. Die Frau wird namentlich im ersten Fall zu einer solchen Erklärung leicht geneigt sein, ohne daß sie in diesem Zeitpunkt im

---

[52]) Kommissionsbericht Drucks. des Reichstags XIII. Leg.-Per. Bd. 301 S. 1435. Die Auffassung wurde übrigens bis in die Reihen des Fortschritts hinein gebilligt, vgl. die Rede des Abg. Blunck, a. a. O. Bd. 290, S. 5285.

[53]) A. a. O. S. 95.

Regelfall die Tragweite und die aus der Option entstehende Rechtslage beurteilen kann. Man braucht dabei gar nicht an Kreise geringer Bildung zu denken; auch die höchststehende Frau wird, solange nicht Schwierigkeiten sichtbar werden, ihre Heimatstaatsangehörigkeit nicht verlieren und die StA. des Mannes ausschlagen wollen, wenn ihr die Möglichkeit dazu eröffnet wird. Ihre Angehörigen würden ihr eine andere Haltung vielleicht ebenso verübeln wie sie sich selbst. Ihr Interesse fordert jedoch, für den Regelfall und auf die Länge gesehen, den Erwerb der StA. des Mannes, wenn sie in dessen Land lebt. Nun kann man einwenden, daß die Deutsche, wenn sie den Beibehalt erklären würde, ja trotzdem nach den Rechten der meisten Länder die StA. des Ehemannes erwerben, also schlimmstenfalls doppelstaatsangehörig werden würde. Das ist jedoch durchaus nicht so häufig, wie die Frau annehmen und die Standesämter auch bei sorgfältiger Prüfung leicht beauskunften könnten. Denn nach den meisten Rechten wird die Frau zwar durch die Eheschließung mit dem Inländer dessen StA. erwerben, aber durch eine solche Beibehaltserklärung zugunsten der Heimatstaatsangehörigkeit sie wieder verlieren. Nicht selten wird es mangels positiver Regelung zweifelhaft liegen; dann glaubt sie, die betr. StA. zu haben und kann vom Gegenteil in peinlichster Weise überrascht werden. Aber selbst wenn sie wirklich die alte StA. behalten und die neue dazu erwerben sollte, wären die Interessen der Frau nicht glücklich gewahrt. Die Staatsangehörigkeitsschaukel, die zu besteigen der Frau hiernach erlaubt sein würde, ist weder vom Standpunkt der beteiligten Staaten noch von dem der Frau ein gefahrloses Gefährt. Die Staaten sehen mit Recht eine unaufrichtige Auffassung vom Wesen der StA. in einer bewußt herbeigeführten Doppelstaatsangehörigkeit; jeder Staat könnte der Frau den Streich spielen, sie gerade dann als Ausländerin zu betrachten, wenn sie Inländerin zu sein wünscht und umgekehrt. Daher ist der automatischen Regelung unbedingt der Vorzug zu geben.

Es soll also die Deutsche, die einen Ausländer heiratet, grundsätzlich die deutsche StA. verlieren, jedoch erst, sobald sie ihren Wohnsitz oder ihren dauernden Aufenthalt im Inland aufgegeben hat. Der Verlust tritt ferner nicht ein, wenn der Ehemann staatenlos ist oder wenn die Deutsche nach dem Recht des Ehemannes dessen StA. durch die Eheschließung nicht erwirbt. Diese Regelung entspricht etwa derjenigen der skandinavischen Staaten sowie dem § 15 des demokratischen Entwurfs. Dabei muß die Doppelstaatsangehörigkeit hingenommen werden, die ohne Zutun der Frau dadurch entsteht, daß das Recht des Ehemannes der Frau dessen StA. ohne Rücksicht auf den Wohnsitz zuteil werden läßt. Sie ist vom Standpunkt beider Staaten und von dem der Ehefrau leichter erträglich als der bisherige Zustand, der der Frau ausnahmslos die frühere StA. entzog. Im übrigen gilt für diesen Fall das allgemeine Ablehnungsrecht bei doppelter StA. (s. u. S. 62). Die Aufgabe des Wohnsitzes wäre nach objektiven Gesichtspunkten zu beurteilen; auf die Willensrichtung käme es nicht an. Ob die Ehefrau den Wohnsitz im Ausland erst begründet oder nur beibehält, wäre gleichgültig, ebenso ob der Wohnsitz im Heimatstaat des Ehemannes oder in einem dritten Staat gewählt wird. Die Rückverlegung des Wohnsitzes nach Deutschland würde nicht automatisch zum Wiedererwerb der deutschen StA. führen. Ein derartiger mehrmaliger, urkundlich nicht feststellbarer Wechsel dürfte vom Standpunkt des internationalen Rechtsverkehrs nicht erwünscht sein[54]). Natürlich steht der Betreffenden die Einbürgerung offen; dieses Recht ist für die gebürtige Deutsche als Anspruch auszugestalten (s. unten S. 55).

Umgekehrt soll die **Ausländerin, die einen Deutschen heiratet, grundsätzlich die deutsche StA. erwerben, jedoch erst, wenn sie sich in Deutschland niedergelassen hat. Der Erwerb tritt jedoch sofort ein, wenn die Ausländerin staatenlos ist oder nach ihrem Recht ihre bisherige StA. bedingungslos verliert. Er tritt ferner durch eine Optionserklärung zugunsten der deutschen StA. ein.** Es ist zugeben, daß das Bedürfnis für diese Regelung vielleicht nicht so lebhaft empfunden wird wie für die oben befürwortete Bestimmung. So lassen die skandinavischen Länder den **Erwerb** der StA. des Ehemanns für die Ausländerin bedingungslos, ohne Rücksicht auf den Wohnsitz, eintreten. Dennoch scheint mir die Konsequenz zu gebieten, die beiden analogen Fälle übereinstimmend, jedoch mit einem ergänzenden Optionsrecht zugunsten der deutschen StA. zu regeln. Ist die Grundanschauung richtig, daß nicht Eheschließung allein, sondern Eheschließung und Wohnsitz im Land des ausländischen Ehemanns den Wechsel der StA. fordern, so muß sie für die Ausländerin ebenso richtig sein wie für die Deutsche. Man würde auf jede beispielgebende Wirkung der Reform verzichten, wenn man diese

---

[54]) Hierin unterscheidet sich mein Vorschlag vom demokratischen Entwurf.

Übereinstimmung nicht herstellte. Stellen wir uns einmal auf den Standpunkt des Ehemanns: Muß der ausländische in Deutschland wohnende Ehemann nach unserm Vorschlag darauf verzichten, seine deutsche Frau lediglich als Angehörige seines Landes zu betrachten, so muß man billigerweise dem im Ausland lebenden Deutschen die Möglichkeit verweigern, die Landestochter, die er heiratet, lediglich durch die Eheschließung zur Deutschen zu machen. Natürlich bedarf auch hier die Frage sorgfältiger Behandlung, ob keine Staatenlosigkeit entsteht und Doppelstaatsangehörigkeit zu erwarten ist, aber hingenommen werden kann. Der Staatenlosigkeit würde die oben angegebene Klausel an sich abhelfen. Zweifelhaft könnte die Auslegung des Gesetzes werden, wenn die Ausländerin Angehörige einer der sehr zahlreichen Staaten ist, die die Verlustklausel etwa in der Fassung kennen: „Der Verlust tritt durch Eheschließung mit einem Ausländer ein, sofern die Frau die StA. des Ehemanns nach dessen Recht durch die Eheschließung erwirbt". Verliert die Danzigerin, um ein Beispiel zu nehmen, durch die Eheschließung mit einem Deutschen die Danziger StA., wenn das deutsche Gesetz die obige Fassung erhielte? Die Frage wäre zu verneinen; denn das deutsche Gesetz würde der Ausländerin die deutsche StA. ja grundsätzlich erst bei Wohnsitznahme in Deutschland, nicht schon durch die Eheschließung, zuerkennen. Infolgedessen behielte die Danzigerin auf alle Fälle ihre StA. und erwürbe die deutsche StA. bei Wohnsitznahme in Deutschland hinzu. Es wäre Sache Danzigs, — und das gleiche gilt für die Länder, die die gleiche Verlustklausel haben — sein Gesetz so zu ändern, daß der Verlust eintritt, sobald die Danzigerin auf Grund der Eheschließung mit einem Ausländer ohne Antrag dessen StA. erwirbt. Aber auch, wenn diese Änderung nicht vorgenommen würde, wäre die entstehende doppelte StA. zu ertragen. Das allgemeine Ablehnungsrecht, das wir für das deutsche Recht zur Beseitigung der doppelten StA. fordern (s. u. S. 62), wäre auch hier anzuwenden. Im übrigen gilt für unsern Vorschlag wie oben, daß aus Gründen einer möglichsten Beharrung des einmal eingetretenen Rechtszustandes ein mehrmaliger automatischer Wechsel, etwa bei alsbaldiger Rück- oder Weiterverlegung des Wohnsitzes nicht in Frage kommen kann. Jedoch ist die Einschaltung eines Optionsrechts zugunsten des Erwerbs der deutschen StA. unentbehrlich. Es kann solange ausgeübt werden, als die betreffende Ausländerin nicht durch die Wohnsitznahme die deutsche StA. erwirbt. Das Bedürfnis kann sich namentlich bei einer Niederlassung in einem dritten Staat zeigen, da andernfalls die deutschen Behörden keine Legitimation für einen diplomatischen Schutz hätten. Es kann aber auch ein erhebliches Interesse an dem Erhalt eines deutschen Passes für die Frau des Deutschen bestehen. Die vor der deutschen Auslandsbehörde abgegebene Erklärung müßte zum Erwerb der deutschen StA. ausreichen.

b) Einfluß einer Änderung der StA. des Ehemannes während bestehender Ehe auf die StA. der Ehefrau. Selbständiges Antragsrecht und Wiedereinbürgerung der Ehefrau.

Die Diskussionsgrundlage 18 des Berichts des Völkerbundsausschusses hält diese Frage insofern für kodifikationsreif, als gesichert werden soll, daß die Naturalisation des Ehegatten während der Ehe ohne Zustimmung der Ehefrau keinen Einfluß auf deren StA. haben soll. Das deutsche Recht entspricht bereits dieser Forderung, soweit es sich um die Naturalisation des Deutschen im Ausland handelt (§ 25 Abs. 1). Dagegen erstreckt das deutsche Recht im umgekehrten Fall, wenn ein Ausländer die Einbürgerung in Deutschland beantragt, die Wirkung grundsätzlich auch auf die Ehefrau. Zwar kann nach § 16 Abs. 2 in der Urkunde ein Vorbehalt gemacht werden, der diese Wirkung ausschließt. Ob aber hiervon Gebrauch gemacht wird, richtet sich nach dem Ermessen der Verwaltungsbehörde, das mit den Wünschen der Betroffenen nicht übereinzustimmen braucht. Es ist nun nichts dagegen zu erinnern, daß die Verwaltungsbehörde das Recht behält, in besonderen Fällen die Ehefrau von der Einbürgerung auszuschließen. Dagegen sollte die Verwaltungsbehörde nicht berechtigt sein, die Ehefrau einzubürgern, wenn sie gar nicht eingebürgert sein will. Die Behörde kann nach geltendem Recht solche Wünsche durch Aufnahme des erwähnten Vorbehalts berücksichtigen, ist aber keineswegs dazu genötigt[55]). Es lassen sich nun Fälle denken, in denen die Ehefrau ein schutzwürdiges Interesse daran hat, nicht eingebürgert zu werden, zumal wenn sie nicht in häuslicher Gemeinschaft mit dem Ehemann lebt. Es sollte daher die Einbürgerung von Eheleuten zwar auf gemeinsamer Urkunde erfolgen können, aber nur wenn die Ehefrau gleichzeitig Antrag auf Einbürgerung gestellt oder ihre Zustimmung zu einem sie umfassenden Antrag des Ehemanns erklärt hat. Führt jedoch der freiwillige Erwerb einer fremden StA. durch

[55]) v. Keller-Trautmann S. 224 halten einen solchen Willen für belanglos und lassen nur Wünsche des Antragstellers selbst im Rahmen der Staatsinteressen gelten.

den Ehemann nach dessen Recht automatisch den Verlust der bisherigen StA. der Ehefrau herbei, so soll sie die deutsche StA. ohne Rücksicht auf ihren Willen erwerben, da sie andernfalls staatenlos werden würde (§ 25 Abs. 1 in Verb. mit § 18)[56].

Soll eine Ehefrau hiernach nicht ohne und nicht gegen ihren Willen gleichzeitig mit dem Ehemann in Deutschland eingebürgert werden, so kann sie andererseits auf ihren Antrag hin eingebürgert werden, ohne gleichzeitige Einbürgerung des Ehemannes, und ohne daß dessen Zustimmung erforderlich wäre. Dieses selbständige Antragsrecht der Ehefrau ist bereits geltendes Recht, da § 8 eine dem § 7 Abs. 2 bez. der Aufnahme entsprechende Bestimmung nicht enthält. Handelt es sich um eine gebürtige Deutsche, die nach meinem Vorschlag durch Eheschließung mit einem Ausländer und Aufgabe ihres Wohnsitzes in Deutschland die deutsche StA. verloren hat, so scheint es mir gerechtfertigt zu sein, ihr die Wiedereinbürgerung trotz bestehender Ehe nicht nur zu gestatten, sondern zu erleichtern. Es empfiehlt sich, ihr den Anspruch auf Wiedereinbürgerung, den sie nach geltendem Recht nur nach Auflösung der Ehe durch Tod des Mannes oder Scheidung hat, auch bei bestehender Ehe zu gewähren, sofern sie sich in Deutschland niedergelassen hat und den Erfordernissen des § 8 Nr. 1 und 2 genügt. Die Einräumung eines Anspruchs im Fall der Niederlassung in Deutschland ist die Konsequenz dessen, daß sie ohne Aufgabe des deutschen Wohnsitzes ihre deutsche StA. garnicht verloren hätte. Das Wesentliche ist, daß ihr Wiedereinbürgerungsanspruch nicht von dem zufälligen Umstand abhängen darf, ob das Recht ihres Mannes ihr eine Scheidung gestattet oder nicht. Dagegen möchte ich der Einräumung eines solchen Rechts an die nicht gebürtige Deutsche und an eine im Ausland lebende ehemalige deutsche Ehefrau ebensowenig das Wort reden, wie ich es hinsichtlich der Zulässigkeit einer Option zugunsten der deutschen StA. in dem Falle des Verlustes durch Eheschließung und Wohnsitzaufgabe getan habe.

Eine weitere Frage ist, ob die übrigen Verlustgründe des deutschen Rechts, die in der Person des Ehemanns gegeben sein können, auto-

---

[56]) Es wäre lediglich zu empfehlen, die Fassung des § 25 so zu ändern, daß der Eindruck beseitigt wird, als ob man der Deutschen ein selbständiges und vom Ehemann unabhängiges Antragsrecht auf Naturalisation im Ausland absprechen wolle. Wieweit ein solches Recht besteht, hängt natürlich von der Gesetzgebung des Auslands ab; besteht es aber, so sollte die Verlustwirkung eintreten, auch wenn der Ehemann sich nicht gleichzeitig naturalisieren läßt.

matisch den Verlust der deutschen StA. für die Ehefrau herbeiführen sollen. Unser Recht verneint sie für die Naturalisation im Ausland und Entlassung, bejaht sie aber für die Tatbestände mit Strafcharakter, soweit die Frau in häuslicher Gemeinschaft mit dem Mann lebt. Gerade bei den Strafbestimmungen scheint mir die Mithaftung der Frau nicht gerechtfertigt, eine Familieneinheit nicht grundsätzlich erstrebenswert zu sein. Für diejenigen Verlustgründe also, die allein verbleiben werden (Eintritt in ausländischen Staatsdienst, Nichtbefolgung eines Rückkehrgebots, s. unten S. 65) wäre anzuraten, daß der Verlust der StA. des Ehemanns sich auf seine Ehefrau, soweit sie gebürtige Deutsche ist, und auf seine minderjährigen Kinder nicht erstreckt.

c) Die Familieneinheit hinsichtlich der Kinder.

Die geltenden Bestimmungen bedürfen nur bezüglich der beiden Fälle der Zwangsausbürgerung der eben erwähnten Änderung. Der Grundsatz, daß die Einbürgerung eines Ausländers sich regelmäßig auf die minderjährigen Kinder mit Ausnahme der verheirateten oder verheiratet gewesenen Töchter erstreckt (§ 16 Abs. 2), ist dagegen ebenso richtig wie der umgekehrte, daß der Verlust durch freiwilligen Erwerb einer ausländischen StA. die gleiche Wirkung für die minderjährigen Kinder nach sich zieht (§ 25 Abs. 1). Insoweit wird die vom Staat angestrebte Familieneinheit im Einklang mit dem Willen und den Interessen des Betroffenen stehen. Unsere Regelung stimmt auch mit den Vorschlägen der Völkerbundskommission überein (Diskussionsgrundlagen 7 bis 9)[57]). Ebenso dürfte gegen eine andere auf das Einheitsprinzip zurückzuführende Regelung nichts einzuwenden sein: Den Erwerb bzw. Verlust der StA. durch Legitimation. Freilich muß man sich klar machen, daß die Änderungsvorschläge für die Eheschließung auch Einfluß auf die Behandlung der Legitimation im StAG. gewinnen können.

Jedoch bedarf zunächst die Frage der Prüfung, ob nicht unsere Änderungsvorschläge für die Eheschließung Einfluß auf die StA. von Kindern gewinnen können, die aus Ehen von Eltern verschiedener StA. stammen. Wir haben einmal mit zumeist in Deutschland geborenen Kindern zu rechnen, bei denen der Vater Ausländer, aber die Mutter Deutsche ist. Soll hier ein ius sanguinis der Mutter gelten? Bereits

---

[57]) Allenfalls müßte im § 16 Abs. 2 ausgesprochen werden, daß ein „Vorbehalt" der Verwaltungsbehörde nicht zulässig ist, wenn die Kinder nach dem Recht ihres Heimatstaats ihre StA. unabhängig davon verlieren, ob sie selbst — und nicht nur ihr Vater — eine neue StA. erwerben.

jetzt ist die deutsche StA. der Mutter entscheidend bei unehelichen Kindern. Wir haben ferner die gleiche Regel gefordert, wenn das Kind ehelich, aber der Vater staatenlos ist (s. oben S. 40). In unserm Falle würde die Abstammung von einer deutschen Mutter, die Geburt und Erziehung in Deutschland gleichfalls zugunsten der deutschen StA. sprechen. Frankreich hat in seinem neuen Gesetz von 1927, das den Einfluß der Eheschließung auf die StA. dem Grundsatz nach beseitigt, ohne Einschränkung den Grundsatz durchgeführt, daß das Kind einer französischen Mutter Franzose von Geburt wird, gleichgültig ob ehelich oder unehelich, ob im Ausland oder Inland geboren. Für Deutschland ist eine entsprechende Regelung nicht anzuraten. Wir dürfen unsern alten Rechtsboden nicht völlig verlassen. Die deutsche Ehefrau des Ausländers sollte, soweit ihr Interesse es erfordert, ihre alte StA. nicht verlieren. Daraus ist nicht herzuleiten, daß ihre Kinder diese ihr erhalten gebliebene StA. erwerben müssen. Auch das Interesse der Kinder, sofern es für einen solchen Erwerb sprechen würde, wäre nicht allein ausschlaggebend. Die Abstammung von Vaters Seite, das Interesse des Vaters als des gesetzlichen Vertreters ist nach deutscher Auffassung entscheidend. Wir haben durchaus keinen Grund, die Kinder von Vätern fremder StA. für uns in Anspruch zu nehmen, sie anders als auf dem Weg der Ermessenseinbürgerung in unser Staatsvolk einzugliedern. Wir würden die Betroffenen im Regelfall auch nur mit einer doppelten StA. versehen. Richtig ist, daß die Kinder von Vätern, die Angehörige gewisser südamerikanischer Staaten sind, durch ein solches ius sanguinis von Mutterseite her der Staatenlosigkeit entgehen würden. Aber es sprechen doch erhebliche Bedenken dagegen, die Härten, die das ius soli anderer Länder im Gefolge hat, durch automatische Anpassung des deutschen Rechts zu mildern. Der Weg der Einbürgerung dürfte allen berechtigten Ansprüchen genügen. Die Forderungen der internationalen Frauenbewegung gehen allerdings zum Teil weiter. In keiner Beziehung soll die StA. des Vaters von größerem Einfluß auf die StA. des Kindes sein als die der Mutter [58]). Bei Eltern verschiedener StA. bedeutet diese Forderung den Verzicht auf jede Lösung. Die Präponderanz der StA. des Vaters scheint mir den Lebensverhältnissen zu entsprechen und für die Mutter nicht schlechthin eine Beleidigung zu sein. Der eben

[58]) The nationality of married women. Report by the Chairman of the National Committee of the International Federation of the University Women, London 1929, S. 20 ff.

entwickelte Grundsatz muß aber auch die Richtschnur für die weitere Frage bilden, wie das Vorhandensein vorehelicher Kinder mit der Divergenz der StA. von Eheleuten zu versöhnen ist. Besitzt eine Deutsche, die einen Ausländer heiratet, aus einer früheren Ehe bereits Kinder, so ist klar, daß die neue Ehe die StA. dieser Kinder in keiner Weise beeinflußt. Das ist geltendes Recht — übrigens auch für den umgekehrten Fall, in dem eine Ausländerin einen Deutschen heiratet — und kann um so weniger geändert werden, als nach unserm Vorschlag der Einfluß der Eheschließung auf die StA. der Ehefrau abgeschwächt wird [59]). Wie aber, wenn es sich nicht um ersteheliche, sondern um uneheliche Kinder handelt? Werden solche Kinder durch die Eheschließung legitimiert, so sollte es bei der geltenden Regel verbleiben, wonach die Legitimation durch einen deutschen Vater für das Kind den Erwerb, die Legitimation durch einen ausländischen Vater den Verlust der deutschen StA. herbeiführt. Gewiß versteht sich diese Folge nicht mehr von selbst, wenn die Mutter nicht in jedem Fall die StA. des legitimierenden Ehemanns erwirbt. Wir haben z. B. mit Fällen zu rechnen, in denen die deutsche Mutter trotz der Eheschließung Deutsche bleibt und ihre in Deutschland mit ihr lebenden Kinder durch die Eheschließung (die für sie die Legitimation bedeutet) Ausländer werden. Es zeigt sich auch hier, daß das Verlassen des Prinzips, nämlich des ausnahmslosen Wechsels der StA. durch die Eheschließung mit einem Ausländer, das Gebäude unseres Gesetzes in allen Stockwerken erschüttert. Aber die Auseinandersetzung mit diesen mittelbaren Folgen einer als notwendig empfundenen Änderung darf nicht gescheut werden. Die Lösung ist einfach, wenn man sich bezüglich der Kinder zur Maßgeblichkeit der StA. des Vaters bekennt. Sie ist sachlich nicht unbillig, entspricht dem ius sanguinis, wie es bei uns ausgestaltet ist, und steht in Übereinstimmung mit den meisten ausländischen Rechten, namentlich aber mit den Vorschlägen des Völkerbundsausschusses [60]). Nur in einem Punkte bedarf unser Gesetz der bessernden Hand: Die Legitimation eines deutschen Kindes durch einen ausländischen Vater darf nur dann den Verlust der deutschen StA. herbeiführen, wenn das Kind durch diese Legitimation eine neue StA. erwirbt. Dieser die Staatenlosigkeit vermeidende Zusatz zu unserm § 17 Ziff. 5

[59]) Die entgegenstehende Regelung des Danziger StA.-Gesetzes von 1922 ist völlig vereinzelt und scheint mir eine Überspannung des Grundsatzes der Familieneinheit zu sein.

[60]) A. a. O. Diskussionsgrundlage Nr. 20.

wäre lediglich eine Analogie zu dem entsprechenden Sicherungsvorschlag im Falle der Eheschließung. Er ist notwendig, weil eine Reihe von Ländern, so Großbritannien, den Erwerb durch Legitimation nicht kennt. Die Völkerbundskommission fordert diesen Grundsatz als Minimum [61]). Im übrigen aber hätte es bei dem Wechsel der StA. durch die Legitimation — und zwar auch bei einer durch Verfügung der Staatsgewalt erfolgten — zu verbleiben.

5. Die Verlustgründe.

a) Die familienrechtlichen Verlustgründe sind bereits behandelt. Daß der freiwillige Erwerb einer ausländischen StA. den Verlust der deutschen herbeiführt (§ 25 Abs. 1), ist selbstverständlich beizubehalten. Auch die Fassung „durch freiwilligen Erwerb" ist richtig gewählt; sie umfaßt die in der internationalen Rechtsentwicklung sich mehrenden Fälle der Option und Reklamation, schließt aber die automatischen Erwerbsgründe aus. Der letztere Umstand führt zwar zur doppelten StA. Das wäre aber nur zu vermeiden, wenn unsere Gesetzgebung vor den Erwerbsgründen eines fremden Gesetzgebers schlechtweg kapitulieren wollte. Auch kann die doppelte StA. ausnahmsweise eine sachlich gerechtfertigte Lösung sein, die den Interessen der beteiligten Staaten und der Betroffenen entspricht: Die obige Bestimmung hat erlaubt, den Deutschen in Südwestafrika, die die britische StA. durch das südafrikanische Gesetz vom 15. Sept. 1924 erwarben, die deutsche StA. zu erhalten, und zwar im vollen Einvernehmen mit der südafrikanischen Regierung. Zweckmäßig ist auch, daß der Verlust nicht eintritt, wenn der Betreffende im Augenblick des Erwerbs der fremden StA. seinen Wohnsitz oder dauernden Aufenthalt in Deutschland hat. Die Bestimmung hat zwar durch den Wegfall der Wehrpflicht an staatspolitischem Interesse verloren; es bleibt aber ein in internationaler Hinsicht gesunder Grundsatz, wenn das nationale Recht nicht vor den Ansprüchen der fremden Gesetzgebung, aber auch nicht vor den Wünschen der eigenen Angehörigen zurückweicht, solange die letzteren diese Wünsche nicht in Übereinstimmung mit den tatsächlichen Lebensverhältnissen — in diesem Falle mit der Wohnsitznahme in ihrer Wahlheimat — gebracht haben.

Es hängt mit dieser Grundeinstellung zusammen, die dem Wohnsitz für den StA.swechsel eine besondere Bedeutung zumißt, wenn

---

[61]) Diskussionsgrundlage Nr. 20 bis, Vorentwurf Rundstein Art. 11.

ich umgekehrt bei freiwilligem Erwerb einer fremden StA. und Wohnsitznahme im Ausland im allgemeinen ein schutzwürdiges Interesse am Beibehalt der deutschen StA. nicht anerkennen kann. Über die Kritik des Auslandes an unserm § 25 Abs. 2, der diese Möglichkeit, wenn auch offenbar für Ausnahmefälle, zuläßt, habe ich oben S. 34 berichtet. Die deutsche StA. ist ein zu hohes ideelles Gut, als daß sie sich mit der Treuepflicht zu einem andern Staat formell vereinen ließe. Die Vorschrift kann in Deutschland sicherlich nicht schwerer entbehrt werden als im Ausland, das sie zum mindesten in dieser Form nirgendwo kennt [62]). Hier ist allerdings eine Ausnahme zu verzeichnen und gerade diese nötigt zur Auseinandersetzung. Das österreichische Bundesgesetz von 1925 sieht im § 10 Ziff. 1 vor, daß die Beibehaltung der österreichischen StA. von der Landesregierung mit Zustimmung des Bundeskanzleramts aus triftigen Gründen bewilligt werden kann. Ganz offenbar hat Österreich gerade im Verhältnis zu Deutschland eine Möglichkeit nicht verschließen wollen, die das deutsche Gesetz für den umgekehrten Fall offen gelassen hat. Schon oben S. 43 wurde betont, daß diese glücklicherweise vorhandene Rechtsgleichheit nicht wieder verloren gehen darf und die bescheidene Möglichkeit, die Grenze zwischen Österreich und Deutschland auf diesem Wege in ihrer Wirkung zu verwischen, ausgenutzt werden muß. Es würde mir aber ebenso falsch erscheinen, die Bestimmung mit Rücksicht auf das Ausland völlig zu opfern, wie sie mit Rücksicht auf Österreich ungeändert zu behalten. Denn sie ist nur im Verhältnis zu Ländern gerechtfertigt, mit denen eine enge Verwandtschaft besteht und von denen das Entstehen einer doppelten Staatsbürgerschaft gebilligt und begrüßt wird. Das ist in vollem Umfang nur bei Österreich der Fall. Es dürfte das Zweckmäßigste sein, diesem Sachverhalt dadurch Rechnung zu tragen, daß § 25 Abs. 2 dahin ergänzt wird, daß die Genehmigung zur Beibehaltung der deutschen StA. nur erteilt werden darf, wenn es sich um den Erwerb der Angehörigkeit zu einem ausländischen Staat handelt, mit dem die Gegenseitigkeit verbürgt ist. Damit ist die Möglichkeit gegenüber allen Staaten, die sie so heftig angegriffen haben, beseitigt,

[62]) Es kann auch nicht zur Autorität des deutschen Gesetzgebers beitragen wenn die Verwaltungsbehörde sich gezwungen sieht, von der Möglichkeit des § 25 Abs. 2 solchen Staaten gegenüber abzusehen, die den Verlust der bisherigen StA. als zwingende Naturalisationsvoraussetzung fordern: vgl. RdErl. des Preuß. Min. d. Inn. v. 29. 11. 1929 bez. Rumäniens (MBliV. S. 1055).

ohne daß auf unserer Seite ein Interesse an ihrer Aufrechterhaltung besteht; sie ist Österreich gegenüber gewahrt und könnte auch im Verhältnis zur Schweiz, das ja den Verlust der StA. durch Naturalisation im Ausland nicht kennt, angewandt werden, falls hierüber eine Verständigung erfolgt. Maßgebend muß der Gesichtspunkt sein, daß die bewußte Schaffung von doppelter StA. nur gebilligt werden kann, wenn sie sich in Kenntnis und mit Billigung beider beteiligter Staaten vollzieht, daß sie insoweit aber internationalen Rechtsgrundsätzen nicht widerspricht. Die Diskussionsgrundlage 6 des vorbereitenden Völkerbundsausschusses ist daher für Deutschland nicht annehmbar.

b) Eine eingehende nicht weniger als 7 Paragraphen umfassende Regelung hat das Institut der Entlassung im Gesetz von 1913 gefunden. Die Sorgfalt, die der Gesetzgeber dieser Einrichtung hat angedeihen lassen, für die ein Verwaltungsrechtsweg, gepflastert mit allen Garantien unabhängiger Rechtsprechung, eröffnet ist, steht im umgekehrten Verhältnis zu ihrer praktischen Bedeutung. Ein Bedürfnis besteht nicht für die Entlassung, sondern für ein Ablehnungsrecht bei doppelter StA. Die Entlassung ist eine Eigentümlichkeit des deutschen Rechts und historisch — wie Partsch nachgewiesen hat [63]) — aus der Übernahme des alten friderizianischen Auswanderungskonsenses in das preußische Gesetz von 1842 zu verstehen. Mit der Anerkennung der Auswanderungsfreiheit hat sie rechtlich und mit der Einführung des Verlusts der StA. durch Naturalisation im Ausland auch tatsächlich ihren Sinn verloren. Ein Interesse des Antragstellers an der Entlassung als solcher ist bei näherer Überlegung nicht vorhanden. Die Naturalisation im Ausland wird ihm in aller Regel erst nach längerer Wohnsitzdauer gewährt. Bis dahin bleibt der Entlassene, der sich diese Folge vor der Auswanderung häufig nicht klar gemacht hat, staatenlos. Auf der andern Seite braucht er zur Naturalisation im Ausland nicht etwa eine Entlassungsurkunde [64]); soweit der Nachweis des Verlusts der bisherigen StA. verlangt wird, kann er natürlich auch durch Hinweis

[63]) Partsch, Kriegserfahrungen mit den Rechtssätzen über den Verlust der StA.; in der Festschrift der Univ. Freiburg zum 80. Geburtstag der Großherzogin Luise von Baden, Freiburg i. B. 1918.

[64]) Eine Ausnahme gilt für die Tschechoslowakei auf Grund des deutsch-tschechoslowakischen Abkommens v. 29. Juni 1920 Art. 13. Das Interesse Deutschlands an der Aufrechterhaltung dieser Bestimmung scheint mir gering zu sein.

auf die entsprechende Gesetzesbestimmung, in unserm Fall auf § 25 Abs. 1, geführt werden[65]). Die Entlassung als unnützen und nicht ganz unschädlichen Ballast in ein neues Gesetz hinüberzuschleppen, kann keinesfalls verantwortet werden. Auch Österreich hat auf sie verzichtet. Cahn, der bekannte Kommentator unserer Gesetze von 1870 und 1913 hat ihre Abschaffung von jeher gefordert[66]); Schätzel[67]) und Pohl[68]) halten sie gleichfalls für überflüssig. Man möge daher positive Gründe für die Aufrechterhaltung geltend machen[69]). Solange das nicht geschieht, bleibt weder das Beispiel Danzigs, das die Entlassung nur bei Nachweis des Erwerbs einer andern StA., also im Sinne des auch hier geforderten Ablehnungsrechts, übernommen hat, noch der demokratische Entwurf, der sie beibehält, beweiskräftig. Die Entlassung ist daher abzuschaffen und zu ersetzen durch ein

c) Ablehnungsrecht bei Doppelstaatsangehörigkeit. Die Versuche, durch Ausgestaltung des nationalen Rechts die doppelte StA. zwar nicht im Keime zu ersticken, aber eine bereits entstandene doppelte StA. nachträglich wieder zu beseitigen, nehmen an Zahl und Bedeutung langsam zu. Sie haben sich in Europa namentlich in denjenigen Ländern durchgesetzt, die das ius soli neben dem ius sanguinis kennen. Nach England, Belgien und den skandinavischen Ländern hat sich neuerdings auch Frankreich verpflichtet gefühlt, die weitgehende Erfassung aller in einer Blut- oder Bodenbeziehung zu Frankreich stehenden Personen dadurch zu mildern, daß es im Art. 9 Ziff. 3 seines Gesetzes von 1927 allen Franzosen, die ohne Willenserklärung eine fremde StA. erworben haben, die Möglichkeit eröffnet, die französische StA. abzulehnen, allerdings nur, wenn die Verwaltungsbehörde diese Erklärung genehmigt. Für wehrpflichtige Personen besteht das Repudiationsrecht also praktisch nicht. Für Deutschland ist der Entschluß, ein ähnliches Ablehnungsrecht einzuführen, leicht, wenn man davon ausgeht, daß wir die Entlassung, also den freiwilligen Austritt aus der StA., ja von jeher gekannt haben. Er fällt jedoch denen schwer, die nicht mit Unrecht darauf verweisen

---

[65]) Die Änderung des § 25 Abs. 2, dessen jetzige Fassung diesen Nachweis immerhin erschweren könnte, erleichtert daher auch den Verzicht auf das Institut der Entlassung.

[66]) Zur Reform des Reichs- und StA.-Gesetzes, 1908, S. 11 ff.

[67]) Kommentar S. 85.

[68]) Die StA. im internationalen Recht in „Recht u. Staat im neuen Deutschland" Bd. 2, 1929, S. 428.

[69]) Auch hier fehlt es leider an jeder Statistik.

können, daß Deutschland sich streng und ausschließlich an das ius sanguinis hält und es nicht nötig hat, mit seinen Ansprüchen in erster Linie vor Ländern zurückzuweichen, die sich nicht auf eines der beiden Prinzipien beschränken. In solchem Sinne hat Deutschland daher gegenüber dem vorbereitenden Völkerbundausschuß angeregt, es möchte vereinbart werden, daß die Länder des ius soli ihren Angehörigen ein zeitlich beschränktes Ablehnungsrecht im Falle originärer doppelter StA. einräumen [70]). Nun fehlt es jedoch an einer wirksamen Begründung hierfür gegenüber den Ländern des *reinen* ius soli. Sie tragen zur Entstehung der doppelten StA. zu dem gleichen Anteil bei wie die Länder des ius sanguinis; daß das eine Prinzip a priori vom internationalrechtlichen Standpunkt vor dem andern den Vorzug verdiene, kann nicht behauptet werden. Nur in der gleichzeitigen Inanspruchnahme beider Grundsätze liegt ein gewisser Mangel an internationaler Rücksicht, der zur Einführung eines Optionsrechts zur Beseitigung der doppelten StA. geradezu verpflichtet. Für Deutschland, das sich in diesem Punkte freilich keine Vorwürfe zu machen braucht, wäre eine entschiedene Mitarbeit an der Beseitigung der doppelten StA. ohne kleinliche Bedenken möglich und empfehlenswert. Das Mindestmaß des Wünschenswerten ist von dem vorbereitenden Völkerbundsausschuß als Diskussionsgrundlage 15 so formuliert worden: „Unbeschadet etwaiger weitergehender Regelung durch einen Staat soll (nach dem geplanten Abkommen) jeder Doppelstaatsangehörige mit Erlaubnis seiner beteiligten Regierung auf eine der mehreren StA.en verzichten können. Die Erlaubnis kann demjenigen nicht verweigert werden, der seinen ständigen Aufenthalt im Ausland hat und die Voraussetzungen erfüllt, unter denen er bei einer Naturalisation im Ausland die bisherige StA. verlieren würde." Das bedeutet also ein *Ablehnungsrecht, dessen materielle Voraussetzung lediglich das Vorhandensein einer weiteren StA. ist, gleichgültig, ob sie durch Geburt oder Eheschließung oder aus anderen Gründen erworben ist.* Ein Mindestalter müßte festgesetzt werden; für Deutschland ist die Frage nach Abschaffung der Wehrpflicht ohne besondere Bedeutung, jedoch dürfte das *Volljährigkeitsalter* zu fordern sein. Die Nichtbefristung ist notwendig, wenn anders der Zweck erreicht werden soll; nicht immer wird der Betr. etwa gerade während seines 22. Lebensjahres Anlaß und Gelegenheit zur Verzichtserklärung haben.

---

[70]) Diskussionsgrundlagen S. 81.

Nach dem Vorschlag des Ausschusses soll die Verzichtserklärung grundsätzlich der Genehmigung des betroffenen Heimatstaats bedürfen. Dagegen soll bei Auslandswohnsitz diese Genehmigung, von Sonderfällen abgesehen (der Hauptfall ist natürlich die Nichterfüllung der Wehrpflicht), nicht verweigert werden dürfen. Diese Lösung ist annehmbar: bei Inlandswohnsitz mögen Bedenken gegen einen einseitigen Verzicht vorliegen. Unsere heutige Entlassung war ja auch gegenüber Antragstellern, die Deutschland nicht verließen, unwirksam. Bei Auslandswohnsitz scheint mir dagegen keinerlei Interesse vorzuliegen, Deutschen, die eine andere StA. besitzen und diese, schon weil es sich um ihren Wohnsitzstaat handelt, vorziehen, den Verzicht zu verweigern. Es würde eine Inkonsequenz darin liegen, da der Betreffende, wenn er die StA. durch Naturalisation erworben hätte, automatisch die frühere StA. verlieren würde. Die Verzichtserklärung bedeutet ebenso wie der Einbürgerungsantrag eine Willenskundgebung, die die freiwillige Lösung vom andern Staat erkennen läßt. Es kann ihr daher auch die gleiche staatsrechtliche Wirkung zukommen. Diese Wirkung müßte natürlich auf den Erklärenden beschränkt bleiben. Ein Kollektiveffekt auf Ehefrau und Kinder könnte weder vom Standpunkt des Staats noch dem der Familienangehörigen verantwortet werden. Wohl aber muß der Ehefrau eine selbständige Verzichtsmöglichkeit eingeräumt werden, schon weil die doppelte StA. ja im Fall des Erwerbs durch Eheschließung nur in ihrer Person begründet ist.

d) So unbeseelt in mancher Richtung unser StA.srecht auf den Betrachter wirkt, in einem Punkte ist es nach der Absicht des Gesetzgebers von staatlichem Anspruch erfüllt: es fordert als sichtbaren Ausdruck der Treuepflicht, die der Angehörige schuldet, die Erfüllung der Wehrpflicht. Um diesen Anspruch zu verteidigen, verließ die Amtssprache der Regierung die Bezeichnung „Staatsangehörigkeit", dessen Blässe von dem Worte keiner andern Sprache (nationalité, citizenship, cittadinanza usw.) erreicht werden dürfte, und prägte im Reichstag das schlagende Wort „Ohne Wehrgemeinschaft keine Volksgemeinschaft". Freilich lag hierin vielleicht eine Überschätzung der attraktiven Fähigkeit des Militärdienstes. Kühler und mehr von staatlichem Willen erfüllt als staatlichem Unwillen nachgebend läßt Frankreich (und ließ England im Kriege) dem Wehrpflichtigen nicht die Wahl zwischen Militärdienst und Verlust der StA.: es versagt ihm die Befreiung vom StA.sband, bis er seiner Wehrpflicht ledig ist. Deutschland läßt sich, soweit ein staatsrechtliches

Reagieren in Betracht kommt, mit einem negativen Ausdruck der Verachtung genügen. Wie dem auch sei, mit der Abschaffung der allgemeinen Wehrpflicht hat unser § 26 teils die Anwendungsmöglichkeit, teils die innere Berechtigung verloren. Seine Streichung muß empfohlen werden, so sehr es zu bedauern ist, daß die Treuepflicht des Angehörigen, die Gegenseitigkeit des Angehörigkeitsverhältnisses und die Zugehörigkeit zur Volksgemeinschaft im Gesetz einen angemessenen und klaren Ausdruck nicht mehr findet. Die Last der deutschen StA. ist federleicht geworden; das darf nicht vergessen werden, wenn man an das Problem der Beseitigung der Staatenlosigkeit oder an eine automatische Einbürgerung herangeht. Im einzelnen ist zu bemerken, daß nicht nur der Verlust der StA. wegen Nichterfüllung der Dienstpflicht nach § 26 Abs. 1, sondern auch der Verlust wegen Fahnenflucht nach § 26 Abs. 2 beseitigt werden sollte. Diese Bestimmung ist auf Angehörige der Reichswehr nach geltendem Recht noch anwendbar[71]); die Aufrechterhaltung einer Sondervorschrift für die Reichswehr entbehrt aber der inneren Begründung und würde weder der veränderten Bedeutung der Reichswehr für unser staatliches Leben noch der Natur des mehr beamtenähnlichen Dienstverhältnisses entsprechen. Es handelt sich hier, zumal bei der Fahnenflucht in Friedenszeiten, um ein mit den Mitteln des Strafrechts zu ahndendes Delikt; der staatsrechtlichen Sanktion fehlte ohnehin die abschreckende oder vorbeugende Wirkung. Für eine Übergangszeit wird § 26 Abs. 3, der die Wiedereinbürgerung betrifft, namentlich dessen Satz 2 nicht entbehrt werden können.

e) Bei Berücksichtigung des oben Ausgeführten würde abgesehen von den familienrechtlichen Verlustgründen nur der Verlust durch freiwilligen Erwerb einer fremden St.A und durch Ausübung des Ablehnungsrechts verbleiben. Ein zwingender Grund zur Aufnahme von Verlustbestimmungen mit Strafcharakter besteht m. E. auch nicht. Dennoch möchte ich der Abschaffung der §§ 27 und 28 nicht das Wort reden. Es handelt sich um die Nichtbefolgung eines (in Zukunft vom Reichspräsidenten auszusprechenden) Rückkehrgebots im Kriegsfalle und um den Eintritt in ausländische Dienste ohne Erlaubnis der heimischen Regierung. Beide Tatbestände können, brauchen aber nicht zur Aberkennung der deutschen StA. zu führen. Schon das Gesetz von 1870 enthielt beide Bestimmungen; die erstere ist eine Eigentümlichkeit des deutschen Rechts,

[71]) So Schätzel, Kommentar Anm. 4 zu § 26. A. M. Isay, Anm. 4 zu § 26, sowie Woeber-Fischer, Anm. zu § 26.

die wir nirgends im Ausland, aber in den älteren Landesgesetzen, so dem preußischen von 1842, dem sächsischen von 1852, ferner im badischen Recht finden, und zwar jeweils ohne Einschränkung auf Kriegszeiten. Sie steht gedanklich im Zusammenhang mit der zur Auswanderung erforderlichen „Erlaubnis". In der jetzigen Zeit der Auswanderungsfreiheit fehlt es an einem Akt, bei dem man die eventuelle Rückkehrpflicht dem Auswandernden samt den für ihn drohenden Rechtsfolgen zum Bewußtsein bringen könnte. Trotzdem darf angenommen werden, daß das Revokatorium in der Vorstellung des Volks, wenn auch nicht immer bewußt, lebendig geblieben ist, wie es ja auch im Weltkrieg eine zum Teil allerdings unheilvolle Rolle gespielt hat (s. oben S. 32). Mit Recht hebt Schätzel[72]) hervor, daß nach der Wehrlosmachung durch den Versailler Vertrag eine erhöhte Treueverpflichtung jedes Deutschen bestehe, seinem Vaterland im Falle der Kriegsgefahr zu Hilfe zu eilen. Man mag die praktische Bedeutung der Vorschrift — im Hinblick etwa auf die Abschließung Deutschlands vom Weltverkehr, wie sie die Konstellation des letzten Krieges brachte — gering einschätzen: um ihres ethischen Gehalts willen möchte man die letzte Bestimmung unseres Gesetzes keinesfalls missen, die dem Staatsbürger das Vorhandensein einer Treuepflicht vor Augen führt. Daß ihre Anwendung im Einzelfall zu Mißgriffen Anlaß gibt, ist unvermeidlich, da die Anhörung des Betroffenen meist nicht möglich ist. Zum Ausgleich sollte die bisher nur dem § 26 eigene Vorschrift dienen: Weist der Ausgebürgerte nach, daß ihm die Rückkehr unmöglich war, so darf ihm die Wiedereinbürgerung nicht versagt werden. — Der Verlust durch nicht genehmigten Eintritt in ausländische Staatsdienste ist sachlich gerechtfertigt. Das Verhalten des Betroffenen läßt hier ja nicht nur die tatsächliche Entfremdung von der Heimat wie darauf schließen, daß er in der neuen Heimat Wurzel gefaßt hat. Da die Anstellung im Staatsdienst nach den meisten Rechten ein Erwerbsgrund ist, entsteht in aller Regel keine Staatenlosigkeit. Schätzel[73]) stellt zur Erwägung, ob man nicht wie nach § 10 des österreichischen Gesetzes von 1925 den freiwilligen Antritt eines ausländischen Staats- oder Militärdienstes dem freiwilligen Erwerb einer ausländischen StA. vollkommen gleichstellen und mit dem automatischen Verlust der deutschen StA. belegen solle. Die Bestimmung des österreichischen Gesetzes geht jedoch zu weit. Sie

[72]) A. a. O. zu § 27.

[73]) A. a. O. S. 101, 108.

nimmt auf den Fall des von der Regierung genehmigten oder gewünschten fremden Staatsdienstes, der von vornherein zeitlich begrenzt sein mag (Hochschulprofessur, Übertragung von Bautätigkeit, Ordnung oder Studium des Finanzwesens usw.) keine Rücksicht. Hier liegt zu einem Verlust der StA. kein Anlaß vor; die etwa entstehende doppelte StA. dürfte mit den Wünschen der beteiligten Staaten und Personen vereinbar sein. Ich möchte daher der elastischeren Fassung des deutschen Gesetzes den Vorzug geben. — Der Kollektiveffekt, d. h. die Erstreckung des Verlusts auf Ehefrau und minderjährige Kinder dürfte bei dem Strafcharakter der §§ 27 und 28 kaum zu rechtfertigen sein (s. oben S. 56); § 29 ist also in sein Gegenteil zu verkehren.

f) Eine Erweiterung des Katalogs der Verlustbestimmungen kommt für Deutschland nicht in Betracht. Gewiß liegt der Gedanke nicht ganz fern, die Kapitalflucht und die durch sie bewirkte Nichterfüllung der Steuerpflicht ähnlich zu behandeln wie vormals die Fahnenflucht und u. a. mit der Entziehung der StA. zu bestrafen. Der Gesetzgeber hat 1918 gegenüber im Ausland befindlichen Steuerdefraudanten einen schwachen Versuch in dieser Richtung gemacht (s. oben S. 32). Es mag sein, daß die Anwendung des Gesetzes, die ja den Zentralbehörden der Länder zusteht, mit der Schaffung der Reichsfinanzverwaltung schon behördenorganisatorische Schwierigkeiten machte und daher, soweit bekannt, unterblieben ist. Aber der Gedanke ist an sich nicht glücklich. Die ethische Fundierung der Steuergemeinschaft — wenn wir das Wort von der Wehrgemeinschaft einmal abwandeln wollen — ist denn doch nicht so vor aller Augen liegend, nicht so über allen Zweifeln erhaben, das finanzpolitische Charisma der wechselnden Regierungen nicht so eindeutig, daß man ein Steuerdelikt mit dieser ultima ratio einer staatsrechtlichen Sanktion belegen sollte. Aber selbst wenn man das Prinzip als eine staatspolitische Notwendigkeit anerkennen wollte — und es lassen sich für Zeiten äußerster Bedrängnis der Nation wie im Jahr 1918 so auch heute gewichtige Gründe für eine solche Auffassung anführen —, ist eine zweckentsprechende und gerechte Fassung der Vorschrift kaum zu finden. Sie kommt nur für den Fall, daß sich der Defraudant im Ausland befindet, praktisch in Betracht; darüber hinaus ist man auch 1918 nicht gegangen. Diese Fälle sind verhältnismäßig selten. In aller Regel geschieht das Delikt von Deutschland aus. Für das beschränkte Anwendungsgebiet fehlt die abschreckende Wirkung völlig. Auf der andern Seite ist der Straftatbestand im Unterschied etwa zur Fahnenflucht viel zu kompliziert und zu wenig eindeutig, als daß das Verfahren einem Abwesenden gegenüber mit Aussicht auf ein sicheres und gerechtes Ergebnis durchgeführt werden könnte. Schließlich aber stellt die Entziehung der StA. auch aus rechtstheoretischen Gründen keine geeignete und zureichende Waffe für die Verbrechensbekämpfung dar. Das Steuerdelikt steht also asoziale Handlung irgendwelchen andern Verbrechen gewiß nicht nach. Wer nach Unterschlagung anvertrauter Mündelgelder ins Ausland flüchtet, ist der deutschen StA. nicht würdiger als der Steuerflüchtige. Man wehrt sich aber gegen die Vorstellung, daß der Staat als verletzter Steuerfiskus in eigener Sache andere und schärfere Abwehrmittel bereithält als zum Schutze fremder Rechtsgüter. Die Erfüllung der Wehrpflicht galt als Ehre, der Staat war nicht als Fiskus an ihr interessiert. Gut und Blut sind verschiedene Dinge. Durch einen Steuerfluchtparagraphen füllen wir das Untergewicht der deutschen StA. nicht auf.

Ebensowenig empfiehlt sich die Einführung der Denaturalisation, der zwangsweisen Aberkennung der Einbürgerung an solche, die sich der Verleihung der StA. unwürdig gezeigt haben. Dieser Gedanke ist dem deutschen Recht von jeher völlig fremd. Ein Bedürfnis nach seiner Einführung ist niemals laut geworden. Daß diese Erfindung ihre Entstehungszeit, den Weltkrieg, überdauert hat, ja, daß sie an Verbreitung zugenommen hat (s. oben S. 24), ist vom Standpunkt der internationalen Rechtsentwicklung aus zu bedauern. Deutschland hat allen Anlaß, dieser Entwicklung entgegenzutreten und sich bei der kommenden Konferenz über das StAR. gegen die Zulässigkeit von Vorschriften, die bewußt der Schaffung von Staatenlosigkeit dienen, zu wenden [74]).

Schätzel regt in seinem Kommentar S. 31, 34, 83 an, für die Erwerbs- und Verlustgründe aus völkerrechtlichen Gründen einen ausdrücklichen Vorbehalt in unser kommendes StAG. aufzunehmen, wie das im § 1 des österreichischen Gesetzes von 1925 geschehen ist. Auch für zukünftige Fälle der Vereinigung deutscher Länder hält er Rahmenbestimmungen für die StA. für geboten. Es ist richtig, daß unser StAG. trotz seiner scheinbar erschöpfenden Aufzählung der Erwerbs- und Verlustgründe keineswegs ausschließend alle für den Erwerb oder Verlust der StA. rechtserheblichen Tatsachen anführt. Staatsverträge über Gebietserwerb und Gebiets-

[74]) Ich darf für dieses Gebiet auf die ausführlichen Darlegungen in meinem Buch, besonders S. 191—200 verweisen.

abtretung erweitern regelmäßig mit ihren Bestimmungen über die StA. der Bevölkerung den Katalog des Gesetzes. Dieser Vorbehalt ist jedoch so selbstverständlich, daß auf seine Erwähnung im StAG. verzichtet werden kann. In der Form des österreichischen Gesetzes ist er sogar nicht ungefährlich: „Der Erwerb und Verlust .... richtet sich ...., von Staatsverträgen abgesehen, ausschließlich nach den Bestimmungen dieses Gesetzes". Die Staatsverträge regeln, wie das Beispiel der letzten Friedensverträge beweist, die StA. der von Abtretungen betroffenen Bevölkerung häufig nur unvollkommen. Keine ergänzende Auslegung vermag immer diese Lücken auszufüllen. In solchen Fällen gibt weder der Staatsvertrag noch das StAG. eine Lösung; wohl aber kann sie im Staatsrecht, wenn auch im ungeschriebenen, gefunden werden. Ein lehrreiches Beispiel hierfür stellt die berühmte Streitfrage der letzten Jahre dar, ob Elsaß-Lothringer, die nicht die französische StA. erworben und eine andere deutsche Landesangehörigkeit als die elsaß-lothringische nicht besessen haben, die deutsche RA. als unmittelbare behalten haben oder staatenlos geworden sind. Entgegen der durchaus überwiegenden Auffassung des Schrifttums und der Entscheidungen des Oberlandesgerichts Celle (JW. 1922, S. 1459) und des Kammergerichts (DJZ. 1924 Sp. 69) hat das RG. bekanntlich in dem mit Recht scharf angegriffenen Urteil vom 22. Febr. 1928 (RGZ. 120, S. 199, JW. 1928, S. 1454 die Frage zugunsten der Staatenlosigkeit dieser ehemaligen Elsaß-Lothringer entschieden[75]). Die Frage soll hier nicht wieder aufgerollt werden, so unbefriedigend sie s. Zt. vom Reichsministerium des Inneren und neuerdings vom Reichsgericht [76]) gelöst wurde. In unserm Zusammenhang interessiert nur die Feststellung, daß der Untergang Elsaß-Lothringens als eines in dieser Beziehung einem Bundesstaat angeglichenen Staatswesens vom Reichsgericht als Grund des Erlöschens der deutschen RA. angeführt wird, während der gleiche Umstand nach der von mir vertretenen Auffassung zwar den Untergang der elsaß-lothringischen LA., aber auch nur dieser LA., keinesfalls der RA. herbeigeführt hat. Gemeinsam ist dieser Betrachtung, daß die Erwerbs- und Verlust-

---

[75]) Für das Vorliegen einer unmittelbaren RA., wenn auch mit verschiedener Begründung, Schätzel (zuletzt im Kommentar S. 26), Schwartz, S. 169 ff., Weck, (zuletzt in der Anm. zum RGs.urteil, JW. S. 1454), Isay, JW. 1929 S. 1541, in Frankreich z. B. Calbairac, a. a. O. S. 148.

[76]) Unter alleiniger Berufung auf den Erfinder jener Staatenlosentheorie, Reichsgerichtsrat Schwalb in Zschr. f. Völkerrecht, Bd. 14 S. 54. Gegenmeinungen wurden erwähnt, aber nicht zitiert.

gründe nicht allein in geschriebenen Normen zu suchen sind, sondern sich aus staatsrechtlichen Elementarereignissen, dem Entstehen und Untergehen von Staaten, ergeben können. Bei der Anwendung dieser Erkenntnis auf unser doppelseitiges R. u. StA.system läßt das RG. nur m. E. die Konsequenz vermissen, indem es wiederum im RuStAG. vergeblich nach einem Erwerbsgrund für die unmittelbare RA. sucht, die in unserm Fall eben nur auf Grund von außerhalb des RuStAG.es liegenden Rechtstatsachen entstanden sein kann, aber auch entstanden ist. Solchen Rechtslagen, so wenig alltäglich sie auch sind, trägt die erwähnte Fassung des österreichischen Gesetzes nicht Rechnung. Sie berücksichtigt nicht, daß Staatsangehörigkeitsgesetze nur die staatsrechtlichen Wirkungen, die in der Person des Einzelnen vor sich gehen, nicht aber die in der Persönlichkeit des Staats eintretenden Änderungen behandeln [77]). Es bedarf daher keines Vorbehalts, da man einen anderen Inhalt von einem StAG. niemals erwartet. Nimmt man jedoch einen Vorbehalt in das Gesetz auf, so darf er nicht auf Staatsverträge beschränkt sein.

B. Reichs- und Landesangehörigkeit.

I. Rechtszustand nach der Bismarckschen Reichsverfassung.

1. Primäre Landesangehörigkeit. „Deutscher ist, wer die Staatsangehörigkeit in einem Bundesstaat oder die unmittelbare Reichsangehörigkeit besitzt" (§ 1). Mit diesem Satze ist ausgedrückt, daß die Angehörigkeit zum Deutschen Reich in zwei gleichberechtigten Formen, der mittelbaren und der unmittelbaren RA. vorkommt. Zunächst nicht erkennbar ist jedoch, daß die „unmittelbare RA." neben der „StA. in einem Bundesstaat" eine verschwindende Rolle spielt, nur in gewissen Ausnahmefällen an Ausländer im Ausland verliehen wird und daher auch durch Abstammung und Eheschließung nur auf zahlenmäßig eng begrenzte Personenkreise übergehen kann. Die Bedeutung des § 1 liegt vielmehr darin, daß grundsätzlich, wie das alte Gesetz vor 1870 es ausgedrückt und der Regierungsentwurf unseres Gesetzes es vorgeschlagen hatte, die Bundes- bzw. „Reichsangehörigkeit durch die Staatsangehörigkeit in einem Bundesstaat erworben wird und mit deren Verlust erlischt" (Priorität der Gliedstaatsangehörigkeit). Man erwirbt nach deutschem Recht

[77]) Schwartz S. 172, Sartorius im Handbuch des deutschen Staatsrechts I S. 272.

durch Geburt, Eheschließung usw., die preußische, bayrische usw. StA. und wird durch diese Eigenschaft gleichzeitig Deutscher, der Ausländer wird vom Bundesstaat Preußen, Bayern usw. als preußischer, bayrischer usw. Staatsangehöriger eingebürgert und damit mittelbar Deutscher. Und ebenso verliert man durch Entlassung, Eheschließung, freiwilligen Erwerb einer ausländischen StA. die preußische, bayrische usw. StA., was wiederum erst, wenn auch im gleichen Zeitpunkt und automatisch, den Verlust der deutschen RA. — immer von der Ausnahme der unmittelbaren RA. abgesehen — zur Folge hat. Die Bedeutung unseres streng bundesstaatlichen Aufbaus im StAR. wird nur dadurch etwas verwischt, daß die Reichsgesetzgebung und nicht etwa die Länder bestimmen, an welche Tatbestände, und zwar ausschließlich, sich der Erwerb und der Verlust der Landesangehörigkeit, wie wir die „StA. in einem Bundesstaat" schon jetzt nennen wollen, knüpft.

Das Hoheitsrecht des Landes findet seine wichtigste Anwendung bei der Einbürgerung von Ausländern. Während die „Aufnahme" einem Deutschen grundsätzlich gewährt werden muß (§ 7), kann das Land dem Ausländer die „Einbürgerung" trotz Vorliegens der Mindestvoraussetzungen des § 8 nach freiem Belieben verweigern[78]). Das einzelne Land kann die Einbürgerung jedoch andrerseits nicht nach freiem Belieben gewähren. Die Autonomie des Landes findet ihre Grenze in der Autonomie der andern Länder, die durch eine Einbürgerung mißliebiger Ausländer um so mehr betroffen werden, als der Eingebürgerte grundsätzlich einen Anspruch auf Aufnahme und Niederlassung in jedem andern Land erwirbt. Daher ist im § 9 folgender Grundsatz niedergelegt: „Die Einbürgerung in einem Bundesstaat darf erst erfolgen, nachdem durch den Reichskanzler festgestellt worden ist, daß keiner der übrigen Bundesstaaten Bedenken dagegen erhoben hat; erhebt ein Bundesstaat Bedenken, so entscheidet der Bundesrat." Diese Bestimmung fehlte im Gesetz von 1870; der Grundsatz war praeter legem durch einen Bundesratsbeschluß von 1891[79]) in gewissem Umfang eingeführt und vom Regierungsentwurf von 1912 in sachlicher Erweiterung aufgenommen worden. Der heftige Widerstand, den die Linke hiergegen unternahm — er wurde mit einer einbürgerungsfeindlichen Politik Preußens begründet — führte zu einer Einschränkung des Prinzips in zweifacher Richtung.

[78]) Eine Ausnahme gilt für die Wiedereinbürgerung ehemaliger Deutscher in gewissen Fällen (§ 10, 11, 12, 26 Abs. 3, 31).

[79]) Näheres s. v. Keller-Trautmann S. 129.

Einmal können die „Bedenken nur auf Tatsachen gestützt werden, welche die Besorgnis rechtfertigen, daß die Einbürgerung des Antragstellers das Wohl des Reichs oder eines Bundesstaats gefährden würde". Ferner findet das Umfrageverfahren gegenüber solchen Personen, die einen besonderen moralischen oder im Gesetz ausgesprochenen Anspruch haben, überhaupt nicht statt (§ 9 Abs 2, 10, 11, 13, 31). Das gilt abgesehen von der Wiedereinbürgerung namentlich, wenn der Antragsteller im Deutschen Reich geboren ist, sich in dem betr. Bundesstaat bis zur Volljährigkeit dauernd aufgehalten und seinen Antrag während des 22. oder 23. Lebensjahres gestellt hat (§ 9 Abs. 2, Ziff. 2), die einzige Bestimmung übrigens, in der sich ein gewisses Entgegenkommen gegen das ius soli-Prinzip andeutet.

Die Entscheidung darüber, ob den Bedenken eines Bundesstaats stattzugeben ist, liegt beim Bundesrat. Er befindet damit auch über die Frage, ob die Bedenken überhaupt von der erforderlichen qualifizierten Art sind. Staatsrechtlich ist also für den Zustand im Kaiserreich festzustellen, daß die Mehrheit der verbündeten Regierungen, nicht etwa der Reichskanzler oder ein sonstiger unitarischer Faktor den Konflikt entschieden. In politischer Hinsicht bedeutete das praktisch, daß zum mindesten gegen Preußens Widerstand die Einbürgerung in einem andern Bundesstaat nicht leicht vollzogen werden konnte. In dem Maße also, in dem man das Reich als Bundesstaat unter preußischer Führung betrachtete, wurde die Bestimmung des § 9 weniger als ein Schutz der bundesstaatlichen Souveränität denn als Einflußmöglichkeit für Preußen und das mit Preußen identifizierte Reich bewertet. Festzuhalten ist jedenfalls, daß nach geltendem Recht das einzelne Land im Gewähren der Einbürgerung gehindert ist, wenn die Mehrheit der andern Länder die Einbürgerung nicht will, daß aber auch sein Recht, die Einbürgerung zu verweigern, darin eine praktische Grenze findet, daß dem Antragsteller im andern Lande die Einbürgerung gelingen kann, wenn den Bedenken des einen Landes die Mehrheit der andern Länder sich nicht anschließt.

Sieht man von den mannigfachen Vorschriften über den Wiedereinbürgerungsanspruch ehemaliger Deutscher ab, durch die sich der Einfluß des Reichsgesetzes über die Landeshoheit hinweg i. S. einer erleichterten Einbürgerung geltend macht, so finden sich ferner Spuren eines unmittelbaren und zwar hemmenden Einflusses des Reichs auf die Einbürgerung im Einzelstaat in einer Sonderbestimmung, nach der ehemalige Deutsche und deren Abkömmlinge trotz Wohnsitz im Ausland in dem Bundesstaat, dem sie bzw. ihre Vorfahren früher angehört haben, eingebürgert werden können. Gegenüber solchen Anträgen kann der Reichskanzler mit endgültiger Wirkung Bedenken erheben (§ 13) [80]). Im übrigen ist der namentlich von freikonservativer Seite geforderte Grundsatz, daß die Einbürgerung in einem Bundesstaat nur mit Genehmigung des Reichs stattfinde, in unser Gesetz nicht eingedrungen.

Selbstverständlich ist bei der ausnahmsweisen Verleihung der unmittelbaren RA. die Mitwirkung von Reichsbehörden erforderlich (§ 35). Die Anhörung der Einzelstaaten wurde für entbehrlich gehalten, da die unmittelbare RA. nur Ausländern mit Wohnsitz im Ausland oder in den Schutzgebieten verliehen wird.

Eine sehr viel geringere Bedeutung für die Hoheit der Länder haben die Bestimmungen, die, wenn auch auf Grund eines Hoheitsakts des Landes, den Verlust der StA. vorsehen. Entsprechend geringe Selbständigkeit ist daher im Gesetze den Ländern gelassen. Der wichtigste Fall war die Entlassung, die im allgemeinen vom Land nicht versagt werden durfte. Da deren Streichung empfohlen wurde (s. oben S. 62), braucht sie hier nicht näher behandelt zu werden.

Bei der Aufrechterhaltung der StA. liegt es so: Der Heimatstaat kann einem Deutschen, der durch freiwilligen Erwerb einer ausländischen StA. seine StA. verlieren würde, die Genehmigung zur Beibehaltung erteilen (§ 25 Abs. 2). Auch hier ist das Land nicht frei vom Einfluß des Reichs. Der deutsche Konsul ist vor der Erteilung zu hören. Überdies kann der Reichskanzler mit Zustimmung des Bundesrats die Anwendung der Bestimmung mit Bezug auf bestimmte ausländische Staaten ausschließen (§ 25 Abs 3).

Bei der Entziehung der StA. wegen Nichtbefolgung eines Rückkehrgebots bzw. einer Aufforderung zum Austritt aus ausländischem Staatsdienst (§ 27, 28) steht es — anders als bei der automatischen Ausbürgerung wegen Nichterfüllung der Wehrpflicht (§ 26) — im freien Ermessen des Landes, ob es von seinem Rechte Gebrauch machen will oder nicht. Dagegen wird die Voraussetzung für den einen Verlustgrund, nämlich die Aufforderung zur Rückkehr im Kriegsfalle nicht vom Land, sondern vom Kaiser geschaffen.

2. Mehrfache Landesangehörigkeit und Wechsel der Landesangehörigkeit. Das StAG. eines Bundesstaats hat nicht nur die Priorität von Reichs- oder Landesangehörigkeit zu regeln,

[80]) Ein weiterer Sonderfall findet sich im § 15 Abs. 2.

sondern den Wechsel der LA. und das Nebeneinanderbestehen mehrerer LA.en zu berücksichtigen. Jeder Deutsche kann die „Aufnahme" in einem andern deutschen Land erwirken. Sie muß ihm auf Antrag, wenn er sich in dem betreffenden Land niedergelassen hat, gewährt werden, sofern nicht polizeiliche und armenrechtliche Gründe eine Ausnahme rechtfertigen (§ 7). Da mit der erfolgten Aufnahme die bisher vorhandene LA. nicht erlischt, tritt eine zweifache und bei weiteren Aufnahmen entsprechend mehrfache LA. ein. Ein gleiches ergibt sich im Fall der Anstellung im öffentlichen Dienst, die grundsätzlich bei einem Deutschen als Aufnahme in dem die Anstellung bestätigenden Land gilt (§ 14). Eine auf diese Weise entstehende mehrfache LA. erstreckt sich grundsätzlich auf die Ehefrau und die minderjährigen Kinder. Namentlich erwirbt aber das Kind mit der Geburt — auch mit der Legitimation — nach dem ius sanguinis sämtliche LA.en des Vaters, so daß sich eine einmal entstandene mehrfache LA. von Generation zu Generation vererbt. Diese Konservierung der mehrfachen LA. wird praktisch auch nicht durch die vom obigen Grundsatz abweichende Vorschrift geschmälert, nach der die Deutsche ihre LA. durch Eheschließung mit dem Angehörigen eines andern Landes verliert und dessen LA. bzw. dessen mehrere LA.en erwirbt (§§ 17, 6). Theoretisch ist ferner zwar denkbar, daß der Angehörige mehrerer Länder seine LA. bis auf eine abstreift — diese sogen. „kleine Entlassung" sehen die §§ 21, 24 Abs. 2 sogar ausdrücklich vor —; die Bestimmung steht aber auf dem Papier, da irgend ein vernünftiger Anlaß zu ihrer Anwendung nie gegeben sein wird.

II. Rechtslage nach der Weimarer Verfassung.

Die Weimarer Verfassung hat dem Reich ausdrücklich die ausschließliche Gesetzgebungskompetenz für die StA. zugewiesen (Art. 6 Ziff. 3). Das Gleiche galt nach Art. 4 Ziff. 1 der Bismarckschen Verfassung. Neu ist jedoch, daß Art. 110 Abs. 1 bestimmt: „Die Staatsangehörigkeit im Reiche und in den Ländern wird nach den Bestimmungen eines Reichsgesetzes erworben und verloren. Jeder Angehörige eines Landes ist zugleich Reichsangehöriger". Hieraus ergibt sich, daß die RV. Reichs- und Landesangehörigkeit unterscheidet, daß sie nicht etwa die LA. zugunsten einer alleinigen RA. beseitigt. Das bedarf der Hervorhebung, weil der 2. Absatz des Art. 110 fortfährt: „Jeder Deutsche hat in jedem Lande des Reiches die gleichen Rechte und Pflichten wie die Angehörigen des Landes selbst", eine Bestimmung, die die rechtlich soeben anerkannte LA. um ihre hauptsächliche praktische Bedeutung bringt, da sie den Landesfremden mit den Landesangehörigen in allen öffentlichen Rechten und Pflichten — und zwar entgegen Art. 3 der alten Reichsverfassung einschl. der staatsbürgerlichen Rechte [81]) — gleichstellt, was durch Art. 17 bezüglich des Wahlrechts noch ausdrücklich bestätigt wird. Diese Erwähnung der RA. und LA. hat es aber erlaubt, als das im Art. 110 angeführte Reichsgesetz gem. Art. 178 RV. das bisherige von 1913 zu betrachten und es trotz mannigfacher Neugliederung im Innern des Reichs durch die Länder wie früher durch die Bundesstaaten anwenden zu lassen. Die Befugnisse des Bundesrats sind zunächst vom Staatenausschuß, dann vom Reichsrat wahrgenommen worden (Art. 179 RV.); für diejenigen des Kaisers war kein Anwendungsfall gegeben. Die Bestimmungen über Elsaß-Lothringen und die Schutzgebiete sowie über die Wehrpflicht verloren von selbst ihre Bedeutung. Sie ist oberflächlich betrachtet die Überleitung des StAR.s bei der schonsamen formellen Behandlung der Materie durch die RV. reibungslos und rechtmäßig vor sich gegangen. In Wirklichkeit hat sich freilich die Verschiebung der politischen Kräfte im Reich und von den Ländern auf das Reich in Spannungen bei der Rechtsanwendung gezeigt und hat das Bestehen des erwähnten Art. 110 Abs. 2 die Forderung nach einer alleinigen RA. in der Öffentlichkeit entstehen lassen. Preußen hat sich zeitweise darüber beklagt, daß Bayern Einbürgerungen von Zuwanderern aus dem Osten im Wege des Umfrageverfahrens planmäßig verhindere oder doch verzögere. Dabei hat es praktisch eine Rolle gespielt, welche Haltung das Reichsinnenministerium zur Einbürgerungsfrage einnahm. Seitdem im Reich und in Preußen die Innenministerien von der gleichen Partei besetzt sind, dürften die Bedenken Bayerns im Reichsrat nicht mehr durchgedrungen sein. Die Feststellung ist von Interesse, weil das Umfrageverfahren bei der Beratung des Gesetzes von 1913 im Hinblick auf eine einbürgerungsfeindliche Politik Preußens bekämpft wurde. Es wird also lediglich die Fremdenabwehrpolitik heute anstatt vom Norden hauptsächlich vom Süden vertreten. Wenn sie früher durchdrang, lag es an dem überragenden Einfluß Preußens im Bundesrat; wenn sie heute durchdringt, kann es gegen Preußens meist geteilte Stimmen im Zusammenwirken mehrerer Länder geschehen, wobei ein Einfluß des Reichs rechtlich damals wie heute nicht besteht, politisch aber in weitem Umfang gegeben ist. Wie bei

[81]) So die durchaus herrschende Meinung. S. Anschütz, Kommentar (3. Bearb.) Anm. 2.

allen Fragen, bei denen es sich um die Verteidigung eines Landeshoheitsrechts nicht gegenüber dem Reich, sondern gegenüber den andern Ländern handelt, wirkt die der Ländervertretung zugebilligte Entscheidungsmacht in dem nicht mehr von Preußen geführten Bundesrat, sondern dem freier und zufälliger sich auswirkenden Reichsrat nicht grundsätzlich im föderalistischen Sinne und eröffnet dem Reich und seinem zuständigen Ressort einen erheblichen Einfluß.

1. Alleinige Reichsangehörigkeit. Geht man an eine Neuordnung unseres StAR.s, die nach unsern Vorschlägen in materieller Hinsicht ohnehin erheblichen Umfang annehmen würde, so drängt sich zunächst die Frage auf, ob das Weiterbestehen der 17 Landesangehörigkeiten der veränderten Bedeutung der Länder und der durch Art. 110 Abs. 2 erfolgten Einebnung der Landesangehörigkeiten noch entspricht und nicht der Schritt zur alleinigen Reichsangehörigkeit gewagt werden sollte. Der demokratische Entwurf von 1927 macht sich diese Forderung in vollstem Umfang zu eigen. Der Gedanke scheint mir zum mindesten verfrüht und auch vom Standpunkt einer bewußten Förderung der unitarischen Idee verfehlt zu sein. Zunächst steht seiner Verwirklichung die Verfassung entgegen. Die Landesangehörigkeit kann angesichts des klaren Wortlauts des Art. 110 nur im Wege der Verfassungsänderung beseitigt werden. Das ist auch noch nicht bezweifelt worden. Der Gutachter könnte sich mit diesem Hinweis begnügen. Ihm ist die Reform eines einfachen Gesetzes und nicht eine Verfassungsreform als Thema gestellt. Aber selbst wenn es erlaubt wäre, offensichtliche Verfassungsänderungen so unbefangen zu behandeln, als ob es sich um einen Zug im Schachspiel handelt, kann eine äußere und eine in der Sache begründete Hemmung nicht überwunden werden. Die materielle StA.sreform ist zu dringlich, als daß sie durch eine verfassungsändernde Bestimmung gefährdet werden dürfte. Sie könnte an diesem Reformziel, für das sich bei den gegebenen politischen Verhältnissen die erforderliche Mehrheit nicht finden würde, scheitern. Die Änderung ist aber auch sachlich nicht gerechtfertigt. Es mag zutreffen, daß der Landfremde sich in seinen Rechten und Pflichten vom Landesangehörigen in nichts mehr unterscheidet. Wir wollen als Gegenargument den Art. 16 Satz 1 nicht heranziehen, nach dem die mit der Reichsverwaltung in den Ländern betrauten Beamten in der Regel Landesangehörige sein sollen, wiewohl auch Wittmayer[82]),

[82]) In seiner Bearbeitung des Art. 110 in „Die Grundrechte und Grundpflichten der RV." hgg. von Nipperdey, I S. 227.

der in ihm entgegen der herrschenden Meinung und mit guten Gründen keine Einschränkung des Art. 110 Abs. 2 sieht, zugibt, daß der vielleicht der Verfassung innewohnende allgemeine Grundsatz völliger Gleichgehaltenheit der Reichsangehörigen durch Art. 16 Satz 1 berührt werde. Wir halten auch nicht für entscheidend, daß die Länder in Ermessensfragen, wie z. B. bei der Anstellung im Staatsdienst, ihre Angehörigen bevorzugen, ein Recht, das Anschütz den Ländern bestreitet [83]). Endlich kann die Frage offen bleiben, ob bei der Landesverweisung Deutscher nach § 3 Abs. 2 des Freizügigkeitsgesetzes (aus sicherheitspolizeilichen Gründen) die Verabredung der Bundesstaaten aus dem Jahre 1894, daß Deutsche aus ihrem Heimatstaat nicht ausgewiesen werden dürfen, noch mit Art. 110 Abs. 2 RV. vereinbar ist[84]). Es kommt für die rechtspolitische Betrachtung auf den Nachweis der Verschiedenheit der Rechtsstellung nicht an, sondern darauf, ob die Landesangehörigkeit als ein rechtserhebliches Verhältnis von Einzelnen noch empfunden wird und ihre Beibehaltung der staatsrechtlichen Stellung entspricht, die man den Ländern im übrigen durch die RV. eingeräumt hat. Beide Fragen sind unbedenklich zu bejahen. Was die letztere angeht, so hängt die Antwort von der Bejahung der Staatlichkeit der Länder ab. Sind die Länder noch Staaten, wenn auch nur im Rechtssinn, so geht es nicht an, sie mit einem Federstrich ihres Staatsvolks zu berauben. Für die Staatlichkeit der Länder — ein Problem, das hier nicht untersucht werden kann — hat sich aber die ganz überwiegende Mehrzahl der Staatsrechtslehrer und neuerdings auch der Staatsgerichtshof (RGZ 116 S. 29*, 121 S. 6*) ausgesprochen [85]). Die Frage darf als entschieden gelten. Daß die Landesangehörigkeit aber auch als solche, als eine von der Reichsangehörigkeit und der Angehörigkeit zu andern Ländern verschiedene noch heute empfunden wird, wer wollte das zum mindesten für die größeren Länder ernstlich bestreiten und wer wüßte diese Erscheinung

---

[83]) A. a. O., Anm. 3 zu Art. 110. Die Frage ist für die Anstellung von Beamten natürlich ohne praktische Bedeutung, da die Ablehnung ohne Angabe von Gründen erfolgen kann. Anders bei der Zulassung zu Bewerbungen. Bayern forderte 1921 für die Zulassung zum Referendarexamen die bayrische LA., was m. E. mit Art. 110 Abs. 2 nicht zu vereinbaren ist.

[84]) Die Praxis hat diese Folgerung nicht gezogen. Vgl. neuerdings über die Frage Rohmer in seiner Bearbeitung des Art. 111 in dem eben zitierten Werk Nipperdeys S. 241 ff. Das neue bayr. Zigeuner- u. Arbeitsscheuengesetz von 1926 bestätigt diese Praxis.

[85]) Vgl. statt vieler Anschütz (3. Bearb.) Anm. 2—4 zu Art. 1 und die dort angegebene Lit.

nicht mit Gründen des Volkscharakters und der Geschichte ohne weiteres zu erklären? Eine ganz andere Frage ist, ob die Lebhaftigkeit dieser Empfindung nicht zu beklagen ist und der Gedanke der Zugehörigkeit zum Reich vor ihr zu verblassen droht. Bejaht man sie — und aus dieser Bejahung heraus ist der demokratische Entwurf eines Reichsangehörigkeitsgesetzes zu verstehen —, so scheint mir aber die formale Beseitigung der Landesangehörigkeit ein verfehltes Mittel zur Hebung der Reichsfreudigkeit zu sein. Auch wer sich der zwingenden Notwendigkeit einer Reichsreform nicht verschließt und die Größe des Gedankens eines einigen Reichs empfindet, wird behaupten dürfen, daß für die Reichsreform nichts gewonnen ist, wenn diese Sonderfrage unter völliger Nichtachtung aller psychologischen und historischen Gegebenheiten vorweg entschieden wird. Sie kann nur pari passu mit einer etwaigen Reichs- und Verfassungsreform und nicht im Widerspruch zu der Rechtslage, die die Reichsverfassung für Reich und Länder geschaffen hat, erfolgen.

2. Primäre Reichsangehörigkeit? Diese Erwägung behält auch Bedeutung, wenn man sich der weiteren zeitgemäßeren Frage zuwendet, ob bei Aufrechterhaltung der LA. auch ihre primäre Stellung im Verhältnis zur RA. beizubehalten ist. Sollen wir zu dem Grundsatz übergehen, daß die Reichsangehörigkeit als primäres Verhältnis die Landesangehörigkeit vermittelt? Die Verfassung würde einer solchen Umkehrung des Verhältnisses keinesfalls entgegenstehen; sie begnügt sich mit der Erwähnung beider Begriffe und ordnet sie nur insofern, als eine Landesangehörigkeit ohne Reichsangehörigkeit ausgeschlossen sein soll (Art. 110 Abs. 1 Satz 2). Damit ist die bisherige unmittelbare RA. ebenso zugelassen wie ihre Erweiterung zu einer die LA. vermittelnden RA. Und wenn Art. 110 die primäre RA. erlaubt, fordert die RV. sie nicht vielleicht dem Geiste nach? Entspricht nicht der gewaltigen Stärkung, die das Reich auf Kosten der Länder erfahren hat, eine Betonung der Reichs- vor der Landesangehörigkeit? Liegt nicht dem Ausland gegenüber eine ungehörige Schwäche in der Ausgestaltung unserer Heimatpapiere, die den Reisenden als Württemberger, Thüringer, Anhalter, als lippischen Staatsangehörigen und womöglich als Angehörigen all dieser Staaten nebeneinander ausweisen, nur nicht als Deutschen?

Gerade aus der letzten Frage erkennt man, daß sich hinter dem soeben aufgezeigten politischen Programm eine Reihe verschiedener rechtspolitischer Probleme verstecken, die vielleicht auch einer getrennten Lösung fähig sind. Zwei Dinge scheinen mir festzustehen und können vorweg behandelt werden. Die unmittelbare RA., die das Gesetz von 1913 aus der Sonderregelung der Schutzgebietsgesetze von 1888 und 1900 herausgenommen und zu einer ständigen Einrichtung unseres StAR.s ausgebaut hat, darf nicht wieder verschwinden. Gewiß ist ihr ohnehin beschränktes Anwendungsfeld durch den Verlust der Kolonien erheblich eingeengt worden. Aber die unmittelbare RA. ist kein toter Buchstabe geblieben; sie ist an unzählige Personen, die heute mit ihren Nachkommen in Deutschland leben, verliehen worden und wird noch heute — im Fall des § 33 Ziff. 2, aber auch des § 34 — häufig an frühere Deutsche aus zureichenden Gründen vom Reichskanzler verliehen (s. oben S. 41). Ich befürworte auch mit Schätzel, S. 69, daß bei dieser ausnahmsweisen Einbürgerung früherer Deutscher und ihrer Abkömmlinge, die ihren Wohnsitz im Ausland haben, das Wahlrecht zwischen Landeseinbürgerung und Einbürgerung zum unmittelbaren Reichsangehörigen beseitigt wird. In diesen Fällen ist ein Verwaltungsinteresse des Landes nicht unmittelbar gegeben. § 13 sollte daher gestrichen und die unmittelbare RA. gem. § 33 Ziff. 2 als einzige Möglichkeit für jene Fälle beibehalten werden und zwar mit der oben auf S. 42 geforderten Einschränkung. Die unmittelbare RA. ist 1913 vom Reichstag gegen den Regierungsentwurf, der sie auf den Sonderfall der Kolonien beschränken wollte, und gegen die verbündeten Regierungen erkämpft worden und kann heute keinesfalls wieder preisgegeben werden. Wir werden die unmittelbare RA. als Ansatz für eine spätere Entwicklung brauchen können, wie wir sie im elsaß-lothringischen Streitfalle (s. oben S. 69) gebraucht, aber nicht ausgenutzt haben. Es würde sich vertreten lassen, die Bestimmungen über die RA. im übrigen völlig ungeändert zu lassen, da unter Schutzgebiet i. S. des § 33 in Zukunft ein uns etwa vom Völkerbund überantwortetes Mandatsgebiet durchaus verstanden werden kann. Jedoch liegt diese Frage auf außenpolitischem Gebiet. — Zum zweiten scheint mir die Reichsangehörigkeit im Sprach- und Urkundengebrauch der Erneuerung und Belebung dringend zu bedürfen. Schon bei der Beratung des Gesetzes von 1913 ist gegen die Legaldefinition unseres § 1 eingewandt worden, daß nach ihr entgegen dem Sprachgebrauch aus der Masse der „Deutschen" im Sinne des Volkstums, der Nation der „Deutsche im staatsrechtlichen Sinn" ausgesondert werde. Heute hat die Bezeichnung „Reichsdeutscher" als staatsrechtliche Charakterisierung im Gegensatz zum „Deutschen" im ethnographischen Sinn schon in die Gesetzessprache Eingang gefunden[86]). Sie ist im österreichischen, aber zunehmend auch im deutschen Sprachgebrauch eine ständige Bezeichnung geworden, der zu folgen — zum mindesten im StAG. — wir um so mehr Anlaß haben, als über ein Viertel der Nation außerhalb der Reichsgrenzen wohnt[87]). Der demokratische Entwurf hat mit Recht die Bezeichnungen „Reichsdeutscher" und „Reichsangehörigkeit" vorgeschlagen. Wichtiger und für unsern Zusammenhang bedeutungsvoller ist, daß das derzeitige seit dem 1. Januar 1923 im Gebrauch befindliche deutsche Paßmuster in durchaus unzureichender Weise die Reichsangehörigkeit betont oder auch nur erkennen läßt. Es stehen zwar auf dem Umschlagdeckel und dem Kopf der ersten Seite die Worte „Deutsches Reich", es folgt dann aber im amtlichen Vordruck lediglich „Name des Paßinhabers" usw. und „Staatsangehörigkeit", worunter einzutragen ist: „Preußen", „Bayern", „Lippe" usw. Nirgendwo ist angedeutet, daß der Paßinhaber „Reichsangehöriger" oder „Deutscher" ist. Eine unscheinbare vom Reichsministerium des Innern im Wege der Bekanntmachung zu erlassende Ausführungsvorschrift zur Paßverordnung kann diesen Mißstand unabhängig von jeder StA.sreform schnell beseitigen. Man unterschätze die Bedeutung einer solchen Maßnahme nicht, weil sie technischer Natur ist. Kaum sonst wird dem Staatsbürger die Staatsangehörigkeit als Rechtstatsache so häufig bewußt wie beim Gebrauch des Reisepasses, der für ihn heute die gewöhnliche Legitimation im Verkehr mit Behörden darstellt. Er liest ihn, er liest ihn mehrmals und mit Verzweiflung; Paß und Wartenmüssen sind auf eine geheimnisvolle und innige Weise miteinander verbunden. Und nicht nur er liest ihn: vor der Tür des Konsuls wandert der Paß von Hand zu Hand. Im Ausland und für den Ausländer ist er interessanter als das gewohnte Muster. Genug: die Worte „Paß des Reichsdeutschen..." und unter Staatsangehörigkeit: „Reichsdeutscher auf Grund bayerischer usw. Landesangehörigkeit" dürfen nicht fehlen. Was liegt in dem „Bürger der Vereinigten Staaten von Amerika" nicht ein dem „civis Romanus" verwandter stolzer Klang, nicht allein, weil die Vorstellung des mächtigen Staates mit ihm geweckt wird, sondern weil die amerikanische Regierung diese Bezeichnung amtlich und offiziös immer wieder mit einer gewissen Feierlichkeit gebraucht und das Ausland daran gewöhnt hat, in seinen Angehörigen nur den Bürger des Ge-

[86]) Neben „Reichsangehöriger", vgl. die Zusammenstellung bei Woeber-Fischer, Anm. 2 zu § 1.

[87]) Im gleichen Sinne Schätzel S. 23.

samtstaats zu sehen! Das liegt keineswegs allein in der für die Vereinigten Staaten geltenden Priorität der Bundesangehörigkeit, sondern der Sicherheit des Sprachgebrauchs gegenüber dem Ausland. Auch die Muster unserer Heimatscheine und Staatsangehörigkeitsausweise und sonstiger amtlicher Ausweise bedürfen nach dieser Richtung der Überprüfung.

Für die eigentliche Frage der Umkehrung des Verhältnisses von Reichs- zu Landesangehörigkeit gibt es eine Lösung, die vor der andern die konstruktiv größere Folgerichtigkeit beanspruchen könnte, überhaupt nicht [88]). Mit Recht hat Hatschek [89]) darauf hingewiesen,

---

[88]) Unter einer solchen Umkehrung des Verhältnisses kann theoretisch Verschiedenes verstanden werden. Die Regelung würde insoweit feststehen, als es etwa heißen müßte: „Die Reichsangehörigkeit wird durch Abstammung von einem reichsdeutschen Vater . . und durch Einbürgerung erworben.“ Inwiefern kann aber eine sekundäre Landesangehörigkeit in dem Reichsgesetz Platz finden? Hier ist zu unterscheiden zwischen dem Erwerb durch Abstammung einerseits und durch Einbürgerung andrerseits (die übrigen Erwerbsgründe bieten keine Probleme). Bei der Einbürgerung ist praktisch nur denkbar, daß entweder auf die Zuteilung einer LA. verzichtet wird (wie heute schon bei der unmittelbaren RA.) oder „der Eingebürgerte mit der RA. die Angehörigkeit desjenigen Landes erwirbt, in dem er seinen Wohnsitz hat“. Für den Erwerb durch Abstammung bestehen zwei Möglichkeiten, je nachdem, ob man den Erwerb der LA. sich wie den der RA. im Wege des ius sanguinis oder aber nach dem ius soli vollziehen läßt. Es könnte also entweder heißen: „Mit der RA. erwirbt das Kind die LA. des Vaters“ oder „Mit der RA. erwirbt das Kind die Angehörigkeit desjenigen Landes, in dem es geboren wird“. Während also für die Einbürgerung der gewaltige Unterschied zur bisherigen Rechtslage, nämlich die Beeinträchtigung des Interesses des Landes auf der Hand liegt (sei es, daß das Land bei der Einbürgerung ausgeschaltet wird, sei es, daß es nach Weisung des Reichs die Reichseinbürgerung vorzunehmen oder abzulehnen hat), tritt die Umkehr des Verhältnisses für die innerdeutsche Betrachtung, nämlich den Erwerb durch Abstammung, nur dann überhaupt in Erscheinung, wenn gleichzeitig für den Erwerb der LA. das Prinzip gewechselt und zum innerstaatlichen ius soli übergegangen wird. Da der gleichzeitige Übergang zum Wohnsitzmerkmal für die Einbürgerung einerseits und die Abstammung andrerseits zwar theoretisch nicht notwendig wäre, in der Erörterung aber bisher immer den selbstverständlichen Ausgangspunkt gebildet hat, soll im folgenden unter „sekundärer Landesangehörigkeit“ eine Regelung verstanden werden, bei der die RA. Voraussetzung für den Erwerb der LA. ist und die Angehörigkeit desjenigen Landes erworben wird, in dem der Betreffende geboren wird bzw. bei seiner Einbürgerung wohnt. Vgl. etwa Sartorius, a. a. O. S. 259. Die Erklärung dürfte u. a. darin liegen, daß nur bei einer solchen Änderung gleichzeitig andere Ziele, z. B. die Beseitigung der mehrfachen LA. auf einfachem Wege erreicht werden könnte.

[89]) Allgem. Staatsrecht III S. 86. Dagegen hat Zorn („Reichsangehörigkeit“ in Stengel-Fleischmanns Wörterbuch) schon für die alte RV. die primäre

daß aus dem Wesen des Bundesstaats logisch nicht abzuleiten ist, ob die Bundes- oder Gliedstaatsangehörigkeit das primäre Rechtsverhältnis sein muß. Auch die Rechtsvergleichung unter staatsrechtlichen und historischen Gesichtspunkten läßt uns völlig im Stich. Die Vereinigten Staaten von Amerika haben die primäre Bundesangehörigkeit, obwohl die Gliedstaaten eine nahezu unbeschränkte Gesetzgebungskompetenz und völlige Selbständigkeit in der Verwaltung besitzen. Ja, die nächst dem Staatenbund denkbar loseste Form des Zusammenschlusses mehrerer Staaten, das britische Reich, weist die eigenartige Erscheinung einer zweifelsfrei primären Reichsangehörigkeit auf: Krone und britische Staatsangehörigkeit sind heute die einzigen unitarischen Elemente des Weltreichs. Dagegen hat Österreich neuerdings sein System ähnlich wie Deutschland mit primärer Landesangehörigkeit geordnet, obwohl es zur kaiserlichen Zeit nur eine einzige österreichische Staatsbürgerschaft für alle Erblande gegeben hatte: Die Republik hat an die längst verschmolzenen Erbländer Staatlichkeit und Landesangehörigkeit neu ausgeteilt [90]). Wiederum kann man für das gegenüber der Kantonszugehörigkeit sekundäre Schweizerbürgerrecht aus der Entstehung des Bundes und der selbständigen Natur der Kantone in gleicher Weise historische wie staatsrechtliche Gründe anführen. In der Union der sozialistischen Sowjetrepubliken ist das Verhältnis von Bundes- zu Gliedstaatsangehörigkeit nicht völlig geklärt. Der Wortlaut des Reglements von 1924 spricht für eine sekundäre Bundesangehörigkeit. Man wird aus den Beispielen des Auslandes etwas anderes dagegen folgern können: Ländern des ius soli ist die primäre Reichsangehörigkeit angemessen, weil das Bodenrecht das gröbere, das zufälligere, das weniger exklusive und unhistorische Prinzip ist und die Maßgeblichkeit einer im ius soli erworbenen Landesangehörigkeit diese Zufälligkeiten noch verschärfen und die Familieneinheit unnötig zerreißen würde. Das ius soli verträgt keine Untereinteilung. Die Gliedstaatszugehörigkeit kann hier nur nachfolgen, etwa nach dem Merkmal des Wohnsitzes.

Der Gegenschluß, daß das ius sanguinis notwendigerweise die Priorität der Gliedstaatsangehörigkeit fordere, kann nicht mit der

---

RA. als angemessen bezeichnet, und zwar weil in ihr das bundesstaatliche Verhältnis reiner zum Ausdruck komme.

[90]) Die österreichische Lehre über die Entstehung der Republik dürfte anders lauten. Rechnet man in nicht zu kurzen Zeitspannen, so ist die obige Zusammenfassung wohl erlaubt.

gleichen Sicherheit gezogen werden. Immerhin ist nicht zu bestreiten, daß das ius sanguinis historisch konservierend wirkt. Die Tatsache, daß die Staaten des Norddeutschen Bundes und späterhin des Deutschen Reichs Land und Volk in den neuen Gesamtstaat eingebracht haben, erhält sich in den Enkeln und Nachfahren der damaligen Generation lebendiger, weil ihre Zugehörigkeit nach der Abstammung und nicht nach dem Geburtsort bestimmt wird. Der geschichtliche Zusammenhang wird durch die Beibehaltung der geltenden primären LA. auch nicht verletzt, wenn wir die durch den Umsturz und die Weimarer Verfassung veränderte Sachlage ins Auge fassen. Die Länder als solche haben den Umsturz überdauert. Sie „tragen ihre Staatsgewalt nicht vom Reich zu Lehen"; „die Landesstaatsgewalt ist vom Reich nicht abgeleitet, sondern lediglich anerkannt" [91]). Das heute geltende Recht kann die historische Treue durchaus für sich in Anspruch nehmen. Aber hierin liegt nicht so sehr das Entscheidende. Es bestünde ja auch konstruktiv die Möglichkeit, im kommenden Gesetz bezüglich der durch Abstammung erworbenen LA. trotz formalen Voranstellens der RA. alles beim Alten zu belassen und lediglich die Einbürgerung von Ausländern i. S. einer ausschließlichen oder primären RA. umzugestalten (s. oben Anm. zu S. 81). Der erste Teil eines solchen Programms wäre ein leeres Spiel mit Worten, der zweite ein schwerer Eingriff in die Länderhoheit. In der Frage der Reichseinbürgerung liegt der Kernpunkt des Problems, weniger in dem Erwerb der RA. durch Geburt, der für die Länder erst eine Beeinträchtignug bedeuten würde, wenn man gleichzeitig zum innerstaatlichen ius soli (Erwerb der Landesangehörigkeit im Geburtsland) überginge.

Wird dem Ausländer nicht mehr die preußische, bayrische LA. und damit die RA. verliehen, sondern die RA., ohne daß er eine LA. miterwirbt oder so, daß er mit der RA. die LA. in dem deutschen Wohnsitzland erhält, so ist das auf zwei Arten möglich: a) die Landesbehörden wirken bei der Einbürgerung entscheidend überhaupt nicht mit; sie nehmen die Anträge entgegen, treffen die notwendigen tatsächlichen Feststellungen, machen vielleicht einen Bericht und überlassen Verleihung oder Ablehnung der allein in Betracht kommenden Reichsbehörde, dem Reichsinnenministerium (reichseigene Verwaltung). Oder b) die Landesbehörden führen die Einbür-

[91]) So Anschütz, Kommentar (3. Bearb.) Anm. 2 u. 3 zu Art. 1. Seine auf die Entstehungsgeschichte des Art. 1 Abs. 2 gestützte Auffassung ist nicht unbestritten geblieben.

gerungssachen als Reichsauftragsangelegenheit, d. h. die Landeszentralbehörde spricht zwar die Verleihung oder Ablehnung selbst aus, hat sie aber als eine Angelegenheit des Reichs zu behandeln und ist, auch im Einzelfall, an die Weisungen des Reiches gebunden (Reichsauftragsverwaltung) [92]).

Beide Lösungen werden den erbitterten Widerstand der größeren Länder hervorrufen und sollten als Sondermaßnahme — nämlich unabhängig von der Reichsreform — nicht erwogen werden. Gewiß kann das Reich eine Einwirkung auf die Einbürgerungspolitik beanspruchen. Es besitzt diesen Einfluß durch seine ausschließliche Gesetzgebung, durch sein Aufsichtsrecht gem. Art. 15 RV. und praktisch, wie wir gesehen haben (s. oben S. 75), auch durch seine Geschäftsleitung im Umfrageverfahren. Darüber hinaus ist ihm in Zukunft ein Vetorecht einzuräumen. Aber davon abgesehen sind es die Landesbehörden, die grundsätzlich die Reichsgesetze auszuführen haben, und nirgendwo wird die an sich zulässige Ausnahme (Art. 14 RV.) weniger berechtigt sein, als wenn es sich um die innere Verwaltung zugleich der Länder handelt. Die Einbürgerung eines im Lande wohnenden Fremden ist ebenso wie die Fremdenpolizei eine innere Verwaltungsangelegenheit des betreffenden Landes. Das Land hat in ungleich höherem Maße das Risiko und die Last einer Fehlentscheidung zu tragen und sollte daher auch von der politischen Verantwortung für seine Maßnahme gegenüber dem Landesparlament nicht befreit werden. Die Übernahme der gesamten Einbürgerungsfragen in eine reichseigene Verwaltung würde zwar nicht dem Wortlaut, aber dem Geist der Weimarer Verfassung widersprechen [93]). Stellt sich die Lösung b) vielleicht als die in der Form mildere dar, so ist sie vom Standpunkt der Länder aus doch die sachlich gefährlichere und vom Reich aus gesehen gleichfalls unbefriedigend. Welche Reibungen muß man befürchten, wenn etwa die Regierung eines Landes von Parteien der Linken, die des Reichs von einer Rechtskoalition besetzt ist (und umgekehrt) und die Landesbehörde die Einbürgerungspolitik des Reiches nicht etwa über ihren Kopf

---

[92]) Über Begriff und Gestalt der „Reichsauftragsangelegenheiten" verweise ich auf Peters' grundlegenden Aufsatz in „Reich und Länder" 1928/9 S. 366.

[93]) Über die bisherigen Erscheinungsformen vgl. Lassar, Reichseigene Verwaltung unter der Weimarer Verfassung, Jahrb. d. öff. Rechts XIV (1926), S. 1, für unseren Zusammenhang im besonderen die kritischen Bemerkungen S. 24.

weg zu dulden, sondern mitwirkend auszuführen hat! Eine solche Reichsauftragsverwaltung ist nur bei unpolitischen Materien oder aber nur bei einer Entstaatlichung der Länder denkbar, nicht aber bei einem politisch so umstrittenen Gebiet wie der Einbürgerung, solange die großen Länder eine eigene Innenpolitik im Rahmen der RV. zu führen berechtigt und verpflichtet sind [94]). Nun liegt die Eigenart unseres Problems ja darin, daß an der Einbürgerung nicht nur das Land, in dem der Antrag gestellt wird, sondern alle Länder und das Reich interessiert sind, die Länder wegen der für den Eingebürgerten begründeten Freizügigkeit und seines Rechts auf Aufnahme, in geringerem Maße auch wegen der sonstigen Gleichstellung aller Deutschen (Art. 110 Abs. 2), das Reich unter anderem aus bevölkerungs- und außenpolitischen Gründen. Weil diese Interessen von Land, Ländern und Reich nicht übersehen werden dürfen, kommt nur eine materielle und formelle Lösung in Betracht, die alle drei Belange, aber in richtiger Abstufung berücksichtigt. Das stärkste und speziellste Interesse liegt beim Träger der Verwaltungshoheit, dem Lande: ihm kann nur durch Einräumung des freien Ermessens, ob es einem Einbürgerungsantrage stattgeben will oder nicht, Rechnung getragen werden; einen entsprechenden Ausdruck findet diese Sachlage, indem die Einbürgerung in die Landesangehörigkeit vorgenommen wird, die ihrerseits die Reichsangehörigkeit vermittelt. Verweigert das Land die Einbürgerung, so ist der Fall erledigt: ein entgegenstehendes Interesse des Reichs oder gar der andern Länder, die Einbürgerung trotz der Ablehnung durch das erstbefaßte Land weiter zu betreiben, ist bei unserer bevölkerungspolitischen Lage nicht anzuerkennen. Will das Land aber dem Einbürgerungsantrag stattgeben, so sind die andern Länder und das Reich an dem Verfahren zu beteiligen, wenn auch in verschiedenem Maße. Die Länder sind im jetzigen Umfrageverfahren zu hören und haben hierdurch Gelegenheit, Bedenken geltend zu machen, wenn auch nur in dem durch § 9 gezogenen Rahmen. Das Verfahren ist etwas umständlich, aber sachlich notwendig, da andernfalls die Länder nicht über erneute Einbürgerungsanträge eines mit guten Gründen abgewiesenen Fremden unterrichtet würden und eine allzu liberale Einbürgerungspraxis einzelner Länder Platz greifen könnte [95]). Es ist auch daran

[94]) Dabei soll hier die Frage unerörtert bleiben, ob nicht die Einrichtung einer Reichsauftragsverwaltung, wie Peters, a. a. O. ausführt, jeweils einer verfassungsändernden Mehrheit im Reichstag bedarf.

[95]) Gegnern des Umfrageverfahrens darf entgegengehalten werden, daß es

festzuhalten, daß der Reichsrat über etwa erhobene Bedenken entscheidet: zur Durchsetzung ist es nötig, daß sich große oder viele Länder den Bedenken eines Landes anschließen. Bei diesem, dem geltenden, Rechtszustand wird nur das Interesse des Reichs nicht genügend gewahrt, da es von sich aus nur unter Einwirkung auf den Reichsrat oder einzelner Länder mit ungewissem Erfolg seinerseits Bedenken erheben kann. Das konnte im alten Bundesrat bei der Abhängigkeit der preußischen Stimmen vom Reich und ihrer ungleich höheren Stimmkraft hingenommen werden, obwohl auch damals die Tatsache, daß der Antragsteller mit der LA. die Reichsangehörigkeit erwarb, nicht genügend zur Geltung kam. Heute darf das Reich auf Bittgänge innerhalb und außerhalb des Reichsrats nicht angewiesen sein. Es muß ein Vetorecht bekommen, schon um die generellen bevölkerungspolitischen Gesichtspunkte gegenüber der mehr individuellen Prüfung der Anträge durch Land und Länder zur Geltung bringen zu können und nötigenfalls eine Drosselung eintreten zu lassen, wenn das Umfrageverfahren sich als wirkungslos erweist. Daher kann das Vetorecht auch nicht auf die Tatsachen beschränkt sein, die allein bei den von den Ländern zu erhebenden „Bedenken" i. S. des § 9 berücksichtigt werden dürfen. Dieses Vetorecht ist zweckmäßig *vor* dem Umfrageverfahren einzuschalten, weil sich dieses bei seiner Geltendmachung erübrigt und das Reich tunlichst nicht in einen offenen Gegensatz zu einem bereits vorliegenden bejahenden Votum des Reichsrats gebracht werden sollte. § 9 *wäre also dahin zu ändern, daß die Einbürgerung in ein Land nur erfolgen darf, wenn die Reichsregierung* oder die von ihr ermächtigte Reichsbehörde a) *keinen Widerspruch erhebt und* b) *von der gleichen Stelle festgestellt worden ist, daß keines der übrigen Länder Bedenken dagegen erhebt.* In allen übrigen Punkten kann es dagegen bei der jetzigen Regelung der Einbürgerung verbleiben; im besonderen fällt eine Mitwirkung von Reich und übrigen Ländern in den Fällen der erleichterten Einbürgerung nach Ziff. 1 u. 2 des § 9 Abs. 2 und der Wiedereinbürgerung ehemaliger Deutscher fort.

Ist mangels einer für die Länder erträglichen Lösung des Einbürgerungsproblems der Übergang zur primären RA. nicht durch-

in den Fällen, in denen ein Zeitverlust nicht zu verantworten wäre, *nicht* stattfindet, nämlich in den Fällen des § 9 Abs. 2, 10 und 11. Im übrigen ist der Zeitverlust nicht allzu tragisch zu nehmen; fehlt es doch in unserm Gesetz an einer Mindestdauer des Wohnsitzes.

führbar, so erübrigt sich die Frage, wie sich die primäre RA. nicht im Verhältnis zum Fremden, sondern für die Masse der deutschen Staatsbürger auswirken würde. Sie käme dem Deutschen, wie wir oben sahen (S. 81) erst zum Bewußtsein, wenn die Regelung so getroffen würde, daß das Kind des Reichsdeutschen in Zukunft Landesangehöriger des Landes werden würde, in dem es geboren wird. Ich habe mich früher für diesen Gedanken erwärmt [96]), ohne die m. E. unvermeidliche Rückwirkung auf die Einbürgerungsfrage voll zu berücksichtigen. Auch abgesehen von dieser Konsequenz scheint mir heute irgendein zwingender Anlaß zur Einführung dieses Grundsatzes nicht gegeben zu sein. Er würde nicht etwa den Nachweis der vorhandenen RA. erleichtern, da die Geburt in dem betr. Lande ja nur für das Kind des Reichsdeutschen einen Erwerbsgrund abgeben kann und für das Vorhandensein der RA. also wie bisher auf viele Voreltern zurückgegangen werden muß. Die Änderung wäre aber umwälzend in ihrer Wirkung; das kann bei dem Fluktuieren der Bevölkerung keinem Zweifel unterliegen. Ob sie dem Verständnis der Bevölkerung nahegebracht werden kann, ist mir sehr zweifelhaft; es fehlt an der breiten Masse, die einen solchen Schritt begrüßen müßte, während ein Heer Unzufriedener die verlorene LA. beklagen und die gewonnene gering achten würde. Das landsmannschaftliche Zusammengehörigkeitsgefühl darf nicht unterschätzt werden; es würde spätestens bei Einbringung des Gesetzentwurfs erwachen.

3. Mehrfache Landesangehörigkeit. Eine andere Frage, die zwar außerhalb des Problems „primäre oder sekundäre LA." steht, hängt mit der eben erörterten sachlich aufs engste zusammen: wie steht es mit dem Wechsel der Landesangehörigkeit und der mehrfachen LA? Wenn schon auf das innerdeutsche ius soli verzichtet werden muß, das in vielen Fällen mit einer längst vergessenen LA. aufgeräumt hätte, kann dann nicht wenigstens das Prinzip der urkundlichen Verleihung der LA. an einen Deutschen, die „Aufnahme", für den innerdeutschen Verkehr wegfallen und durch den automatischen Erwerb durch Niederlassung oder mehrjährigen Wohnsitz ersetzt werden? Schon bei der Beratung des Gesetzes von 1913 wurden solche Anträge von den Sozialdemokraten gestellt [97]); sie würden sich heute mit der nahezu völligen

---

[96]) Schwartz, S. 166 ff.

[97]) Vgl. Landsberg in der Plenarsitzung v. 28. Mai 1913, Verhandl. des Reichstags Bd. 290 S. 5272 ff.

Gleichstellung des Landesangehörigen mit dem Landesfremden besser begründen lassen. Ich würde im Interesse der Ersparnis an behördlicher Tätigkeit für diese Änderung eintreten, wenn der Erwerb der LA. durch, sagen wir, einjährigen Wohnsitz im Lande verknüpft werden könnte mit dem Verlust der bisherigen LA. Denn eine Anhäufung mehrerer LA.en auf eine Person, wie sie ohne diese Verknüpfung weit über die jetzigen Fälle hinaus eintreten würde, kann ernstlich nicht in Betracht kommen. Diese mehrfachen LA.en würden sich auf Kind und Kindeskinder vererben und eine heillose Verwirrung bei der Feststellung des etwa streitig gewordenen Besitzes der Reichsangehörigkeit hervorrufen. Gegen den Grundsatz, daß durch den automatischen Erwerb der LA. der Verlust der bisherigen eintritt, sprechen aber wieder die gleichen Bedenken, die das innerdeutsche ius soli als nicht durchsetzbar erscheinen lassen. Der Einzelne will möglicherweise die Angehörigkeit zu seinem Wohnsitzland garnicht erwerben; ganz sicher aber will er in sehr vielen Fällen seine Heimatangehörigkeit nicht verlieren. In den großen Städten tritt das Zusammengehörigkeitsgefühl der deutschen Stämme durchaus und lebendig in Erscheinung; man denke nur an die landsmannschaftlichen Vereine, an lose Zusammenschlüsse, die sich als Kolonie im guten Sinne empfinden und betätigen. Soll man aus haltbaren, aber doch vergleichsweise papierenen und keineswegs dringlichen Erwägungen einem solchen Zusammenhalt das staatsrechtliche Substrat entziehen? Das Reich würde sich damit niemanden zum Freunde und viele Feinde machen. Gewiß könnte man daran denken, den Vorschlag durch Einbau eines Ablehnungsrechts schmackhafter zu machen. Dann würde die Regelung wieder zu umständlich werden. Man kann einen gewissen Quietismus in dieser Frage um so leichter verantworten, als die Aufnahme eines Deutschen in die Angehörigkeit eines andern Landes bei der rechtlichen Gleichstellung aller Deutschen längst nicht mehr die frühere Rolle spielt und die unerwünschte Beanspruchung von Behörden für die Verleihung der LA. ohnehin stark zurückgegangen ist. Daher sollte es beim jetzigen Rechtszustand bezüglich des Erwerbs der LA. verbleiben, gleichgültig, ob er sich durch Geburt, Legitimation, Eheschließung oder Aufnahme vollzieht. Was die Eheschließung angeht, so kann das Prinzip der Familieneinheit hier eine Geltung kaum beanspruchen. Wenn ich trotzdem für den Beibehalt des geltenden Rechts eintrete, so leitet mich ausschließlich der Gedanke, daß man keine Gelegenheit versäumen sollte, den Nachweis der LA., der in Ländern des ius sanguinis so mühevoll ist, zu erleichtern und den Erwerb an zeitlich, örtlich und urkundlich erreichbare Vorgänge anzuschließen.

Wir haben damit schon erkennen lassen, daß wir die gleichzeitige Angehörigkeit zu mehreren deutschen Ländern für keinen Vorzug unseres Gesetzes halten. Es war keine Verbesserung, die der Reichstag in diesem Punkte an dem Regierungsentwurf vorgenommen hat. Der Entwurf hatte auf Grund älterer Anregungen, z. B. von Laband, die mehrfache LA. nahezu ganz beseitigen wollen. Der Reichstag widersetzte sich dem, hauptsächlich mit der etwas paradoxen Begründung, daß die mehrfache LA. dem Gedanken der Reichseinheit diene. Wenn dem so sein sollte, mag es bei der jetzigen Regelung verbleiben, obwohl sie nicht einmal folgerichtig ist, da die Deutsche durch Eheschließung mit einem Landesfremden zwangsläufig die frühere LA. verliert und das gleiche für die Legitimation gilt. Die allmähliche Auflösung der LA. durch die Häufung mehrerer LA.en wird heute um so weniger eintreten, als, wie oben erwähnt, die Anträge auf Aufnahme erheblich zurückgegangen sein dürften und der hauptsächliche Anwendungsfall auf die Anstellung von Universitätsprofessoren, die nacheinander in den Dienst verschiedener Länder treten, beschränkt ist. Ist die Frage auch von untergeordneter Bedeutung, so würde ich doch die Beseitigung der mehrfachen LA. vorziehen, schon weil damit ein weiterer Anreiz zu Anträgen auf Aufnahme wegfällt, da der Verlust der bisherigen LA. vielleicht doch dem Antragsteller den Entschluß erschwert. Auch sonst spricht der Gesichtspunkt der Verwaltungsvereinfachung natürlich gegen die mehrfache LA. [98]), die sich auf Kind und Kindeskinder vererbt und nur einmal eine praktische und augenfällige Bedeutung gewonnen hat, nämlich im Kriege, als sie den glücklichen Kosmopoliten eine unerwartete Verbreiterung der Ordenschancen eröffnete. Das hat damals die Behörden und die Betroffenen sehr beschäftigt, den Gedanken der Reichseinheit aber nicht eigentlich gefördert. Auch Österreich kennt bemerkenswerterweise eine doppelte Landesbürgerschaft nicht. Natürlich hat eine Gesetzesänderung nur Sinn, wenn sie radikal erfolgt und sowohl für die Zukunft das Entstehen von mehrfacher LA. verhütet wie die

---

[98]) Die Regierung hatte s. Zt. (Kom. Ber. S. 1439) zugunsten der Beseitigung der mehrfachen LA. auf die Fälle verwiesen, in denen der Staatsgewalt des Landes eine Mitwirkung bei familienrechtlichen Rechtsgeschäften zugewiesen ist (Befreiung vom Ehehindernis des § 1312 BGB., Ehelichkeitserklärung usw.). Es sei zweifelhaft, ob dann die mehreren Länder mitwirken müssen. Schwierigkeiten scheinen sich hieraus jedoch bisher nicht ergeben zu haben.

bereits entstandenen Fälle ausnahmslos beseitigt. Es wäre also im § 17 einzufügen, daß der Verlust der LA. durch den Erwerb einer andern deutschen LA. eintritt, eine Bestimmung, die den Erwerb durch Aufnahme im eigentlichen Sinn und durch Anstellung umfassen würde. Ferner wäre zu bestimmen, daß derjenige, der mehreren Ländern angehört, mit dem Inkrafttreten des Gesetzes die Angehörigkeit zu allen Ländern verliert außer derjenigen, die er oder die Person, von der er abstammt, zuletzt erworben hat. Die Einschaltung eines befristeten Optionsrechts zugunsten einer andern LA., wie sie der Regierungsentwurf 1912 vorgesehen hatte, halte ich unter den heutigen Verhältnissen und angesichts der Tatsache für entbehrlich, daß es sich ja nur um Personen handelt, die oder deren Vorfahren freiwillig ihre frühere engere Heimat verlassen und in einem andern Land die Aufnahme erstrebt und gefunden haben. Daß die „kleine Entlassung" (aus einem Land unter Beibehalt der Angehörigkeit zu einem andern deutschen Land, § 20, 21) aus dem Gesetz zu entfernen ist, ergibt sich aus dem Vorstehenden von selbst. Allerdings würde sie als völlig überflüssig wie die große Entlassung zu beseitigen sein, selbst wenn es im übrigen bei der mehrfachen LA. verbleiben sollte.

Wenn meine Vorschläge zum Fragenkomplex „Reichs- und Landesangehörigkeit" sich auf eine geringfügige Vermehrung der unmittelbaren RA., auf ein Vetorecht des Reichs bei der Einbürgerung und die Beseitigung der mehrfachen LA. beschränken, so geschieht das unter Würdigung der durch die Weimarer Verfassung für das Reich und die Länder gegebenen Rechtslage. Eine ganz andere Frage ist es, welche Folgerungen aus einer Reichsreform für unser StAR. zu ziehen sein werden. Die Reichsreform zeichnet sich nach den letzten Beschlüssen der Länderkonferenz vom November 1929 mit immer größerer Deutlichkeit ab. Auf die StA.sfragen ist man bisher, soweit ich sehe, nicht eingegangen; die völlige Beseitigung der LA. versteht sich bei der „differenzierenden Gesamtlösung" und der schonenden Behandlung der „Länder alten Stils" keineswegs von selbst und wenn ihre Aufrechterhaltung die Reform erleichtern könnte, sollte man in diesem psychologisch bedeutsamen, aber sachlich nicht entscheidenden Punkte Zurückhaltung üben. Von einer Vorwegnahme der StA.-frage ist aber bei der bekannten und nicht unbegründeten Abneigung der großen Länder gegen eine Reichsreform im Wege langsamer Aushöhlung der Kompetenzen keine Förderung der Reichsreform, wohl aber eine Gefährdung der notwendigen Reform des materiellen StAR.s zu erwarten.

C. Feststellung der StA. und Rechtsweg.

Zwei Punkte erscheinen als der Erörterung und Reform dringend bedürftig: der Nachweis des Besitzes der deutschen RA. und die Rechtseinheit bezüglich der Auslegung des kommenden, geltenden und früheren StA.gesetzes. Das Gesetz von 1913 sieht bekanntlich zwar vor, daß der Bundesrat einheitliche Bestimmungen über gewisse Urkunden (bez. der Aufnahme, Einbürgerung und Entlassung) und über StA.sausweise erläßt (§ 39), trifft aber keinerlei Vorsorge, daß eine Person, deren deutsche RA. etwa bestritten oder behauptet wird, in einem Verwaltungsrechtsverfahren den Besitz oder Nichtbesitz der deutschen RA. feststellen kann. Den Ländern ist andrerseits die Einführung oder der Beibehalt eines solchen Feststellungsverfahrens nicht verwehrt. Von den deutschen Ländern kennt nur Bayern ein Verwaltungsrechtsverfahren über den „bestrittenen Besitz der bayrischen StA." [99]). Ferner sind in Hamburg und Bremen Verwaltungs-Feststellungsklagen allgemein zugelassen. Im übrigen aber kann in Deutschland über den Besitz oder Nichtbesitz der Landes- oder Reichsangehörigkeit nur incidenter entschieden werden, und zwar sowohl von den betreffenden Verwaltungsbehörden und -gerichten, wie von den ordentlichen Gerichten in bürgerlichen oder Strafsachen. Widersprechende Entscheidungen sind möglich.

Aber nicht allein in dem Fehlen eines allgemeinen Verfahrens mit einem die Rechtseinheit sichernden Rechtszuge an eine Reichsinstanz liegen die Mängel des jetzigen Rechtszustandes begründet, sondern in der für den Einzelnen bestehenden Schwierigkeit, den Nachweis zu führen, daß er Reichsdeutscher ist und welche LA. er besitzt, ganz gleich, ob er diesen Nachweis vor der Polizei, dem Standesamt, dem Arbeitsamt oder einem Gericht aus irgendwelchen Gründen zu erbringen hat. Nicht das Verfahren fehlt in erster Linie, sondern die Beweisunterlage. Das erklärt sich aus unserm ius sanguinis-Grundsatz, der den Nachweis der Abstammung von einem preußischen, bayrischen usw. Vater und das Zurückgehen z. B. in Preußen auf die Zeit vor dem preuß. Gesetz von 1842, in der die StA. durch 10jährigen Wohnsitz gleichsam ersessen werden konnte, notwendig macht, sofern nicht zufällig in der Ahnenreihe ein Beamter oder Auf-

[99]) Ges. üb. d. Verwaltungsgerichtshof von 1878 Art. 8 Ziff. 1.

genommener oder Eingebürgerter auftaucht. In Bayern liegen die Verhältnisse etwas günstiger, da die Verwaltungspraxis sich in zahlreichen Fällen auf die Heimatscheine stützen kann, die nach dem bis 1914 geltenden bayrischen Heimatgesetz von 1868 jedem in Bayern Heimatberechtigten auf Antrag erteilt werden mußten. Wie dem aber auch sei, es leuchtet ohne weiteres ein, daß die große Masse der deutschen Bevölkerung schon heute kaum mehr in der Lage ist, einen einwandfreien Nachweis über ihre StA. zu erbringen und daß in wenigen Jahrzehnten eine völlige Unmöglichkeit in dieser Richtung eintreten dürfte[100]). Wenn dieser Zustand auch heute noch wenig bekannt ist und besondere Mißstände in nennenswertem Umfang nicht gezeitigt hat, ist das allein mit einer sehr weiten und lobenswerten Nachsicht der Behörden zu erklären, die durch ministerielle Anweisungen z. B. in Preußen auch dazu angehalten werden, Nachforschungen nur „im Zweifel" vorzunehmen. Auf der andern Seite führt diese weitherzige Praxis zu nicht unbedenklichen Übertreibungen, wenn Behörden nicht nur bei Gelegenheit ihres Tätigwerdens auf den urkundlichen Nachweis einer angegebenen StA. verzichten, sondern ihrerseits für die noch nicht nachgewiesene StA. eine urkundliche Feststellung treffen, also z. B. die Polizeibehörde, was täglich geschieht, in den Anmeldeschein oder Paß jede vom Antragsteller angegebene StA. einträgt. Der derzeitige Rechtszustand ist jedenfalls höchst unbefriedigend und legt die Forderung nahe, ob nicht entweder eine allmähliche Bestandsaufnahme des Staatsvolks, d. h. die Anlage von Staatsangehörigenlisten in Kartothekform durch die Verwaltungsbehörden erfolgen oder aber dem einzelnen Staatsbürger durch die Einführung einer gesetzlichen Vermutung der Nachweis der vorhandenen deutschen LA. und RA. erleichtert werden sollte. Ein Zustand, der für die Feststellung des vornehmsten öffentlichen Rechts jedes Volksgenossen, seines Staatsbürgerrechts, die umfangreichsten Erhebungen und Nachforschungen notwendig macht, ist weder vom Standpunkt einer ökonomischen Verwaltung noch unter dem Gesichtspunkt der Sicherung der Rechte des Einzelnen erträglich. Schwer ist allerdings die Entscheidung, auf welchem der beiden Wege die Lösung zu suchen ist. Staatspolitisch gefahrloser ist zweifellos der Weg über die Staatsbürgerlisten. Das preußische Ministerium des Innern hat einen ersten Anlauf ge-

[100]) Über den Sachverhalt für Preußen vgl. aus neuerer Zeit besonders Stölzel, Zum Beweise der StA., RVerwBl. 49 S. 745.

nommen, indem es durch einen Runderlaß vom 29. Juli 1927 betr. Staatsbürgerlisten[101]) die seit längerem von ihm erwogenen Maßnamen den Regierungspräsidenten zur Stellungnahme unterbreitet hat. Mit Recht wird die Schaffung einer eigenen zentralen Behörde, die systematisch den Einwohnerbestand auf die StA.sverhältnisse untersucht und in Listen niederlegt und auf dem Laufenden hält, als viel zu kostspielig abgelehnt. Vielmehr handelt es sich um den allmählichen Ausbau der Regierungspräsidien und des Polizeipräsidiums von Berlin zu Feststellungs- und Auskunftsstellen in StA.ssachen. Zunächst sollen diese Stellen über sämtliche Personen, mit deren StA.sverhältnissen sie befaßt werden — die Zuständigkeit der Regierungspräsidenten reicht auf diesem Gebiet sehr weit — das Ergebnis ihrer Feststellungen in einer Kartothek niederlegen. Der nächste Schritt wäre, daß die Standesämter über die von ihnen beurkundeten Geburten und Eheschließungen, späterhin auch die Meldebehörden über die Neuzuziehenden, den gleichen Stellen Mitteilung zu machen hätten, auf Grund deren diese, also die Regierungspräsidenten die StA. der Beteiligten feststellen und kartothekarisch verarbeiten könnten. Die örtliche Zuständigkeit soll sich nach dem Geburtsort richten, für außerhalb Preußens Geborene käme das preußische Ministerium des Innern in Betracht. Veränderungen, die den Behörden bekannt werden, müßten gleichfalls an die Regierungspräsidenten gemeldet werden.

Leider ist von dem Ergebnis der Umfrage des Ministers nie etwas verlautet und es scheint beinahe, als ob die Aktion im Sande verlaufen wird. Der Plan hat den Vorzug, daß er eine schrittweise Ausgestaltung mit der relativ größten Sicherheit der Ergebnisse verbindet, indem er die Feststellungsarbeit bei derjenigen höheren Verwaltungsbehörde konzentriert, die durch ihre Sachkompetenz für diese Arbeit vorgeschult ist. Es kommt als weiterer Vorteil hinzu, daß die zur Meldung zu verpflichtenden Stellen (Standesämter, Polizeibehörden) in ihrer eigenen Tätigkeit kaum nennenswert aufgehalten und namentlich das Publikum nicht aufhalten würden. Diese sämtlichen Vorteile wären nicht in gleichem Maße gegeben, wenn man etwa die Aufnahme der StA. in das Standesregister und damit wichtige und eilige Personenstandsbeurkundungen grundsätzlich von der vorherigen Feststellung der StA. abhängig machen und diese Arbeit dem dafür nicht vorgebildeten und nicht mit Hilfs-

---

[101]) MinBliV. S. 813, Zschr. f. Standesamtswesen S. 229.

kräften versehenen Standesbeamten übertragen wollte [102]). Freilich stehen dem Plan des Ministeriums auch nicht unerhebliche Bedenken entgegen. Der erste Schritt, kartothekarische Verwertung der StA.-verhältnisse, mit denen sich der Regierungs- bzw. Polizeipräsident bereits befaßt, sollte allerdings im Interesse der Vermeidung neuer Prüfungsarbeit jedenfalls durchgeführt werden. Ein gewaltiger Arbeits- und Kostenaufwand dürfte aber bei jedem weiteren Schritt notwendig werden, wenn eine Ermittlung von Amts wegen durch die Regierungspräsidenten etwa an jede Eheschließung angeknüpft würde, selbst wenn man hierbei die Großstädte, im besonderen Berlin zunächst noch auslassen wollte. Man wird sich ein Urteil über die finanzpolitische Tragbarkeit einer solchen Maßnahme erst bilden können, wenn die Länder Vorschläge vorlegen, die auch die gedachte Durchführung im einzelnen und den persönlichen und sächlichen Bedarf erkennen lassen. Natürlich muß dabei berücksichtigt werden, daß die jetzige gleichfalls sehr mühevolle Arbeit der Einzelfeststellung mehr und mehr wegfällt. Eine Zusammenarbeit der Länder ist ohnehin erforderlich, damit die Wohnbevölkerung Deutschlands auf die Zuständigkeit der Verwaltungsbehörden des Geburtsorts lückenlos aufgeteilt werden kann.

Eines scheint mir jedoch unabweislich. Wenn es den Ländern nicht gelingen sollte, in absehbarer Zeit das Problem des StA.-nachweises im Sinne des schrittweisen Aufbaues einer Staatsbürgerkartothek wenigstens anzupacken, bleibt kaum eine andere Lösung als die Einführung einer gesetzlichen Beweiserleichterung. Diese wegen ihrer Einfachheit und schlagenden Wirkung verführerische Lösung wurde schon bei der Beratung des Gesetzes von 1913 gefordert und von den verbündeten Regierungen mit großer Entschiedenheit abgelehnt [103]). Stölzel setzt sich in dem oben erwähnten Aufsatz wiederum mit Wärme für diesen Gedanken ein. Allerdings scheint mir sein Vorschlag aus mehrfachen Gründen unannehmbar zu sein. Er lautet:

„Hat jemand ununterbrochen 30 Jahre lang in einem deutschen Lande Wohnsitz gehabt, so gilt er bis zum Beweise des Gegenteils als dort staatsangehörig, es sei denn, daß die Ortspolizei-

---

[102]) Für diesen Vorschlag setzt sich der Reichsbund der Standesbeamten Deutschlands ein. Vgl. den Geschäftsbericht des Bundesdirektors Krutina, Zschr. f. Standesamtswesen 1927 S. 287 und Fürste, Staatsbürgerlisten, dortselbst 1928 S. 8.

[103]) Vgl. Kom.Bericht S. 1453.

behörde ihm gegenüber innerhalb der Frist oder vorher oder nachher entweder dieser Annahme schriftlich widersprochen oder die Staatsangehörigkeit ausdrücklich bestritten oder bezweifelt hat. Ist die Person noch nicht 30 Jahre alt, so wird zur Erfüllung der Frist die Zeit angerechnet, in der der eheliche Vater oder die uneheliche Mutter ohne Unterbrechung vorher in demselben Staate Wohnsitz gehabt hat."

Stölzel erkennt also wohl, daß es sich für Deutschland nicht darum handeln kann, eine Fiktion des StAs.erwerbs für Kinder von Eltern unbekannter StA. auf Grund längeren Wohnsitzes aufzustellen, wie es etwa für den internationalen Verkehr die Diskussionsgrundlage Nr. 12 des vorbereitenden Völkerbundausschusses oder die Leitsätze von Rauchberg und Strupp (Nr. XI)[104]) tun. Er denkt an keinerlei Bindung gegenüber ausländischen Staaten und will jederzeit, auch nach Ablauf der 30jährigen Frist den Gegenbeweis offenhalten bzw. die Vermutung gar nicht wirksam werden lassen. Aber auch in dieser Form scheint mir der Vorschlag einerseits zu weit und andrerseits nicht weit genug zu gehen. Wenn die Vermutung durch jeden von der Ortspolizeibehörde geäußerten unbegründeten Zweifel jederzeit erstickt werden kann, ist sie wertlos. Würde man aber diesen Punkt ändern und nach dem Ablauf jeweils einer gewissen Frist der Behörde nur noch den Beweis des Gegenteils offenlassen, so vollziehen wir den Übergang zum ius soli und verlassen praktisch den Grundsatz der Ermesseneinbürgerung. Es leben zuviel Ausländer und Staatenlose, Flüchtlinge aus aller Herren Länder in Deutschland, als daß wir ohne Prüfung der Verhältnisse im einzelnen, zu der ja erst ein Einbürgerungsantrag Anlaß gibt, eine Art Zwangseinbürgerung einführen oder uns auf die Führung eines Rechtsstreits mit einer der deutschen Behörde zugeschobenen Beweislast einlassen könnten. Wollte man den Gedanken weiter verfolgen, so müßte die Vermutung nach mehrfacher Richtung beschränkt werden, einmal zeitlich insofern, als sie nur die vor einem bestimmten Zeitpunkt, etwa dem 1. Januar 1914 Geborenen und räumlich, als sie nur die Geburt und den Wohnsitz im heutigen Reichsgebiet berücksichtigen dürfte. Ferner müßte sachlich zum mindesten gefordert werden, daß schon der Vater bzw. bei Unehelichen die Mutter im heutigen Reichsgebiet geboren und ohne wesentliche

---

[104]) Mitt. d. Dtsch. Ges. f. Völkerrecht Heft 9, 1929, S. 133.

Unterbrechung dortselbst ihren Wohnsitz gehabt hat[105]) und endlich müßte die Glaubhaftmachung — nicht der Beweis, aber auch nicht der Zweifel — des Gegenteils die Vermutung entkräften. Bei Aufnahme dieser Gesichtspunkte würde die Kollision mit den StA.s- und Optionsbestimmungen der Friedens- und weiteren Verträge bez. der abgetretenen Gebiete, namentlich aber auch das Hinarbeiten auf die Erfüllung der Voraussetzungen zum Zwecke der Erschleichung der StA. vermieden werden. Natürlich würde die Bestimmung langsam an Bedeutung verlieren und müßte, wenn sie sich bewährt hätte, späterhin erneuert werden. Aber auch eine gemilderte Fassung bleibt gefährlich genug. Gefährlich für den Teil der deutschen Staatsbürger, der die Voraussetzungen der Vermutung nicht erfüllt oder nicht darlegen kann und von der Verwaltungsbehörde im Gegensatz zur jetzigen Praxis leicht als Nichtdeutscher „gelten" könnte, gefährlich aber ebenso für den Staat, der gegenüber unerwünschten Nichtdeutschen, die lange im Lande leben, in die Verteidigungsstellung gedrängt wird und seine Einbürgerungshoheit vor der einer Ersitzung praktisch gleichkommenden gesetzlichen Vermutung dahinschwinden sieht. Der Schritt führt auf eine abschüssige Bahn und entfernt uns sichtlich von unserm bewährten ius sanguinis-Prinzip. Die Schwierigkeiten des Nachweises, unter denen der deutsche Staatsbürger zweifellos leidet, dürfen uns unsere bevölkerungspolitisch und geographisch nun einmal gebotene Reserve gegenüber dem Zustrom von Fremden nicht vergessen lassen. Es liegt nicht das leiseste staatspolitische Interesse vor, in dieser Richtung weitherzig zu sein und einen Ungerechten auf tausend Gerechte kommen zu lassen.

Zu einer reichsrechtlichen Regelung scheint mir sonach weder der eine noch der andere Vorschlag reif zu sein. Die glücklichste Lösung würde ich darin erblicken, daß die Länder in Erkenntnis der ihrer Einbürgerungshoheit drohenden Gefahr mit möglichster Beschleunigung im Verwaltungswege die Inventarisierung ihrer Wohnbevölkerung in Angriff nähmen.

Im engen sachlichen Zusammenhang mit der Forderung auf Erleichterung des Nachweises der StA. steht das Bedürfnis nach Einführung einer Klage auf Feststellung der bestrittenen StA. Es muß um so mehr befriedigt werden, als die sofortige Behebung der Beweisschwierigkeiten nach unsern Darlegungen ohne Beeinträchtigung wichtiger Interessen im kommenden Reichsgesetz nicht

[105]) Das wäre mit Rücksicht auf die StA.s.bestimmungen und -Verträge bez. der abgetretenen Gebiete leider unvermeidlich.

durchgeführt werden kann. Was aber in Bayern, Hamburg und Bremen schon heute möglich ist, sollte durch das Reich unverzüglich für alle Länder vorgeschrieben werden, nämlich daß eine Klage auf Feststellung des Besitzes oder Nichtbesitzes der bestrittenen StA. und auf Erteilung einer die StA bescheinigenden Urkunde im Verwaltungsrechtsweg eröffnet wird. Natürlich bleibt diese Regelung lückenhaft, solange kein Reichsverwaltungsgericht besteht. Das Reichsverwaltungsgericht würde nicht nur die oberste Instanz für diese Feststellungsklage, sondern für alle Fälle werden müssen, in denen nach unseren Vorschlägen ein Anspruch auf Aufnahme oder Einbürgerung verbleibt [106]). Es kann dabei keine Rolle spielen, daß ein Gericht des Reichs über die bestrittene sächsische oder badische StA. oder über die Wiedereinbürgerung einer gebürtigen Deutschen in Bayern befindet. Wo den Ländern kein Verwaltungsermessen belassen ist, muß die Reichsinstanz für die gleichmäßige Anwendung reichsrechtlicher Normen sorgen [107]). Das Reichsverwaltungsgericht würde in erster und letzter Instanz außerdem über die seltenen Ansprüche auf Einbürgerung in die unmittelbare RA. (§ 34) zu befinden haben.

Mit der Schaffung des langersehnten Reichsverwaltungsgerichts würde gleichzeitig die Erfüllung einer anderen Hoffnung wahrscheinlicher werden, nämlich der Erlaß eines Gesetzes, der die Wahrung der Rechtseinheit bewirkt. Es fehlt noch immer die Lösung des Problems, auf welchem Wege untereinander abweichende Gesetzesauslegungen durch verschiedene höchste Reichs- oder Landesgerichte wieder in Einklang gebracht werden können. Auf unserm Gebiet, in dem Zivil-, Straf-, und Verwaltungsgerichte inzidenter durch Feststellung der StA. tätig werden, spielt die verschiedene Auslegung der früheren und der geltenden Gesetzesbestimmungen leider eine erhebliche Rolle (vgl. den Fall des § 21 Ges. von 1870 und die englische Beurteilung oben S. 34). Der von der Reichsregierung

[106]) Diese Forderung ist schon 1913 vom Reichstag durch die Annahme der Resolution Ablaß über das zu schaffende R.Verw.G., dem die Streitfälle des § 40 in letzter Instanz zu übertragen seien, erhoben worden.

[107]) Dagegen kann ich mich mit der richterlichen Nachprüfung von Ermessensakten der Behörden nicht befreunden. Das Danziger Gesetz von 1922 sieht die Klage beim Obergericht vor, wenn z. B. die Voraussetzungen für die gewöhnliche Einbürgerung verneint werden. Dagegen kennt es keine allgemeine Klage auf Feststellung der StA. (vgl. Entsch. des Obergerichts v. 11. April 1929, Danziger Jur.Monschr. S. 60).

dem Reichsrat vorgelegte Gesetzentwurf zur Wahrung der Rechtseinheit (Druckſ. des Reichsrats 1926 Nr. 39) ist in der Versenkung verschwunden. Er stand in Verbindung mit einem Entwurf über die Bildung des RVG. (beim Reichsgericht) und sah für das öffentliche Reichsrecht eine amtliche Spruchsammlung der Entscheidungen der Verwaltungssenate des Reichsgerichts und der grundsätzlichen Entscheidungen der anderen Senate des Reichsgerichts, des Reichsfinanzhofs und der obersten Verwaltungsgerichte der Länder sowie ein Reichsspruchgericht vor, das zusammentritt, wenn eines der obigen Gerichte von einer in der amtlichen Spruchsammlung veröffentlichten Entscheidung abweichen will[108]). Für das StAR. wäre die baldige Verwirklichung dieser Gedanken dringend zu wünschen.

D. Ergebnis.

Es empfiehlt sich, das Reichs- und Staatsangehörigkeitsgesetz von 1913 in einigen grundsätzlichen Bestimmungen abzuändern. Das Reformbedürfnis ist dringend, soweit es sich um die Staatsangehörigkeit der verheirateten Frau handelt. Die Reform darf sich jedoch nicht auf dieses Gebiet oder das weitere Gebiet der Familieneinheit beschränken, da eine große Anzahl von Bestimmungen des geltenden Gesetzes heute teils als bedeutungslos, teils als überlebt oder staatspolitisch schädlich gelten müssen und andere Bestimmungen, die das Gesetz nicht enthält, vom Standpunkt des Staats wie des Einzelnen nicht entbehrt werden können. Eine solche Gesetzesrevision im einzelnen darf auch abgesehen von der Frage der Familieneinheit vor grundsätzlichen Bestimmungen nicht Halt machen, aber das Gesicht unseres Gesetzes nicht in weiteren entscheidenden Zügen verändern. Abstammungsgrundsatz und Ermessenseinbürgerung müssen die bevölkerungspolitischen Grundprinzipien unseres Staatsangehörigkeitsrechts bleiben. Die Beseitigung der innerdeutschen Landesangehörigkeit zugunsten einer alleinigen Reichsangehörigkeit würde nicht im Einklang mit der Verfassung stehen. Der Übergang von der primären Landesangehörigkeit zur primären Reichsangehörigkeit ist ohne Eingriff in berechtigte Interessen der Länder nicht zu vollziehen; die Vorwegnahme dieses Teilproblems der Reichsreform würde diese nicht fördern, aber die Reform des materiellen Staatsangehörigkeitsrechts gefährden. Trotzdem kann im Interesse des Reichsgedankens auch eine Teilreform der Innenseite unseres Aufbaus von Staatsangehörigkeitsnormen schon heute unschwer erfolgen.

[108]) Vgl. dazu Schiffer, Die deutsche Justiz S. 254 ff.

Die solchermaßen empfohlene Gesamtrevision hat die Wahrung der staats- und bevölkerungspolitischen Interessen des Reichs, die Förderung der Belange der Ehefrau bei staatsrechtlichen Mischehen, die Bekämpfung der Staatenlosigkeit und unerwünschter doppelter StA., die Vereinbarkeit mit guter internationaler Ordnung, die Rechtsangleichung mit Österreich und das Abstimmen beider Rechte auf das österreichisch-deutsche Verhältnis, die durch die Verfassung dem Reich übertragenen und den deutschen Ländern belassenen Rechte und das Interesse des Einzelnen an gesicherter und einheitlicher Feststellung seiner Staatsbürgerschaft in gleicher Weise neben andern Gesichtspunkten zu berücksichtigen. Im einzelnen wird an Änderungen namentlich empfohlen:

I. Zur Bekämpfung der Staatenlosigkeit:

1. Der Abstammungsgrundsatz ist dahin zu ergänzen, daß das in Deutschland geborene Kind eines staatenlosen Vaters und einer von Geburt deutschen Mutter mit der Geburt Reichsdeutscher wird.

2. Die Bestimmungen über die Entlassung werden gestrichen. Dagegen ist

II. Zur Beseitigung unerwünschter doppelter StA.: ein Ablehnungsrecht für denjenigen volljährigen Deutschen einzuführen, der aus gleichviel welchem Grunde im gleichzeitigen Besitz einer andern StA. ist. Der Verzicht bedarf der behördlichen Genehmigung, wenn der Betr. in Deutschland wohnt.

III. Im Interesse der Rechtsstellung der Ehefrau und der minderjährigen Kinder:

1. Die Deutsche verliert durch Eheschließung mit einem Ausländer die deutsche StA. erst, sobald sie ihren Wohnsitz im Inland aufgegeben hat. Der Verlust tritt nicht ein, wenn der Ehemann staatenlos ist oder die Deutsche nach dem Recht des Ehemanns dessen StA. nicht erwirbt.

2. Die gebürtige Deutsche, die ihre deutsche StA. durch Eheschließung mit einem Ausländer verloren hat, muß auch bei bestehender Ehe wiedereingebürgert werden, sofern sie sich in Deutschland niedergelassen hat und unbescholten ist.

3. Die Ausländerin erwirbt durch Eheschließung mit einem Deutschen die deutsche StA. erst, wenn sie sich in Deutschland niedergelassen hat. Der Erwerb tritt sofort ein, wenn die Ausländerin staatenlos ist oder nach ihrem Heimatrecht die bisherige StA. bedingungslos verliert. Er tritt ferner durch eine Optionserklärung zugunsten der deutschen StA. ein.

4. Die Einbürgerung eines Ausländers erstreckt sich auf seine Ehefrau nur, wenn sie eine entsprechende Willenserklärung abgegeben hat oder sie andernfalls staatenlos werden würde.

5. Der Verlust der StA. durch Nichtbefolgung staatsbürgerlicher Pflichten erstreckt sich nicht auf die Ehefrau und die minderjährigen Kinder.

6. Der Verlust der StA. durch Legitimation tritt nur ein, wenn der Betreffende durch die Legitimation eine neue StA. erwirbt.

IV. Aus Gründen einer guten internationalen Ordnung:

1. Die ausnahmsweise Einbürgerung ehemaliger Deutscher und ihrer Abkömmlinge, die ihren Wohnsitz im Ausland haben, ist zu verweigern, wenn der Antragsteller Angehöriger seines Wohnsitzstaats ist.

2. Die ausnahmsweise Genehmigung zur Beibehaltung der deutschen StA. trotz freiwilligen Erwerbs einer fremden StA. darf nur erteilt werden, wenn im Verhältnis zu dem betreffenden Staat die Gegenseitigkeit verbürgt ist.

V. Wegen Wegfalls der ursprünglichen Voraussetzungen:

Die Bestimmungen über den Verlust durch Nichterfüllung der Wehrpflicht und den Anspruch auf Einbürgerung durch Dienstleistung in Heer oder Marine sind zu streichen.

VI. Im Interesse der Förderung des Reichsgedankens:

Es ist die Bezeichnung „Reichsdeutscher" einzuführen und das Paßmuster, das nur die Landesangehörigkeit, nicht aber die Reichsangehörigkeit erkennbar macht, abzuändern.

VII. Im staatspolitischen Interesse des Reichs:

1. Die unmittelbare RA. ist zur einzigen Einbürgerungsart in dem unter IV 1 erwähnten Fall der Einbürgerung zu machen.

2. Das Reich erhält ein unbedingtes Vetorecht im Einbürgerungsverfahren.

VIII. Im Interesse der Rechtsvereinfachung:

Die Möglichkeit, mehrere deutsche Landesangehörigkeiten auf eine Person zu vereinigen, ist zu beseitigen.

IX. Im Interesse größeren Rechtsschutzes für den Einzelnen:

Die Klage auf Feststellung des Besitzes oder Nichtbesitzes der bestrittenen deutschen StA. ist in allen Ländern einzuführen.

X. Zur Wahrung der Rechtseinheit:

Im Zuge der Reform des StAR.s ist reichsgesetzlich vorzusehen, daß der Rechtsweg in StA.sachen in letzter Instanz zu einem Reichsverwaltungsgericht führt. Ein Reichsspruchgericht hat die einheitliche Auslegung des Gesetzes durch koordinierte Gerichte zu verbürgen.

III.

Gutachten des Herrn Professors Dr. Eberhard Schmidt-Hamburg

über die Frage:

Bedarf das Betriebsgeheimnis eines verstärkten Schutzes?

Inhaltsübersicht.

Abkürzungen.

AE. 1925: Amtlicher Entwurf zu einem Allgemeinen Deutschen Strafgesetzbuch. 1925.
AE. 1927: Entwurf eines Allgemeinen Deutschen Strafgesetzbuchs. 1927.
Ang.Vers.G.: Angestellten-Versicherungsgesetz.
Betr.R.G.: Betriebsrätegesetz.
DJT.: Verhandlungen des Deutschen Juristentages.
E. 1919: Entwurf von 1919.
GA.: (Goltdammer) Archiv für Strafrecht.
GE.: Gegenentwurf zum Vorentwurf eines Deutschen Strafgesetzbuchs. Aufgestellt von Kahl, v. Lilienthal, v. Liszt und Goldschmidt. 1911.
GRUR.: Gewerblicher Rechtsschutz und Urheberrecht. Zeitschrift des Deutschen Vereins für den Schutz des gewerblichen Eigentums.
HdR.: Handwörterbuch der Rechtswissenschaft, herausg. von Stier-Somlo und Al. Elster.
Mitt.JKV.: Mitteilungen der Internationalen Kriminalistischen Vereinigung.
M. & W.: Markenschutz und Wettbewerb. Monatsschrift für Marken-, Patent- und Wettbewerbsrecht, herausg. von Martin Wassermann.
R.: Entscheidungen des Reichsgerichts in Strafsachen. Zitiert nach Band und Seitenzahl.
RAbgO.: Reichsabgabenordnung.
RGStrafs.: Reichsgericht, Strafsenat.
RGZivils.: Reichsgericht, Zivilsenat.
RVO.: Reichsversicherungsordnung.
Unl.Wettb.: Unlauterer Wettbewerb. Die Jahrgänge I—IV der Zeitschrift Markenschutz und Wettbewerb.
Unl.WG.: Gesetz gegen den unlauteren Wettbewerb von 1909.
aUWG.: Gesetz gegen den unlauteren Wettbewerb von 1896.
VE.: Vorentwurf eines Deutschen Strafgesetzbuchs. 1909.
Z.: Zeitschrift für die gesamte Strafrechtswissenschaft.
Z. f. gew. Rechtssch.: Zeitschrift für gewerblichen Rechtsschutz.

Literaturverzeichnis.

In dieses Verzeichnis sind nur selbständig erschienene Werke, die im folgenden häufiger angeführt werden, aufgenommen worden. Sie werden im Gutachten nur durch Angabe des Namens des Autors unter Beifügung der Seitenzahl, bei Kommentaren unter Beifügung der Ziffer des erläuterten Gesetzesparagraphen und der Nummer oder des Buchstabens der Anmerkung zitiert.

Zeitschriftenaufsätze werden in den Anmerkungen nach Autor, Zeitschrift, Band und Seitenzahl zitiert, wobei das Abkürzungsverzeichnis zu beachten ist.

Baumbach, Adolf, Kommentar zum Wettbewerbsrecht. 1929.
Becher, Karl, Wettbewerbsrecht. Kommentar. 1928.
Binding, Lehrbuch des Gemeinen Deutschen Strafrechts. Besonderer Teil. 1. Band. 2. Aufl. 1902.
Brunstein, Der Schutz des Fabriks- und Geschäftsgeheimnisses. 1887.
Callmann, Der Unlautere Wettbewerb. Kommentar. 1929.
Ebermayer, Reichsgesetz gegen den unlauteren Wettbewerb. In: M. Stengleins Kommentar zu den Strafrechtlichen Nebengesetzen des Deutschen Reichs. 5. Aufl. Bd. I.
Elster, A., Urheber- und Erfinder-, Warenzeichen- und Wettbewerbsrecht (Gewerblicher Rechtsschutz). 2. Aufl. 1928.
Finger, Der Geheimnisbruch. In: Vergleichende Darstellung des deutschen und ausländischen Strafrechts. Besonderer Teil. VIII. Band. 1906.
Frank, Das Strafgesetzbuch für das Deutsche Reich. Kommentar. 17. Aufl. 1926.
Friedlaender, Der strafrechtliche Schutz des Geschäfts- und Betriebsgeheimnisses. Abhandlungen des kriminalist. Seminars a. d. Universität Berlin. Neue Folge. 2. Band, III. Heft, 1903.
Hedemann, Das bürgerliche Recht und die neue Zeit. Rede. 1919.
Hueck, Unkörperliche Geschäftswerte. Ein Beitrag zur Lehre vom Unternehmen. Münsterer Dissertation. 1912.
Isay, Das Recht am Unternehmen. 1910.
Käckell, Der Schweigebefehl. I. 1920.
Kohler, Der unlautere Wettbewerb. 1914.
v. Liszt-Schmidt, Lehrbuch des Deutschen Strafrechts. 25. Aufl. 1927.
Lobe, Die Bekämpfung des unlauteren Wettbewerbs. Band I. Der Unlautere Wettbewerb als Rechtsverletzung. 1907.
Mayer, M. E., Der Allgemeine Teil des deutschen Strafrechts. 1915.
Müller-Erzbach, Deutsches Handelsrecht. 2. Aufl. 1927.
v. Ohmeyer, Das Unternehmen als Rechtsobjekt. 1906.
Oppikofer, Das Unternehmensrecht in geschichtlicher, vergleichender und rechtspolitischer Betrachtung. 1927.
Osterrieth, Lehrbuch des gewerblichen Rechtsschutzes. 1908.
v. Overbeck, Der Schutz des Berufsgeheimnisses. Verhandlungen des Schweizer. Juristenvereins 1924. Heft II.
Pinner-Elster, Gesetz gegen den unlauteren Wettbewerb. 8. Aufl. von A. Elster. 1927.
Pinner-Eyck, Kommentar zum Gesetz gegen den unlauteren Wettbewerb vom 7. VI. 1909. 2. Aufl. 1910.
Reiche, Das Recht am Unternehmen. Greifswalder Dissertation. 1920.
Ringier, Der strafrechtliche Schutz der Fabrik- und Geschäftsgeheimnisse. Berner Dissertation. 1923.
Rosenthal, Wettbewerbsgesetz nebst den materiellen Vorschriften des Warenzeichengesetzes. 7. Aufl. 1928.
Sauter, Das Berufsgeheimnis und sein strafrechtlicher Schutz. Strafrechtliche Abhandlungen Heft 123. 1910.
Schmid, Paul, Der gesetzliche Schutz der Fabrik- und Geschäftsgeheimnisse in Deutschland und im Ausland. 1907.

Schmidt-Rimpler, Der Handlungsagent. Handbuch des gesamten Handelsrechts. 5. Band, I. Abt., 1. Hälfte. 1926.
Stenglein, Kommentar zu den Strafrechtlichen Nebengesetzen des Deutschen Reichs. 5. Aufl. Seit 1928.
Weinmann-Walden, Die Gesetzgebung gegen den Unlauteren Wettbewerb. Wien 1927.
Wiedenfeld, Gewerbepolitik. 1927.
Wieland, Handelsrecht. 1. Band. 1921.
Das Buch von Schramm, Betriebsspionage und Geheimnisverrat, 1930, hat nicht mehr berücksichtigt werden können.

Einleitung.

I.

Mit der Frage „Bedarf das Betriebsgeheimnis eines verstärkten Schutzes?" hat die Ständige Deputation des Deutschen Juristentages Probleme berührt, die den Gesetzgeber, die beteiligten Wirtschaftskreise und die juristische Literatur bereits seit etwa einem halben Jahrhundert in erheblichem Maße beschäftigt haben. Man kann jedoch nicht behaupten, daß die mannigfaltigen Bestrebungen, diese Probleme zu lösen, von Erfolg gekrönt worden sind.

Der Gesetzgeber hat, von der einen Seite zu energischem Einschreiten gegen den Geheimnisverrat gedrängt, von der andern Seite unter allen möglichen, namentlich sozialen Gesichtspunkten vor einem zu scharfen Vorgehen gewarnt und somit über das zu Erreichende wie über das Erreichbare in Unsicherheit versetzt, bisher nicht vermocht, eine Lösung des Problems nach Maßgabe einer einheitlichen und großzügigen Linie durchzuführen. Infolgedessen bietet die Gesetzgebung, die den Schutz des Betriebsgeheimnisses betrifft, das charakteristische Bild einer Vielheit von Einzelbestimmungen in einer recht stattlichen Reihe von Gelegenheitsgesetzen. Diese Einzelbestimmungen weisen sonderbare Ungleichheiten und Unstimmigkeiten auf und haben Lücken gelassen, die teilweise oft beklagt und gerügt worden sind, denen gegenüber aber doch niemals energisch und zielbewußt Abhilfe gewährt worden ist.

Die juristische Literatur vermag bisher ebensowenig, wie der Gesetzgeber, abschließende Ergebnisse hinsichtlich der gesamten zur Rede stehenden Problematik zu geben. Sie hat zwar, namentlich soweit es sich um das Gesetz gegen den unlauteren Wettbewerb handelt, eine Fülle eingehender exegetischer Untersuchungen aufzuweisen und überdies auch für die lex ferenda teilweise ausgezeichnete

Vorarbeit geleistet. Aber eine Gesamtverarbeitung des ganzen diffusen Gesetzgebungsmaterials, wie es in den verschiedensten Gesetzen verstreut ist, fehlt bisher; auch will es mir scheinen, daß zu einzelnen grundlegenden Fragen, von deren Beantwortung, wie ich zu zeigen hoffe, die Richtunggebung für die künftigen Arbeiten des Gesetzgebers ganz vornehmlich abhängt, nicht immer mit der erforderlichen Energie vorgestoßen worden ist.

So steht der Gutachter, der die Diskussion des Deutschen Juristentages vorbereiten soll, vor nicht geringen Schwierigkeiten. Das Thema, über das er sich gutachtlich äußern soll, betrifft unmittelbare Bedürfnisse des praktischen Lebens und scheint daher für theoretische Besinnungen nicht geeignet. Dennoch ergibt sich angesichts der Ungeklärtheit der gesetzgeberischen wie der wissenschaftlichen Situation bei tieferem Eindringen in die Problematik des Themas fortgesetzt die Notwendigkeit, abstrakte begriffliche Erörterungen vorzunehmen, soll ein einigermaßen sicherer Boden für die dem Gesetzgeber zu machenden Vorschläge hergerichtet werden.

II.

Auf das Thema selbst muß zunächst mit einigen Worten eingegangen werden.

1. In ihm ist vom

„Betriebsgeheimnis"

schlechthin die Rede. Eine in Gesetzgebung und Literatur durchweg übliche Ausdrucksweise ist damit nicht verwendet. In den Gesetzen begegnet am häufigsten die Verbindung „Geschäfts- oder Betriebsgeheimnis" [1]). Mitunter wird enger und einseitig auf das Fabrikationsgeheimnis [2]) abgestellt, gelegentlich vom „Betriebs- oder Gewerbegeheimnis" [3]) gesprochen, hier und da freilich auch das „Betriebsgeheimnis" allein [4]) erwähnt oder wieder ausführlicher und umständlicher auf „geheimgehaltene Betriebseinrichtungen oder Be-

---

[1]) So vor allem in § 17 Unl.W.G., ferner in Ang.Vers.G. §§ 346, 347, Weingesetz § 27. § 100 des Betriebsrätegesetzes sagt zur Abwechslung „Betriebs- oder Geschäftsgeheimnisse".

[2]) So in älteren Partikulargesetzen und in den Schweizer Entwürfen.

[3]) So § 376 Abs. 1 der Reichsabgabenordnung.

[4]) Gew.O. § 145a Ziff. 1, Ges. betr. d. Verkehr mit Butter usw. v. 15. 6. 1897 § 15.

triebsweisen, solange dieselben noch Betriebsgeheimnisse sind"[5]), in den gesetzlichen Tatbeständen hingewiesen. Das Thema dürfte alle diese Versionen umspannen[6]); die Untersuchung wird mithin alle Gesetzesbestimmungen zu berücksichtigen haben, die sich irgendwie auf die Geheimnissphäre eines irgendwie gearteten Betriebes oder Unternehmens kaufmännischer, gewerblicher, geschäftlicher Art beziehen. Soweit in den folgenden Ausführungen die Bezeichnung „Betriebsgeheimnis" ohne weiteren Zusatz verwendet wird, ist sie demgemäß in dem gleichen weitesten Sinne zu nehmen, wie er dem Thema zugrunde gelegt ist.

2. Bei dem Schutze des Betriebsgeheimnisses handelt es sich für dieses Gutachten um ein strafrechtliches Problem. Dabei wird nicht verkannt, daß das Strafrecht allein einen ausgiebigen Schutz des Betriebsgeheimnisses nicht gewährleisten kann[7]). Wer also das Thema erschöpfen wollte, müßte ihm neben der strafrechtlichen auch bürgerlich-rechtliche, ferner handels-, wirtschafts-, arbeitsrechtliche, darüber hinaus aber insbesondere auch betriebswirtschaftliche Seiten abzugewinnen suchen müssen. Er würde ferner nicht vergessen dürfen, daß hinter den rechtlichen Fragen schwerwiegende Probleme sozialer und berufsethischer Art stehen. Es ist ganz unmöglich, im Rahmen dieses Gutachtens die Gesamtproblematik, auf die hiernach das Thema hinweist, zu untersuchen. Es soll vielmehr, wie dies übrigens auch bei der Entstehung und Fortbildung des UWG. der Fall gewesen ist, der Gesichtspunkt des strafrechtlichen Betriebsgeheimnisschutzes überall in den Mittelpunkt gerückt werden; die anderen Fragen können nur gelegentlich gestreift, nicht aber in die Einzelheiten hinein verfolgt werden. Wo sie aber von Wichtigkeit sein können, wird ein Hinweis auf sie nicht unterbleiben.

3. Ein Wort noch über die Aktualität des Themas.

---

[5]) Gew.O. § 145a Ziff. 2, Ges. betr. d. Verkehr mit Butter usw. § 15.

[6]) In der Literatur ist mehrfach vorgeschlagen worden, für alle kaufmännischen, industriellen, gewerblichen, geschäftlichen Geheimnisse einen umfassenden Ausdruck zu prägen; Degen (GRUR. 33. Jahrg. 1928 S. 586 ff.) schlägt „Unternehmensgeheimnis" vor; v. Liszt (Lehrbuch, jetzt 25. Aufl. S. 601) tritt für „Geschäftsgeheimnis" als umfassenden Terminus ein; Ringier S. 25 empfiehlt den Sammelausdruck „Gewerbegeheimnis"; Binding, Lehrbuch I² (1902) S. 512 hält „Betriebsgeheimnis" für den passendsten Sammelausdruck. M. E. dürfte Degen zuzustimmen sein im Hinblick auf die grundlegende Bedeutung, die, wie unten gezeigt werden wird, dem Unternehmensbegriff gerade für die vorliegenden Probleme zukommt.

[7]) Vgl. § 19 UWG.

a) Als theoretischer Gutachter habe ich mich zunächst um die Feststellung bemüht, wie die verschiedensten Wirtschaftskreise zu den Fragen des Schutzes des Betriebsgeheimnisses stehen. Zu diesem Zweck wurde durch dankenswerte Vermittlung verschiedener führender Persönlichkeiten und Firmen ein Fragebogen an insgesamt etwa 200 Unternehmen, Betriebe oder Organisationen aus dem Bereiche des Handels, der Industrie, der Banken, der Verkehrsunternehmungen und der Landwirtschaft versendet. Dabei ergab sich, daß die Landwirtschaft, die Banken, die Schiffahrtsunternehmen, die Versicherungsunternehmen, sowie der Groß- und Überseehandel an dem Problem völlig uninteressiert sind. Kein einziges der aus diesem Kreise befragten Unternehmen hatte irgendwie ernst zu nehmende Fälle von Betriebsgeheimnisverletzungen zu verzeichnen. Das gleiche konnte bezüglich der zahlreich befragten Genossenschaftsverbände, Einkaufs-, Verwertungs-, Betriebsgenossenschaften, Erwerbs- und Wirtschaftsgenossenschaften festgestellt werden. Es blieb also die Industrie, von der ja seinerzeit auch vor allem die Anregungen zur Einführung eines Betriebsgeheimnisschutzes ausgegangen waren [8]). Es wurde eine große Anzahl von Konzernen, Industriegruppen, Verbänden, aber auch Einzelunternehmungen befragt. Insgesamt liegen mir 95 Auskünfte vor. Unter ihnen sind 77 Fehlanzeigen. Es bleibt ein Rest von 18 Auskünften, in denen aus den Erfahrungen der einzelnen Unternehmen heraus nach Maßgabe meines Fragebogens zu den Problemen des Betriebsgeheimnisschutzes Stellung genommen und ein zum Teil sehr reichhaltiges Material vorgekommener Geheimnisverletzungen mitgeteilt worden ist.

Das Bild, das sich aus diesen Mitteilungen ergibt, besteht darin, daß Geheimnisverletzungen vor allem die chemische Industrie gefährden, diese aber auch in ganz besonders starkem und einem für die deutsche Volkswirtschaft als solche bedenklichem Maße. In anderen Industriezweigen sind weder strafbare Geheimnisverletzungen so zahlreich vorgekommen, noch gewinnen sie, soweit sie sich ereignet haben, eine so erhebliche kriminelle Bedeutung. So besteht auch heute noch, genau wie 1884, ein besonderes Interesse an schärfster

---

[8]) Vgl. die Eingabe des Vereins zur Wahrung der Interessen der chemischen Industrie Deutschlands an den Fürsten Reichskanzler von 1884, abgedruckt in DJT. 19 Bd. I S. 85 ff. — § 18 UWG., der in das Ges. von 1909 neu eingefügte Paragraph, hat Klagen aus der Stickerei- und Spitzenindustrie abhelfen sollen. Vgl. die Begründung zum Ges. von 1909, die in den entscheidenden Teilen von Callmann § 18 Note 1 wiedergegeben wird.

Bekämpfung der Betriebsgeheimnisverletzungen im Bereich der chemischen Industrie. Immerhin sind auch andere Industriegruppen, etwa die Eisen- und Stahlindustrie oder der Maschinenbau nach den mir zugegangenen Mitteilungen daran interessiert, daß der Gesetzgeber, soweit das irgend in seiner Macht steht, für einen ausgiebigen Schutz des Betriebsgeheimnisses sorgt, da auch sie, namentlich in der Nachkriegszeit, unter Geheimnisverletzungen zu leiden gehabt haben.

Wenn nun auch nur ein relativ kleiner Kreis des Wirtschaftslebens an dem Schutze des Betriebsgeheimnisses interessiert ist, so bedeutet das nicht, daß sich der Juristentag mit einer belanglosen Frage zu beschäftigen haben wird. Selbst wenn die chemische Industrie ganz allein durch Betriebsgeheimnisverletzungen bedroht wäre, würde das schon für sich allein bei ihrer großen Bedeutung für die deutsche Volkswirtschaft Grund genug sein, daß der Gesetzgeber aufmerksam auf dem Plan erscheint. Denn es kommt nicht so sehr auf die Quantität als auf die Qualität der Geheimnisverletzungen an. In dieser Beziehung aber muß eine Erscheinung ins Auge gefaßt werden, aus der sich die besondere Gefährlichkeit der Industrie- oder Werkspionage, wie sie heutigentages betrieben wird, nur allzu deutlich ergibt, nämlich die Tatsache, daß die Betriebsgeheimnisverletzung in der Gegenwart vor allem ein Mittel ist, dessen sich die ausländischen Volkswirtschaften bedienen, um die deutsche Volkswirtschaft im Konkurrenzkampf zu schlagen. Die einzelnen Geheimnisverletzungen zum Schaden irgend eines deutschen Unternehmens rücken daher zumeist unter den Gesichtspunkt des „wirtschaftlichen Landesverrats" [9]). Mir sind 54 Strafprozesse wegen Betriebsgeheimnisverletzungen aus dem mir seitens der Unternehmen zugeleiteten Material des Genaueren hinsichtlich der Art der Durchführung der strafbaren Handlungen, der Persönlichkeiten der Täter und der Prozeßergebnisse bekannt geworden. In 49 dieser 54 Strafprozesse, die sämtlich innerhalb des letzten Jahrzehnts stattfanden, handelt es sich um Industriespionage zugunsten des Auslandes. Was das für die auf Export angewiesene deutsche Industrie bedeutet, braucht nicht näher auseinandergesetzt zu werden. Man vergegenwärtige sich nur, in welcher Lage sich die deutsche Industrie heute ohnehin befindet, nachdem

[9]) So betitelt sich ein Vortrag, den Dr. Richard Weidlich, ordentl. Vorstandsmitglied der J. G. Farbenindustrie, am 18. April 1929 in einer Versammlung von Staatsanwälten und Richtern in Frankfurt a. Main gehalten hat. Vgl. über den gleichen Gesichtspunkt Frowein, Die Wirtschaft und das Recht, 3. Jahrg. (1928) S. 823, und Kohlrausch Z. 50 S. 30 ff.

während des Krieges in den feindlichen Staaten, insbesondere in Großbritannien, Rußland und in den Vereinigten Staaten systematisch alle wertvollen deutschen Patente durch Lizenzerteilungen der deutschen Industrie entzogen und zum Aufbau von Konkurrenzunternehmungen verwendet worden sind. In den Vereinigten Staaten wurden allein 4500 Patente für 250 000 Dollar auf Grund der Trading with the enemy act vom 6. Oktober 1917 „verhökert“ [10]). In England erfolgten von 1914 bis 1917 531 Lizenzerteilungen. In Rußland wurden bis zur bolschewistischen Revolution etwa 1000 feindliche Patente ohne Entschädigung für den Staat enteignet [11]). Daß dieser Einbruch in die deutschen Schutzrechte zu einer ungeheuren Schmälerung des ausländischen Absatzmarktes geführt hat, beweist etwa der Rückgang der deutschen Farbstoffausfuhr von 109 Millionen Kilo im Jahre 1913 auf 47 Millionen Kilo im Jahre 1928. Und daß nach dem Kriege seitens der ausländischen Industrien, zum Teil nicht ohne Hilfe ihrer heimatstaatlichen Behörden [12]), eine rege Industriespionage gegen Deutschland betrieben wird, ist in zahlreichen Prozessen festgestellt worden und beleuchtet die Gefahr, in der sich die deutsche Volkswirtschaft befindet, solange sich die nationalen Industrien im schärfsten Wettbewerb um den Weltmarkt befinden. Der durch einen einzigen Geheimnisverrat angerichtete Schaden ist hiernach unter Umständen derartig, daß im Vergleich mit ihm der durch hunderte von Einbruchsdiebstählen hervorgerufene Schaden eine Bagatelle bedeuten kann.

b) An diese besondere soziale Bedeutung der Industriespionage wird man auch zu denken haben, wenn man unter dem Gesichtspunkt der Aktualität des Themas die Kriminalstatistik ins Auge faßt. In den folgenden Tabellen sind die statistischen Nachweise bezüglich derjenigen Geheimnisverletzungen, die nach dem Gesetz gegen den unlauteren Wettbewerb vom 7. Juni 1909 strafbar sind, zusammengestellt:

---

[10]) Friedrich Lenz in: Die deutschen Vergeltungsmaßnahmen im Wirtschaftskrieg (Bonner Staatsw. Unters. Heft 9) 1924 (herausg. von F. Lenz und E. Schmidt) S. 335.

[11]) Lenz a. a. O. S. 333, 336.

[12]) Die Sureté, die französische staatliche Polizei im besetzten Gebiete, hat sich an der gegen Deutschland betriebenen Industriespionage zweifellos beteiligt (vgl. die von Kohlrausch Z. 50 S. 33 Note 1 mitgeteilte Interpellation der Deutschen Volkspartei vom 28. XI. 1928).

Tabelle I.

Unbefugtes Offenbaren von Geschäfts- oder Betriebsgeheimnissen durch Angestellte, Arbeiter oder Lehrlinge.

(§ 17 Abs. 1 UWG.)

Jahr	Angeklagte				Strafen				
					Gefängnis				
	überhaupt	verurteilt	freigesprochen	Verf. eingestellt	überhaupt	von 1 J. und mehr	von 3 Mon. bis unter 1 J.	von weniger als 3 Mon.	Geldstrafe
1909	30	18	12	—	2	—	—	2	16
1910	36	17	16	3	2	—	—	2	15
1911	30	18	12	—	1	—	—	1	17
1912	31	20	10	1	3	—	2	1	17
1913	43	28	13	2	5	—	1	4	23
1914	17	11	5	1	—	—	—	—	11
1915	5	4	—	1	2	—	1	1	2
1916	3	2	1	—	—	—	—	—	2
1917	4	2	2	—	—	—	—	—	2
1918	2	1	1	—	1	—	1	—	—
1919	3	3	—	—	1	—	—	1	2
1920	8	4	4	—	1	—	1	—	3
1921	26	18	7	1	3	1	1	1	15
1922	12	8	4	—	2	—	1	1	6
1923	10	7	2	1	3	—	2	1	4
1924	16	13	3	—	2	—	2	—	11
1925	43	31	12	—	5	—	2	3	26
1926	49	33	12	4	14	1	10	3	19

Die Zahlen erscheinen, wenn man sie etwa mit den entsprechenden Nachweisungen für die Verletzungen des Briefgeheimnisses (§ 299 StGB.) [13]) oder gar mit den Zahlen der Diebstahlskriminalität vergleicht, als niedrig. Aber es wäre völlig verkehrt, daraus den Schluß ziehen zu wollen, daß die Frage der Geheimnisverletzung eine gesetzgebungspolitische Bagatelle sei. Kohlrausch [14]) hat völlig recht, daß gerade bezüglich der Geheimnisverletzungen die Zahlen der Statistik mit großer Vorsicht gewertet werden müssen. Es besteht heutigen-

[13]) Es wurden aus § 299 StGB.

in den Jahren	angeklagt	verurt.	freigespr.
1925	172	135	33
1926	195	161	33

[14]) Z. **50** S. 30/31.

Tabelle II.

Unbefugtes Verwerten fremder, auf unlautere Weise erlangter Geschäfts- oder Betriebsgeheimnisse.

(§ 17 Abs. 2 UWG.)

Jahr	Angeklagte				Strafen				
					Gefängnis				
	überhaupt	verurteilt	freigesprochen	Verf. eingestellt	überhaupt	von 1 J. und mehr	von 3 Mon. bis unter 1 J.	von weniger als 3 Mon.	Geldstrafe
1909	22	12	10	—	—	—	—	—	12
1910	19	5	8	6	1	—	—	1	4
1911	20	10	9	1	1	—	—	1	9
1912	13	8	2	3	2	1	—	1	6
1913	20	15	4	1	2	—	1	1	13
1914	18	7	8	3	1	—	1	—	6
1915	3	2	1	—	—	—	—	—	2
1916	1	1	—	—	—	—	—	—	1
1917	2	2	—	—	1	—	1	—	1
1918	—	—	—	—	—	—	—	—	—
1919	2	2	—	—	1	—	—	1	1
1920	5	4	1	—	3	1	2	—	1
1921	23	14	8	1	10	1	3	6	4
1922	17	9	8	—	3	—	3	—	6
1923	7	4	3	—	—	—	—	—	4
1924	7	4	3	—	1	—	1	—	3
1925	15	12	2	1	5	1	4	—	7
1926	17	10	4	3	6	2	—	4	4

tages leider gar kein Anlaß, so, wie das Friedlaender[15]) 1903 getan hat, aus der Niedrigkeit der statistischen Zahlen zu folgern, „Handel und Gewerbe könnten zufrieden sein".

Einmal ist die oben geschilderte soziale Bedeutung der Geheimnisverletzungen ins Auge zu fassen und daran zu denken, daß jeder einzelne Fall als „wirtschaftlicher Landesverrat" eine weit über das einzelne geschädigte Unternehmen hinausweisende Bedeutung haben kann.

Ferner aber ist festzustellen, daß die statistischen Zahlen nicht im entferntesten eine erschöpfende Auskunft über die tatsächlich vorgekommenen Verletzungshandlungen geben. Sämtliche Delikte der §§ 17

---

[15]) Friedlaender S. 247.

Tabelle III.

Unternommene Verleitung von Angestellten, Arbeitern oder Lehrlingen zum unbefugten Offenbaren von Geschäfts- oder Betriebsgeheimnissen.

(§§ 20/17 I UWG.)

Jahr	Angeklagte				Strafen				
					Gefängnis				
	überhaupt	verurteilt	freigesprochen	Verf. eingestellt	überhaupt	von 1 J. und mehr	von 3 Mon. bis unter 1 J.	von weniger als 3 Mon.	Geldstrafe
1909	28	11	14	3	2	—	—	2	9
1910	26	18	8	—	—	—	—	—	18
1911	17	13	4	—	—	—	—	—	13
1912	25	15	10	—	2	—	—	2	13
1913	20	19	1	—	2	—	—	2	17
1914	13	9	3	1	1	—	—	1	8
1915	1	—	1	—	—	—	—	—	—
1916	5	2	2	1	1	—	—	1	2
1917	4	2	—	2	1	—	1	—	1
1918	—	—	—	—	—	—	—	—	—
1919	1	1	—	—	—	—	—	—	1
1920	10	7	3	—	—	—	—	—	7
1921	8	6	1	1	1	—	1	—	5
1922	15	11	4	—	1	—	1	—	10
1923	4	3	1	—	2	—	—	2	1
1924	18	8	10	—	1	—	—	1	7
1925	19	15	3	1	2	—	2	—	13
1926	20	16	2	2	5	—	2	3	11

bis 20 UWG. sind Antragsdelikte [16]); das Antragsrecht steht nur dem Verletzten, nicht auch den Verbänden zur Förderung gewerblicher Interessen zu, die nach § 22 Abs. 1 Satz 2 in den Fällen der §§ 8 und 12 UWG. antragsberechtigt sind. Die Staatsanwaltschaften dürfen auf einen wirklich gestellten Antrag hin ein Offizialverfahren nur dann durchführen, wenn dies im öffentlichen Interesse liegt (§§ 374 Ziff. 7, 376 StPO.). Dem Verletzten, der einen Geheimnisverrat zur Bestrafung bringen will, stehen also häufig genug alle Drangsale bevor, die eine Privatklage für den Privatkläger mit sich zu bringen pflegt. Sind die Aussichten obzusiegen nicht völlig

[16]) Vgl. die interessanten Angaben über die Auswirkung der Antragsdeliktsnatur in statistischer Beziehung bei Wolff S. 8 Note 2.

Tabelle IV.

Unbefugtes Verwerten im geschäftlichen Verkehr anvertrauter Vorlagen oder Vorschriften technischer Art.

(§ 18 UWG.)

Jahr	Angeklagte				Strafen				
						Gefängnis			
	überhaupt	verurteilt	freigesprochen	Verf. eingestellt	überhaupt	von 1 J. und mehr	von 3 Mon. bis unter 1 J.	von weniger als 3 Mon.	Geldstrafe
1909	—	—	—	—	—	—	—	—	—
1910	2	1	1	—	—	—	—	—	1
1911	14	5	7	2	—	—	—	—	5
1912	10	8	1	1	—	—	—	—	8
1913	4	1	3	—	—	—	—	—	1
1914	5	4	1	—	—	—	—	—	4
1915	4	—	4	—	—	—	—	—	—
1916	2	—	2	—	—	—	—	—	—
1917	1	—	—	1	—	—	—	—	—
1918	3	1	2	—	—	—	—	—	1
1919	—	—	—	—	—	—	—	—	—
1920	—	—	—	—	—	—	—	—	—
1921	10	3	6	1	—	—	—	—	3
1922	—	—	—	—	—	—	—	—	—
1923	11	4	6	1	—	—	—	—	4
1924	5	5	—	—	—	—	—	—	5
1925	6	3	1	2	—	—	—	—	3
1926	5	2	2	1	—	—	—	—	2

sicher, wird die Privatklage nicht erhoben werden. Oft genug aber wird jene Sicherheit der prozessualen Aussichten nicht bestehen; denn, wie es in den mir zuteil gewordenen Auskünften immer wieder heißt, stellen sich der Aufklärung eines Verratsfalles regelmäßig besondere Beweisschwierigkeiten entgegen. Sie ergeben sich einmal aus der Natur des Deliktes als solchen, sodann aber auch aus der Tatbestandsfassung der §§ 17 ff. UWG. noch im besonderen[17]). „Gegenüber dem unterirdischen Treiben intelligenter Täter"[18]) wird der Verletzte häufig machtlos sein, zumal natürlich alle

[17]) Auf die Schwierigkeit, hinsichtlich der subjektiven Erfordernisse (Wettbewerbs- oder Schädigungsabsicht!) einen Nachweis zu bringen, ist in den Auskünften wiederholt hingewiesen worden.

[18]) Kohlrausch Z. 50 30.

Es ist nicht ohne Interesse, sich die Berufsgattungen vor Augen zu führen,

Tabelle V.

Unternommene Verleitung zum unbefugten Verwerten im geschäftlichen Verkehr anvertrauter Vorlagen oder Vorschriften technischer Art.

(§§ 20/18 UWG.)

Jahr	Angeklagte				Strafen				
					Gefängnis				
	überhaupt	verurteilt	freigesprochen	Verf. eingestellt	überhaupt	von 1 J. und mehr	von 3 Mon. bis unter 1 J.	von weniger als 3 Mon.	Geldstrafe
1909	—	—	—	—	—	—	—	—	—
1910	2	2	—	—	—	—	—	—	2
1911	2	2	—	—	—	—	—	—	2
1912	1	—	1	—	—	—	—	—	—
1913	1	1	—	—	—	—	—	—	1
1914	4	3	1	—	—	—	—	—	3
1915	1	1	—	—	—	—	—	—	1
1916	—	—	—	—	—	—	—	—	—
1917	—	—	—	—	—	—	—	—	—
1918	—	—	—	—	—	—	—	—	—
1919	1	1	—	—	—	—	—	—	1
1920	1	—	1	—	—	—	—	—	—
1921	—	—	—	—	—	—	—	—	—
1922	2	1	—	1	—	—	—	—	1
1923	2	—	—	2	—	—	—	—	—
1924	—	—	—	—	—	—	—	—	—
1925	2	1	1	—	—	—	—	—	1
1926	10	3	2	5	1	—	—	1	2

---

denen die Täter der Geheimnisverletzungen angehören. In den im Text erwähnten 54 Verratsfällen ließ sich die Berufszugehörigkeit von 120 Angeklagten, wie folgt, ermitteln:

I. Selbständig: 23, davon als Kaufmann: 17; Architekt: 1; Fabrikbesitzer: 2; stud. med.: 1; Spediteur: 1; Fabrikant: 1.

II. Ohne Berufsangabe: 5 (meist Ehefrauen).

III. Wissenschaftliche und technische Betriebsangestellte: Chemiker: **20** (davon 16 mit Dr.-Titel); Betriebsleiter: 1; Apotheker: 1; Ingenieur: 1; Meister: 9; Maschinenführer: 1; Elektrotechniker: 1; Installateur: 1; Mechaniker: 1; Laboranten: **12**; Laboratoriumsgehilfen: 3; Schlosser: 2; Motorwärter: 1; Monteur: 2; Bleilöter: 1; Häfner: 1; Wagner: 1; Kupferschmied: 1; Arbeiter: **19**; Vorarbeiter: 2.

IV. Kaufmännische Angestellte: Vertreter: 1; Reisevertreter: 1; Handlungsgehilfen: 3; Kontoristin: 1.

V. Ferner: Musiker: 1; Tagelöhner: 1; Metzger: 1.

Tabelle VI.

Sämtliche nach den §§ 17 bis 20 UWG. strafbaren Handlungen (Summe der in den Tabellen I bis V angegebenen Zahlen).

Jahr	Angeklagte			
	überhaupt	verurteilt	freigesprochen	Verf. eingestellt
1909	80	41	36	3
1910	85	43	33	9
1911	83	48	32	3
1912	80	51	24	5
1913	88	64	21	3
1914	57	34	18	5
1915	14	7	6	1
1916	11	5	5	1
1917	11	6	2	3
1918	5	2	3	—
1919	7	7	—	—
1920	24	15	9	—
1921	67	41	22	4
1922	46	29	16	1
1923	34	18	12	4
1924	46	30	16	—
1925	85	62	19	4
1926	101	64	22	15

an der Geheimnisverletzung Beteiligten mit größter Heimlichkeit und Vorsicht vorzugehen pflegen. Spielt eine Verratshandlung nach dem Auslande hinüber, so werden die Beweisschwierigkeiten noch größer. Besonders groß aber wird die Scheu des Verletzten vor einem Strafverfahren überhaupt, und zwar sowohl Privatklage- wie Offizialverfahren, sein, wenn er sich sagen muß, daß im Verfahren vor aller Öffentlichkeit seine Geheimnisse zur Erörterung gelangen müssen, um den Angeklagten überführen zu können[19]). Alle diese Momente wirken zusammen, um die Zahl derjenigen Geheimnisverletzungen, in denen es zur Erhebung einer Privatklage oder zur Durchführung eines Offizialverfahrens kommt, äußerst niedrig zu halten. Man frage nur einmal bei denjenigen Kreisen der Wirtschaftspraxis an, die unter dem Geheimnisverrat zu leiden haben.

[19]) Lobe, M. & W. VIII 120 statt vieler. Vgl. dazu unten 3. Abschnitt unter B 2.

Die Antworten lassen sich durchweg auf den Nenner bringen: Jeder Geheimnisverrat ist schlimm und schädlich; aber das Strafverfahren birgt für den Verletzten derartige Gefahren, daß es nur selten ohne erhebliche Bedenken in Gang gebracht werden kann! Von hier aus sind die Zahlen der Kriminalstatistik zu werten. Sie lassen nicht im entferntesten erraten, wie hoch die Zahl der tatsächlich begangenen strafbaren [20]) Geheimnisverletzungen ist, und stehen offenbar zur „schwarzen Kriminalität" des Typus der Geheimnisverletzungsdelikte in einem besonders ungünstigen Mißverhältnis.

Betrachten wir schließlich die in den Tabellen aufgeführten Zahlen selbst, so ergibt sich das, was auch die Vorkommnisse in einzelnen Betrieben zu lehren vermögen: daß nämlich in jüngster Zeit eine bedenkliche Steigerung der Kriminalität auf dem hier interessierenden Gebiete stattgefunden hat.

Bei der wichtigsten Art der Geheimnisverletzungen, dem Falle des § 17 Abs. 1 UWG. (Tabelle I), werden die in der Vorkriegszeit auffallenden hohen Ziffern der Jahre 1912 und 1913 im Jahre 1925 und sodann noch mehr im Jahre 1926 überschritten. Bei dem damit zusammenhängenden Deliktstypus der §§ 20/17 Abs. 1 UWG. (Tabelle III) ist im Jahre 1926 die Vorkriegshöchstziffer von 1913 zwar noch nicht erreicht, wohl aber die nahekommende Ziffer von 1912 übertroffen. Auch Tabelle VI zeigt deutlich, daß die Gesamtzahl aller nach dem UWG. strafbaren Geheimnisverletzungen im Steigen begriffen ist. Die Zahl der Angeklagten im Jahre 1926 (101) steht weit über der Höchstziffer der Vorkriegszeit von 1913 (88).

Richtig gewertet, sind diese Zahlen und ihre Steigerungen in den letzten statistisch erfaßten Jahren besorgniserregend. Es liegt hiernach auf der Hand, daß ein Abbau der strafrechtlichen Schutzbestimmungen gegenüber den Geheimnisverletzungen zurzeit nicht in Frage kommen kann. Die dem Juristentag gestellte Frage, ob der Schutz des Betriebsgeheimnisses *verstärkt* werden muß, ist daher durchaus richtig gestellt. Man könnte freilich die Frage aufwerfen, ob denn überhaupt der Gesetzgeber die richtige Instanz ist, wenn es sich um Sicherungen der Betriebe gegen Verletzungen ihrer Geheimnissphäre handelt; ob es nicht vielmehr Sache zweckmäßiger Betriebs*organisation* ist, die erforderlichen Vorkehrungen zu treffen. Selbstverständlich habe ich den von mir befragten Unternehmen eine

---

[20]) Daß die Bestrafungsmöglichkeit ohnehin sehr begrenzt ist im Hinblick auf die Fassung der Tatbestände darüber unten.

dahingehende Frage vorgelegt. Wenn die Meinungen auch nicht einhellig sind, so kann ich es doch als durchaus vorherrschende Ansicht betrachten, daß die größeren Unternehmen, bei denen sich ein häufigerer Wechsel der Angestellten und Arbeiter nicht vermeiden läßt, von betriebsorganisatorischen Verbesserungen keine nennenswerte Sicherung gegen Geheimnisverletzungen erwarten. Aus den weitaus meisten Auskünften klang in dieser Hinsicht Skepsis oder Resignation. Daß auch das Delikt der Geheimnisverletzung ein sozialbedingtes ist, hat sich mir aus den Darlegungen einiger großer Betriebe ergeben, die in der Einrichtung einer Pensionskasse, sowie in der Erhaltung einer möglichst ständigen und zufriedenen Angestelltenschaft das wirksamste Mittel gegen Betriebsgeheimnisverletzungen sehen zu dürfen meinten [21]). Freilich werden die wirtschaftlichen Verhältnisse hier oft genug stärker sein als der beste Wille der Unternehmensleitungen.

1. Abschnitt.

Begriff und Wesen des Betriebsgeheimnisses.

Untersuchungen über den gegenwärtigen rechtlichen Schutz der Geheimnissphäre eines kaufmännischen oder gewerblichen Betriebes, sowie Betrachtungen über die zukünftige Gestaltung dieses Schutzes setzen eine genaue Besinnung über die grundlegende Frage voraus, was unter einem „Betriebsgeheimnis" zu verstehen sei. Es liegt auf der Hand, daß die Tragweite aller den Geheimnisschutz bezweckenden gegenwärtigen und zukünftigen Bestimmungen von der Antwort auf diese Frage abhängt [22]). Die Antwort ist aber heutigentages noch nicht geklärt. Um den Begriff und das Wesen des „Betriebsgeheimnisses" geht Streit, der gegenwärtig vor allem in den Meinungsverschiedenheiten über die Einbeziehung des Interessengesichtspunktes in die Definition des Betriebsgeheimnisses zum Ausdruck kommt. Angesichts der eminenten praktischen Bedeutung der begrifflichen Klärung dessen, was unter „Betriebsgeheimnis" zu verstehen ist, läßt es sich nicht vermeiden, auch in diesem Gutachten zunächst in eine begriffliche Untersuchung einzutreten.

---

[21]) Vgl. schon Friedlaender S. 247/48.

[22]) Wassermann hat schon 1903 in seinem leider viel zu wenig beachteten Aufsatz in Unl. Wettb. III S. 4 ff. auf S. 10 die große praktische Bedeutung einer Definition des Betriebsgeheimnisses und die in einer solchen liegende sachliche Begrenzung des Strafrechtsschutzes hervorgehoben. Auch Paul Schmid beginnt sein Buch von 1907 mit begrifflichen Erörterungen.

I.

1. In den Gesetzen finden wir dabei freilich keinerlei Unterstützung. „Eine Definition des Begriffes Geheimnis ist vermieden. Derselbe ist dem Sprachgebrauche des täglichen Lebens, wie auch der Strafrechtspflege ohnehin geläufig, und es erscheint nicht ratsam, hier durch eine Festlegung der Bergiffsmerkmale der richterlichen Würdigung der besonderen Verhältnisse des Einzelfalles Schranken zu ziehen." Mit diesen Worten begründet die Denkschrift zu dem am 7. Januar 1895 im Reichsanzeiger veröffentlichten ersten Entwurf eines Gesetzes gegen den unlauteren Wettbewerb [23]) das Fehlen einer Legaldefinition; die Begründung zum Regierungsentwurf fügt später etwas offenherziger die „Schwierigkeit einer zufriedenstellenden Begriffsfeststellung" [24]) als weiteren und wohl entscheidenden Grund für das Schweigen des Gesetzes hinzu. Das für den Geheimnisschutz wichtigste Gesetz gegen den unlauteren Wettbewerb hat demgemäß sowohl in seiner ersten Fassung vom 27. Mai 1896 wie auch in der heutigen Fassung vom 7. Juni 1909 den Begriff des Geschäfts- und des Betriebsgeheimnisses vorausgesetzt, und nicht anders verfahren die anderen Gesetze [25]), die sich mit dem gewerblichen Geheimnisschutz befassen.

2. Die Gesetzessprache wird in bezug auf die begrifflichen Grundlagen auch nicht dadurch klarer, daß sie, wie schon oben gezeigt, gelegentlich besondere Arten gewerblicher Geheimnisse hervorhebt und bald die Geschäftsgeheimnisse neben den Betriebsgeheimnissen im engeren Sinne nennt, bald wieder von Betriebsgeheimnissen allein spricht und so anscheinend einen noch schärferen Gegensatz der einzelnen Geheimnisarten betont. Aber auch damit sind weder dem Genusbegriff noch den einzelnen Artbegriffen scharfe Grenzen gesetzt worden. Freilich konnte es zur Zeit der Entstehung des Wettbewerbsgesetzes scheinen, als sollten und könnten die Ausdrücke „Geschäftsgeheimnis" und „Betriebsgeheimnis" genau durchführbare Gegensätze bedeuten [26]). Aber die Denkschrift vom 7. I. 1895 wandte

[23]) Abgedruckt auch DJT. 23 I S. 158 ff.; vgl. dort S. 181/2.

[24]) Abgedruckt bei Paul Schmid S. 60 ff.; vgl. dort S. 64.

[25]) Vgl. den 2. Abschnitt unter III.

[26]) Das kommt zum Ausdruck in den Äußerungen der Leipziger, Mannheimer und Münchener Handelskammern 1885 (DJT. 19 I 91 ff., 105, 112); auch Scherer hielt auf dem 23. Juristentage eine unterschiedliche gesetzliche Behandlung der Geschäfts- und Betriebsgeheimnisse für erforderlich und durchführbar (DJT. 23 I S. 243).

sich von allen Versuchen, nur der einen oder anderen Geheimnisart Schutz angedeihen zu lassen, von vornherein mit der Begründung ab, eine begriffliche Unterscheidung sei „praktisch undurchführbar, weil für manche Verkehrszweige die Grenzlinie zwischen der auf die Herstellung und der auf den Vertrieb von Waren gerichteten Tätigkeit nicht mit Sicherheit festgestellt werden kann." Die gleichzeitige Nennung der Geschäfts- und der Betriebsgeheimnisse im Gesetz hat daher zweifellos nur den Sinn, den Richter der Mühe genauerer Unterscheidungen zu überheben und eine möglichst weite Ausdehnung des strafrechtlichen Schutzes der Geheimnissphäre zu gewährleisten. Gegenüber dem geltenden Recht ist es denn auch durchaus herrschende Lehre, daß eine scharfe begriffliche Scheidung der Geschäfts- von den Betriebsgeheimnissen ein Auslegungsproblem nicht darzustellen braucht[27]). Dem pflichtet auch das Reichsgericht bei: Zwar heißt es in R. **29** 426 (430): „Geschäftsgeheimnisse, unterschieden von den Betriebsgeheimnissen, sind solche, welche den Handelsverkehr betreffen, also einen wesentlich kaufmännischen, nicht technischen Charakter tragen." Aber einen Irrtum des Richters bei der Subsumierung eines Geheimnisses unter die eine oder andere Art hat das Reichsgericht stets für belanglos erklärt[28]), da eben das Gesetz eine scharfe Unterscheidung weder mache noch erfordere. So werden sich aber auch aus der Andeutung der Geheimnisarten keine Gesichtspunkte für die begriffliche Klärung herleiten lassen.

II.

1. Bei einem Versuch, den Begriff des Betriebsgeheimnisses zu klären, wird allgemein mit Recht vom Geheimnisbegriff als solchem ausgegangen. Hierbei sollte man sich klar darüber sein, daß der Geheimnisbegriff ein Relationsbegriff ist[29]). Alle Definitionen, welche das Geheimnis bestimmen als „eine Tatsache, welche . . ."[30])

---

[27]) Vgl. v. Liszt-Schmidt[25] S. 601; Pinner-Eyck (2. Aufl.) § 17 C I 7; Friedlaender S. 185/86; Rosenthal § 17 Note 9; Baumbach S. 452; Callmann § 17 Note 3. Auch Elster (Gewerbl. Rechtsschutz 2. Aufl. S. 453) dürfte mit der Vindizierung der „technisch-industriellen Natur" für die Betriebsgeheimnisse, der „kommerziell-ideellen Natur" für die Geschäftsgeheimnisse einen für die Auslegung und Anwendung der Gesetze maßgebenden Gegensatz nicht meinen.

[28]) Vgl. insbesondere R. **31** 90 (91), **48** 12 (15).

[29]) Die praktische Bedeutung dieser wichtigen Feststellung ergibt sich unten zu 3 dγ.

[30]) So in der Tat die meisten. Vgl. etwa W. Jellinek, Aschaffenburgs

gehen an der Relationsnatur des Begriffs vorüber. Nicht bestimmt geartete Tatsachen sind Geheimnisse; vielmehr stellen Tatsachen bestimmter Qualität immer nur den einen Beziehungspunkt dar, der im Geheimnisbegriff eine Rolle spielt. Mit Beziehung auf bestimmte Tatsachen läßt sich unter näher zu bestimmenden Voraussetzungen von einem „Geheimnis" sprechen. Welche Voraussetzungen dies sind, worin also der andere terminus des Relationsbegriffs besteht — ob ausschließlich in einer psychologischen Gegebenheit, dem Geheimhaltungswillen, oder daneben auch in einem Wertgesichtspunkt, einem Geheimhaltungsinteresse, — das ist die wichtigste und entscheidende Frage, von deren Beantwortung alles abhängt.

2. Wir berühren zunächst diejenigen Merkmale des Begriffs des „Betriebsgeheimnisses", über die im wesentlichen Übereinstimmung in Wissenschaft und Rechtsprechung besteht, nämlich objektiv das Geheimsein der den Gegenstand des Geheimnisses bildenden Tatsachen, sowie subjektiv den auf die Geheimhaltung gerichteten Willen des Geheimnisträgers.

a) Keinerlei Zweifel kann darüber herrschen, daß Offenkundigkeit der Tatsachen den Geheimnisbegriff aufhebt [31]). Dabei wird Offenkundigkeit einerseits nicht in der bloßen Möglichkeit der Kenntnisnahme durch eine unbegrenzte Vielheit von Personen zu sehen sein [32]), andererseits wird das tatsächlich nachweisbare Bekanntsein bei einem unbegrenzten Personenkreise nicht gefordert werden dürfen [33]). Vielmehr wird man dann Offenkundigkeit annehmen müssen, wenn vom Standpunkte praktischer Erfahrung aus nicht mehr damit gerechnet werden kann, daß das Wissen um die Tatsachen noch auf einen geschlossenen Kreis gleichmäßig am Geheimbleiben Interessierter beschränkt sei. Damit ist zweierlei ge-

---

Mon.Schr. III S. 658, Sauter S. 109; Friedländer S. 198/99; **Käckell** S. 121; Rosenthal § 17 Note 9; Ringier S. 25. Methodisch richtig: Callmann § 17 Note 4 ff., Baumbach S. 452. Interessant Lobe in M. & W. XI 416/17.

[31]) Friedlaender S. 187 ff., 189; Sauter S. 109/10; v. Overbeck S. 2a, 3a; Rosenthal § 17 Note 9, Note 16; Callmann § 17 Note 4c; **Becher** § 17 Note 9; RG. Zivils. in M. & W. XV 379; RG. Strafs. in M. & W. XV 81.

[32]) So Callmann § 17 Note 4b; auch Rosenthal § 17 Note 16 stellt in bedenklicher Weise darauf ab, daß die Tatsache einer unbegrenzten Zahl von Menschen „zugänglich" sein müsse. Dagegen treffend **Käckell** S. 125.

[33]) Anders aber wohl die herrschende Lehre. Doch wie soll ein solcher Nachweis geführt werden?

sagt: Einmal ist die namentlich auch in der Praxis des Reichsgerichts[34]) mit Nachdruck betonte Relativität des Geheimnisbegriffs herausgestellt. Mehrheit der Wissenden steht dem Geheimnisbegriff nicht entgegen, wenn es sich um „Beteiligte" [35]) am Geheimnis handelt, und zwar in dem Sinne, daß die Mitwisser einen durch gemeinsame oder gleichlaufende Interessen geschlossenen Kreis bilden[36]). Mehrere Teilhaber eines Geschäftes können danach ebenso wie eine begrenzte Zahl von Konkurrenten[37]) in bezug auf die gleichen Tatsachen ein Geheimnis haben. Ferner: Die Patentierung bewirkt Offenkundigkeit, ebenso wie die „Publizierung" bestimmter Tatsachen in Fachschriften. Denn nach § 20 Abs. 1 des Patentgesetzes ist bei der Anmeldung die Erfindung dergestalt zu beschreiben, daß danach die Benutzung derselben durch andere Sachverständige möglich erscheint, nach § 23 Abs. 1, 2 erfolgt die Veröffentlichung der Anmeldung im Patentblatt, und nach § 23 Abs. 3 wird die Anmeldung mit sämtlichen Beilagen zur Einsicht für jedermann ausgelegt. Dies alles in Verbindung mit dem Sinn des Patentgesetzes muß erfahrungsgemäß dahin gedeutet werden, daß nunmehr alles, was in der Anmeldung und ihren Beilagen gesagt ist oder daraus geschlossen werden kann, offenkundig ist. Es kann unmöglich verlangt werden, daß noch des weiteren bewiesen werden müsse, daß eine unbegrenzte Personenzahl tatsächlich Kenntnis genommen hat. Freilich geht die Offenkundigkeit nicht über das hinaus, was im Patentverfahren tatsächlich öffentlich bekannt gegeben ist[38]). Dies betont auch mit Recht die wichtige Entscheidung R. **40** 406, indem sie es „nach der Lage des Einzelfalles beurteilt" wissen will, „ob und inwieweit daneben noch für ein Betriebsgeheimnis Raum

[34]) Vgl. insbesondere R. **40** 406, ferner R. **29** 430, **38** 110, **42** 396.

[35]) Rosenthal § 17 Note 16.

[36]) Friedlaender S. 187 ff., Sauter S. 116, Käckell S. 125, v. Overbeck S. 4a, Ringier S. 22; Callmann § 17 Note 4b; Baumbach S. 452; Becher § 17 Note 8.

[37]) So ausdrücklich R. **40** 406, auch Pinner-Eyck (2. Aufl.) § 17 C I 2.

[38]) Von einem wichtigen Heilmittel wird berichtet, daß bezüglich seiner Herstellung die Patentanmeldung nicht alle kleinsten, maßgebenden Einzelheiten offenkundig gemacht habe. Die während des Krieges im Auslande erfolgte Lizenzerteilung auf dieses Patent habe infolgedessen dazu geführt, daß bei der Unkenntnis dieser letzten Finessen die Nachahmung des Heilmittels mißglückt sei. Es dürften daher zahlreiche, mit diesem Mittel behandelte Angehörige der feindlichen Staaten das Gegenteil von Heilung gefunden haben. Jene letzten Finessen sind unbedingt Betriebsgeheimnisse geblieben.

ist". Dagegen vermag ich den Relativismus der gleichen Entscheidung nicht zu billigen, soweit er sich auf die Veröffentlichung in Fachschriften bezieht. „Es wird" — so heißt er in der Entscheidung — „für die Frage, ob durch die Besprechung eines Betriebsgeheimnisses in Fachschriften eine Offenkundigkeit für die Konkurrenz eingetreten ist, insbesondere auf die Verbreitung und den Leserkreis dieser Fachschriften, aber auch auf die Art und den sachlichen Umfang der Besprechung ankommen." Wenn aber nach „Art und sachlichem Umfang der Besprechung" das Betriebsgeheimnis tatsächlich in der Fachschrift mitgeteilt ist, so kann es auf Verbreitung und Leserkreis nicht mehr ankommen. Niemals wird sich nachweisen lassen, daß sich aus der Fachschrift nur ein durch gemeinsame oder gleichlaufende Interessen geschlossener Kreis über das „Geheimnis" orientiert hat. Also wird erfahrungsgemäß wieder davon auszugehen sein, daß eine Veröffentlichung in einer Fachschrift Bekanntwerden des Mitgeteilten bei einer unbegrenzten Vielheit von Menschen bedeutet, und dieser Sinn der Veröffentlichung wird bei der Würdigung der Tatsachen maßgebend sein müssen [39]).

Mit der Frage des Geheimseins und der anerkannten Relativität dieses Begriffes hängt das Erfordernis einer „relativen Neuheit" bezüglich der den Gegenstand des Betriebsgeheimnisses bildenden Tatsachen zusammen, das vielfach aufgestellt worden ist [40]). Viel ist mit diesem Begriffsmerkmal nicht gewonnen. Rosenthal hat m. E. Recht, wenn er aus dem Fehlen der Neuheit gegebenenfalls auf die Offenkundigkeit schließen will. In der Tat werden Tatsachen, die früher schon viele gewußt haben, heute zumeist noch zahlreichen Menschen bekannt sein und daher schwerlich den Gegenstand eines Geheimnisses bilden können. Es kann aber auch anders sein, und mit Recht hat das Reichsgericht [41]) dem schlechten Gedächtnis der Menschheit Rechnung getragen, indem es für die Frage nach dem Bekanntsein der Tatsachen streng auf den Zeitpunkt der Täterhandlung (Mitteilen, Verwerten) abstellt und ein Bekanntsein in vergangener Zeit allein für sich für unerheblich erklärt.

b) Völlige Einhelligkeit besteht darüber, daß der Geheimhaltungs-

[39]) Mit Recht hat Callmann § 17 Note 4e die Stellungnahme von R. **40** 406 bezüglich der Fachschriften angegriffen. Wie der Text auch Rosenthal § 17 Note 16. Mit dem Reichsgericht aber Becher § 17 Note 9.

[40]) Vgl. Rosenthal § 17 Note 17, Callmann § 17 Note 4e, Ringier S. 28, R. **31** 91, RG. Zivils. **65** 335.

[41]) R. **31** 91.

wille des Geheimnisträgers für das Geheimnis selbst ein begriffskonstituierendes Merkmal bilde [42]). Nicht übel hat Käckell das Geheimnis mit dem Gewahrsam verglichen und es die „unbeschränkte geistige Macht über Tatsachen" genannt; und eine ähnliche Parallele hat Lobe [43]) gezogen, wenn er bei der Beschreibung des Geheimnisses an den Besitz des Sachenrechts erinnert hat. Eine gewisse Verwirrung herrscht aber hinsichtlich der Frage, ob objektiv vorhandene Erkennbarkeit des Geheimhaltungswillens nach außen hin [44]) gefordert werden, ja ob nicht darüber hinaus der Geheimhaltungswille geradezu bekundet [45]) sein müsse. M. E. wird damit jedoch zuviel verlangt. Man will die Angestellten schützen, indem man von ihnen Respekt nur vor einer erkennbaren Geheimnissphäre verlangt, merkt aber zumeist nicht, daß dieser Schutz des Angestellten einmal durch das Erfordernis des Vorsatzes bewirkt wird, ferner aber im Bereiche des „objektiven Tatbestandes" durch ein anderes Merkmal weit besser gewährleistet wird: das objektive Interesse an der Geheimniswahrung, worüber unten zu sprechen sein wird. Für die Frage, ob ein Geheimnis besteht, ist daher neben den sonstigen Voraussetzungen lediglich die tatsächliche Existenz des Geheimhaltungswillens als solchen, nicht auch seine objektive Erkennbarkeit nach außen zu fordern; andernfalls würde häufig genug das Geheimnis als solches schon preisgegeben sein, und ferner: soll etwa ein nur mit Lehrlingen arbeitender Prinzipal im selben Augenblick keine Geheimnisse mehr haben können, wo die ausscheidenden „ausgelernten" Lehrlinge durch neue, noch gänzlich unerfahrene ersetzt werden, für die es wegen ihrer Unerfahrenheit eine Erkennbarkeit der Geschäftsgeheimnisse gar nicht geben kann? Es steht mit der „Erkennbarkeit" beim Geheimhaltungswillen genau so, wie mit der Erkennbarkeit oder Vermutbarkeit des Willens des Hausberechtigten beim Tatbestandsmerkmal „Eindringen" in § 123 StGB. Aber wie man hier die Fehlerhaftigkeit der

---

42) Friedlaender S. 192; Sauter S. 117 ff.; Käckell S. 121 ff.; Freudenstein GA. **32** 272; Ringier S. 23; Rosenthal § 17 Note 9; Binding Lehrb. I² S. 126, 502; Neuberg M. & W. XXVII/VIII S. 593; Weinmann-Walden S. 54; Degen GRUR. **33** S. 586 ff.; Callmann § 17 Note 4a; Baumbach S. 452; Becher § 17 Note 10; Pinner-Eyck (2. Aufl.) S. 146; zweifellos auch Pinner-Elster S. 189; ferner R. **33** 62, **48** 14, R. in M. & W. XV 81.

43) M. & W. XI S. 416/17.

44) So Rosenthal § 17 Note 9, Friedlaender S. 192, auch Sauter S. 117 ff.

45) So Callmann § 17 Note 4a, freilich mit einer Abschwächung. Weinmann-Walden S. 53 fordern die dem Täter „bewußte Absicht" des Geheimnisträgers, das Geheimnis zu wahren.

in R. 12 134 ausgesprochenen Meinung, Eindringen sei „Eintritt gegen den bekannten oder auch nur vermuteten oder zu vermutenden Willen des Berechtigten", erkannt hat und nunmehr das Eindringen schlechthin als Eintritt gegen den Willen des Berechtigten auffaßt [46]), so wird man auch beim Geheimnisbegriff das Willensmoment vom Gesichtspunkt der Erkennbarkeit oder Vermutbarkeit zu befreien haben.

Daß ein Geheimhaltungswille allein kein Geheimnis ausmacht, daß er insbesondere einer offenkundig gewordenen Tatsache gegenüber machtlos ist, versteht sich von selbst [47]).

3. Auf heißumstrittenes Gebiet treten wir, wenn wir fragen, ob außer dem auf eine geheime Tatsache gerichteten Geheimhaltungswillen auch noch ein objektives Geheimhaltungsinteresse ein wesentliches Merkmal des Geheimnisbegriffs bildet. Die praktische Bedeutung der Frage liegt auf der Hand, wenn man an die Rolle des das Gesetz anwendenden Richters denkt. Bestünde der Geheimnisbegriff nur aus jenen beiden faktischen Elementen des Geheimseins bestimmter Tatsachen und des auf diese Tatsachen bezogenen Geheimhaltungswillens, so würde das Tatbestandselement „Geheimnis" ein „deskriptives Tatbestandselement" im Sinne Mezgers [48]) sein; der Richter könnte sich auf eine „erkenntnismäßige, kognitive Tätigkeit" beschränken, und zwar würde m. E. diejenige Art kognitiver Tätigkeit in Frage kommen, die Mezger [49]) eine „kognitive Beurteilung unter Zuhilfenahme eines besonderen kognitiven Erfahrungswissens" [50]) bezeichnet hat.

Anders, wenn zum Begriffe „Geheimnis" das normative Moment eines „Interesses an der Geheimhaltung" oder womöglich gar eines „berechtigten Interesses an der Geheimhaltung" gehört. Dann haben wir es im Geheimnisbegriff sofort mit einem „normativen Tatbestandselement" [51]) zu tun, dessen Dasein im einzelnen strafrechtlichen Tatbestand den Richter vor die Aufgabe stellt, das „er-

---

[46]) Vgl. v. Liszt-Schmidt [25] § 119, Note 6 und die dort Zitierten.

[47]) Vgl. Ringier S. 23, Friedlaender S. 192.

[48]) „Vom Sinne der strafrechtlichen Tatbestände" (Festschrift für Traeger) 1926 S. 187. 218 ff.

[49]) A. a. O. S. 219.

[50]) Das ergibt sich aus dem oben über die „Offenkundigkeit" Gesagten.

[51]) M. E. Mayer Lehrb. (1915) S. 182 ff.; Mezger a. a. O.; Grünhut, Begriffsbildung und Rechtsanwendung im Strafrecht (1926) S. 5 ff., neuerdings Erik Wolf, Der Sachbegriff im Strafrecht (Festgabe der jurist. Fakultäten zum 50 jähr. Bestehen des Reichsgerichts, 1929 Bd. V) S. 54 ff.

gänzende Werturteil" zu suchen, mit dessen Hilfe das normative Tatbestandsmerkmal für die Entscheidung des konkreten Einzelfalles überhaupt erst brauchbar gemacht wird. Dem Richter wird dann also im Gesetz nicht ein fertiges Werturteil geliefert, mit dem er die Handlung des Täters werten kann; vielmehr gibt ihm das Gesetz nur eine Richtlinie für das Auffinden des gerechten Werturteils im Einzelfall, verlangt also von ihm, daß er sich den Obersatz für seine konkrete Fallentscheidung zunächst selbst bilde.

a) Die „Interessentheorie" will begrifflich ein Betriebsgeheimnis nur da anerkennen, wo der Betriebsinhaber an der Geheimhaltung der geheimen Tatsachen, auf die sich sein Geheimhaltungswille bezieht, ein „begründetes Interesse" [52]) hat. Dieses Interesse muß nicht ein vermögensrechtliches, also materielles, sondern kann auch ein ideelles sein. Auf „geschäftliche Stellung" und auf „geschäftliches Ansehen" weist R. **29** 426 (430) zur näheren Erklärung des „begründeten Interesses" hin. Wo es also an einem solchen Interesse fehlt, kann von einem Betriebsgeheimnis nicht gesprochen werden. Hier mögen geheimgehaltene Tatsachen vorliegen; es mag auch ein Geheimhaltungswille des Betriebsinhabers da sein [53]); ein „Geheimnis" im Sinne des Gesetzes als Schutzobjekt der Strafsatzungen etwa des Gesetzes über den unlauteren Wettbewerb kann vom Standpunkte der Interessentheorie aus nicht anerkannt werden; eine Preisgabe dieser Tatsachen wäre nicht eine tatbestandsmäßige Handlung etwa im Sinne des § 17 UWG. oder des § 376 RAbgO.

Die Interessentheorie hat auch in der Literatur Anhänger gefunden. Rosenthal [54]) und Baumbach [55]) fordern ein objektives „gewerbliches Interesse", Callmann [56]) verlangt ein „berechtigtes wirtschaftliches Interesse". Nach Weinmann-Walden [57]) müssen Geheimnisse „etwas von Wesen, von Bedeutung" sein und einen „werterhöhenden Bestandteil" des Betriebes darstellen, ein Ge-

---

[52]) So R. **33** 62.

[53]) So findet sich in den Anstellungsverträgen häufig die Klausel, der Angestellte habe über „alle geschäftlichen Einrichtungen und Vorgänge" Stillschweigen zu wahren. Sind damit alle geschäftlichen Einrichtungen und Vorgänge „Betriebsgeheimnisse"?

[54]) § 17 Note 12.

[55]) S. 453.

[56]) § 17 Note 4a. Pinner-Eyck begnügt sich mit einem „Interesse" schlechthin, ist aber jedenfalls Anhänger der Interessentheorie, was Frank § 300 I 4 a. E. übersieht.

[57]) S. 53.

danke, der in ähnlicher Fassung bei Neuberg[58]) und bei Degen[59]) wiederkehrt. Auch von Ringier[60]) wird der Interessengesichtspunkt als „entscheidendes Moment" für die Bildung des Geheimnisbegriffs hervorgehoben.

b) Aber die Interessentheorie wird von einer Reihe anderer Autoren bekämpft. Binding[61]), Sauter[62]) und Käckell[63]) seien vor allem als Gegner der Interessentheorie genannt. Eine eigentliche Begründung ist bei Binding[64]) für die Ablehnung der Interessentheorie nicht zu finden. Dagegen versucht in der neueren Literatur namentlich Käckell eine solche zu geben. Wenn v. Liszt[65]), schreibt Käckell, „neben dem Geheimhaltungswillen stets auch Geheimhaltungsinteresse zum ‚Allgemeinbegriff'[66]) des Geheimnisses fordere", so sei das „eine unbewiesene petitio principii"; es sei „durchaus nicht einzusehen, warum die Verletzung fremden Willens kein ‚materielles Unrecht' sein und der Staat kein Interesse haben sollte, den Geheimhaltungswillen zu schützen"; der Staat schütze „auch den Gewahrsam, Leben, Gesundheit, Freiheit ohne Rücksicht darauf, ob der Gewahrsamsinhaber oder sonst Berechtigte an dem Gewahrsam oder sonst verletzten Rechtsgut Interesse (!!)[67]) hat". Aber dieser letzte Satz führt m. E. nicht zu einer Aufhebung der Interessentheorie, sondern gerade im Gegenteil zu einer Leugnung der Willenstheorie. Denn wenn Käckell von dem Interesse des Berechtigten spricht, so kann damit nur das subjektive Interessiertsein an der Er-

[58]) M. & W. XXVII/VIII 593.

[59]) GRUR. **33** 586 ff.

[60]) S. 24. Vgl. auch Freudenstein GA. **32** 272: „rechtliches oder tatsächliches Interesse".

[61]) Lehrb. I² S. 127, 502.

[62]) S. 123 ff.

[63]) S. 121 ff.

[64]) Binding a. a. O. S. 502. Binding geht dabei offenbar von der Meinung aus, daß die Willenstheorie, nach welcher „das Geheimnis allein auf dem erkennbar gewordenen Willen des Inhabers oder eines der Inhaber des Betriebes ruht", zu einem engeren Begriff des Betriebsgeheimnisses gelangt, als die Interessentheorie; denn „durchaus nicht alles, dessen Geheimhaltung vielleicht im Interesse des Betriebes liegt, ist Betriebsgeheimnis".

[65]) Festschrift für Brunner S. 214 ff., 222 ff.

[66]) Es ist zweifellos eine Schwäche der Lisztschen Position, daß er hier, wie auch sonst häufig, einen „Allgemeinbegriff" sucht und diesen dann als dem Gesetz zugrunde liegend unterstellt, anstatt von vornherein auf den gesetzlichen Begriff loszugehen und diesen teleologisch zu bestimmen.

[67]) Die Hervorhebung ist von mir.

haltung von Gewahrsam, Gesundheit, Leben, Freiheit gemeint sein. Dieses subjektive Interessiertsein aber ist identisch mit dem Wollen, daß Gewahrsam usw. Schutz finden. Soll es also auf das Wollen des Berechtigten, das subjektive Interesse an Erhaltung der erwähnten Güter nicht ankommen, wie soll dann noch die Willenstheorie beim Betriebsgeheimnisschutz Berechtigung haben, und wie soll man es verstehen, daß hier allein der Geheimhaltungswille der entscheidende Grund des Rechtsschutzes sein soll? Zu diesem Widerspruch aber muß man m. E. bei Käckell gelangen; denn es ist nicht möglich, seine Verwendung des Wortes „Interesse" anders, d. h. im Sinne eines objektiven Interesses, eines objektiven Kulturwertes zu verstehen, da sonst der Schlußsatz in dem Zitat überhaupt keinen Sinn hätte. Denn daß der Staat Gewahrsam, Leben, Freiheit usw. ohne Rücksicht darauf schützen wollte, ob ihnen ein Kulturwert zukomme, kann nicht der Sinn des Käckellschen Satzes sein. Es bleibt also nichts anderes übrig, als „Interesse des Berechtigten" bei Käckell mit „subjektivem Interessiertsein" oder mit dem Willen der Erhaltung des Gutes zu identifizieren. Damit aber ergibt sich, daß Käckell, ganz abgesehen von dem Widerspruch, in den er sich mit seiner eigenen Willenstheorie verwickelt, gar nicht gegen die (richtig verstandene) Interessentheorie polemisiert. Denn diese spricht natürlich von dem objektiven Interesse, das an dem Betriebsgeheimnis als einem Kulturwert bestehen muß. Alles dreht sich also um die Frage, ob ein Betriebsgeheimnis im Sinne des Rechts immer nur da anzuerkennen ist, wo ein objektives Interesse an der Geheimhaltung gegeben ist, oder überall schon da, wo allein der Geheimhaltungswille einer maßgebenden Person festzustellen ist [68]). Und es handelt sich weiter um die Frage, woran jenes objektive Interesse orientiert sein soll.

c) Hier aber drängt sich m. E. ein Gesichtspunkt ganz entscheidend auf: das Recht schützt als soziale Friedensordnung, als „soziale Schrankenziehung" (G. Jellinek) nirgends individuelle Laune und Willkür. Ob irgend etwas „Rechtsgut" ist, hängt stets davon ab, ob es als Wert sich über die rein individuelle Sphäre erhebt, ob es als Kulturwert in die soziale Sphäre hineinragt. Natürlich kann auch einmal der individuelle Wille des einzelnen Gemeinschaftsgliedes als sozialer oder Kulturwert Anerkennung finden, oder es kann für das Gegebensein eines Kulturwertes das Vorhandensein eines be-

[68]) M. E. wird die Interessentheorie also den Kreis der strafrechtlich geschützten Betriebsgeheimnisse einengen, nicht erweitern, wie Binding (s. oben) meint.

stimmt gearteten individuellen Wollens mitbestimmend sein. Aber auch in diesen Fällen ist es niemals der individuelle Wille als solcher, der das Rechtsgut, den rechtlich anerkannten und geschützten Kulturwert schafft, immer muß etwas dazukommen, was den Willen als wertvoll erscheinen läßt. Wenn etwa der Gewahrsam, auf den Käckell angespielt hat, ein Rechtsgut darstellt, so haben wir einen der Fälle, wo nicht ohne Dasein eines bestimmten Willens ein Kulturwert angenommen wird. „Gewahrsam ist die vom Herrscherwillen getragene tatsächliche Herrschaft über die Sache“ [69]). Gibt der Gewahrsamsträger den Herrscherwillen auf, so hört der Gewahrsam als schutzwürdiges Rechtsgut auf zu existieren [70]). Mit dem Herrscherwillen verschwindet der Kulturwert, um den das Recht sich bemüht. Aber der Herrscherwille allein bestimmt das Dasein des Kulturwertes nicht. Es ist vielmehr der Gedanke der sinnfälligen Ordnung der Güterverteilung, der das Recht an einem vom Herrscherwillen getragenen Haben interessiert sein läßt. Weil mangels des Herrscherwillens ein jene Ordnung verkörperndes Haben nicht mehr angenommen werden kann, sondern lediglich ein beziehungsloses räumliches Nebeneinander von Mensch und Sache besteht, darum ist beim Gewahrsam der subjektive Herrscherwille mitbestimmend für die Möglichkeit der Annahme eines Kulturwerts. Ganz entsprechendes gilt vom Geheimnis in allen seinen juristischen Erscheinungsformen: Privatgeheimnis, Betriebsgeheimnis, Staatsgeheimnis. Ein Geheimnis ist, wir sahen es, ohne Geheimhaltungswillen nicht denkbar, da ohne einen solchen Willen das Geheimsein wohl stets alsbald durch Offenkundigkeit ersetzt werden würde. Aber um seiner selbst willen wird der Geheimhaltungswille nicht geschützt. Das hat das Gesetz beim Staatsgeheimnis und beim militärischen Geheimnis mit aller Deutlichkeit anerkannt; denn § 92 Ziff. 1 StGB. fordert, daß die Geheimhaltung einer anderen Regierung gegenüber für das Wohl des Deutschen Reichs oder eines Bundesstaats erforderlich sein muß, und § 1 des Ges. vom 3. Juni 1914 spricht von den Gegenständen, deren Geheimhaltung im Interesse der Landesverteidigung erforderlich ist. Das Dasein eines Staatsgeheimnisses hängt also keineswegs nur von dem Geheimhaltungswillen bestimmter Ressorts ab, vielmehr müssen bestimmte Wertbeziehungen hinzutreten, die erst das Staats- oder militärische Geheimnis im Sinne

---

[69]) v. Liszt-Schmidt[25] S. 613.

[70]) Über die Konsequenzen vgl. v. Liszt-Schmidt[25] S. 615/16, 635/36, 680.

der Rechtsordnung entstehen lassen [71]). Nicht anders ist die Lage bei dem Betriebsgeheimnis und beim Privatgeheimnis, nur daß bei den beiden letzteren in steigender Progression die Bedeutung des Willensmomentes größer wird. Es ist eine gute Beobachtung von Ringier [72]) gewesen, daß das Recht, um beim Geheimnisschutz den jeweils entscheidenden Interessengesichtspunkt herauszukehren, „nicht den Geheimnisverrat ganz allgemein unter Strafe stellt", den Verrat vielmehr „auf einzelne Geheimnisarten spezialisiert, bei denen regelmäßig jeweils ein schutzwertes Interesse an der Geheimhaltung besteht". Die Art des gesetzlich geschützten Geheimnisses gibt in der Tat die Richtung an, in der das jeweils spezifisch erforderliche Interesse gesucht werden muß. Beim Staatsgeheimnis und militärischen Geheimnis hat das Gesetz sich obendrein noch ausdrücklich über diese Richtung ausgesprochen und uns in ihr ein Stück Weges geführt. Bei den anderen Geheimnisarten haben wir den Weg allein zu gehen, der durch die Bezeichnungen „Privatgeheimnis" und „Geschäfts- oder Betriebsgeheimnis" gewiesen ist. Beim Privatgeheimnis gibt der objektive Wert, den die ureigene Persönlichkeitssphäre des Individuums [73]) für unsere Kultur hat, den entscheidenden Interessengesichtspunkt an. Kein Zweifel, daß diese Persönlichkeitssphäre des Individuums vornehmlich durch seinen eigenen Willen nach Inhalt und Umfang bestimmt wird; inwieweit diese Sphäre Dritten zugänglich sein soll oder nicht, darüber hat der Wille zu bestimmen, und dieser Wille erscheint insofern, als er „die freie Betätigung der Persönlichkeit" [74]) gegen die Gefahr, die mit einem unangemessenen Eindringen Dritter verbunden ist, absperrt, selbst als kulturell wertvoll. Insofern kann mit Käckell [75]) gesagt werden, daß beim Privatgeheimnis „die Verletzung fremden Willens ‚materielles Unrecht' sein" und daß „der Staat ein Interesse daran haben" kann, „den Geheimhaltungswillen zu schützen". Aber nur soweit der Wille

---

[71]) Daraus folgt, daß im Strafprozeß allein der Richter zu entscheiden hat, ob in concreto von einem militärischen Geheimnis gesprochen werden darf. Zutreffend Schneidewin bei Stenglein, Strafrechtl. Nebengesetze, 5. Aufl. Bd. II S. 415. Ebenso auch R. **62** 65 (71).

[72]) S. 24.

[73]) „Das Rechtsgut, gegen das sich die Verletzung fremder Privatgeheimnisse richtet, ist das rechtlich geschützte Interesse an der Wahrung des persönlichen und Familienlebens vor unberufenem Eindringen". So seit jeher v. Liszt. Vgl. jetzt v. Liszt-Schmidt 25. Aufl. S. 587.

[74]) v. Liszt-Schmidt a. a. O.

[75]) S. 123.

„wertvoll" ist, und nicht um seiner selbst willen findet er diesen Schutz. Daß also „eine Privatperson einer anderen nur um ihrer bloßen Laune willen den Mund sollte verschließen können" [76]), ist nicht der Sinn des rechtlichen Schutzes des Privatgeheimnisses; vielmehr muß auch beim Privatgeheimnis außer dem Willen des Geheimnisträgers ein objektives Geheimhaltungsinteresse vorhanden sein. „Man" offenbart nicht seine Jugendsünden, seine Heiratspläne, seine beruflichen Absichten, die Erbfehler seiner Kinder, die eigenen Krankheiten, die geschäftlichen Beziehungen und prozessualen Absichten. Das alles sind Momente, die der Persönlichkeitssphäre als spezifisch zugehören und deren wahlloses Bekanntwerden „die freie Betätigung der Persönlichkeit" an allen Ecken und Enden stören würde. Ob man aber zum Frühstück Kaffee oder Tee trinkt, Brot oder Semmel ißt, das sind Dinge, die bekannt werden mögen oder nicht, keinesfalls aber irgendetwas mit dem kulturellen Persönlichkeitswert zu tun haben, der in § 300 StGB. seine Anerkennung findet. Wer solche Dinge (als Arzt, Anwalt usw.: § 300) ausplaudert, begeht keinen „Geheimnis-Verrat" [77]), sondern eine (nicht tatbestandsmäßige) Indiskretion, aus welcher der davon Betroffene die gesellschaftlichen Konsequenzen ziehen möge; strafrechtliche Konsequenzen ergeben sich nicht.

d) Wie steht es nun beim Betriebsgeheimnis mit dem zum Geheimhaltungswillen hinzutretenden objektiven Geheimhaltungsinteresse?

α) Es muß, soll die nötige Lebensnähe gewahrt bleiben, meines Erachtens im Lebensbereich des geschäftlichen Unternehmens seine Begründung finden. Hier fragt es sich nun, worin der Schwerpunkt des geschäftlichen Unternehmens für die hier interessierenden Beziehungen zu finden ist. Dabei ist, zur Gewinnung genauerer Einsicht, auf einen bemerkenswerten Anschauungswandel einzugehen, der sich im Laufe der letzten vier bis fünf Jahrzehnte im Sinne einer allmählichen Loslösung von einem individualistischen Ausgangspunkt vollzogen hat.

Unser Wettbewerbsrecht basiert auf dem Grundsatz der Gewerbefreiheit. In den Zeiten, als die Persönlichkeit des Einzelkaufmanns und des einzelnen selbständigen Fabrikunternehmers noch den vorherrschenden Typus im Bereiche der geschäftlichen und gewerblichen Unternehmungen darstellte, konnte man mit Gierke [78]) die Gewerbe-

---

[76]) Frank § 300 I 4.

[77]) Vgl. R. 13 60 (61), Frank § 300 I 4.

[78]) Zeitschr. f. gewerbl. Rechtsschutz Bd. IV Nr. 10 (1. April 1895) S. 114.

freiheit ihrem Sinne nach dahin deuten, „daß das Recht des Gewerbebetriebes als ein Ausfluß des allgemeinen Rechtes der Persönlichkeit anerkannt" werden müsse. „Es gilt", so fährt Gierke fort, „als Bestandteil des Rechtes auf freie Betätigung der eigenen Kraft und ist gleich dem Rechte auf das Leben oder auf die persönliche Freiheit mit der Persönlichkeit selbst gegeben ... Es braucht ... nicht erst erworben zu werden, sondern wird dem Menschen angeboren". Das „Wesen" des Persönlichkeitsrechts erblickt aber Gierke[79]) „darin, daß es der Person die ausschließliche Herrschaft über einen bestimmten Bestandteil der eigenen Persönlichkeitssphäre gewährleistet"; und soweit es sich um das Recht des Gewerbebetriebes handelt, ist das Persönlichkeitsrecht auf die „Individualität des Geschäftsbetriebes" [80]) bezogen. Man sieht die Persönlichkeiten eines T. O. Schröter oder Thomas Buddenbrook leibhaftig vor sich, wenn man hört, wie Gierke den geschäftlichen Betrieb mit der Persönlichkeit des Geschäftsgründers oder -leiters in Verbindung bringt: „Ein solcher Betrieb ist ein besonderer wirtschaftlicher Tätigkeitsbereich, der nach der Lebenserfahrung eine gewisse Aussicht auf Fortdauer gewährt und somit nicht bloß den Erfolg bisheriger Erwerbstätigkeit darstellt, sondern zugleich als gesicherte Grundlage fernerer Erwerbstätigkeit erscheint". Der „Wert eines Gewerbebetriebes beruht vor allem auf den zu ständigen Lebensverhältnissen verfestigten Geschäftsverbindungen, die ihm auch für die Zukunft Bezugs- und Kreditquellen und Kundschaft in Aussicht stellen. Die Kraft aber, solche Beziehungen nicht nur zu erhalten, sondern auch zu erweitern oder zu ersetzen, erwächst dem Geschäfte vornehmlich aus dem von ihm erweckten Vertrauen ... Woher aber stammen diese unleiblichen, nicht meß- und wägbaren, und doch so realen Güter? Sie stammen aus der Persönlichkeit derer, die das Geschäft begründet und fortgeführt haben! [81]) Der Geschäftsleiter legt seine Persönlichkeit in das Geschäft hinein und je nach Wert und Wirkungskraft seiner Persönlichkeit und ihrer Verstärkung durch die dem Betriebe eingegliederten und dienstbar gemachten persönlichen Kräfte anderer bemißt sich die dem Geschäfte eingestiftete wirtschaftliche Macht. So erscheinen denn auch die dem Geschäfte eigentümlichen Kräfte und Mittel in demselben Umfang, in dem sich in ihnen der Niederschlag tätiger Persönlichkeit als eine besondere geschäftliche

[79]) A. a. O. S. 115.
[80]) A. a. O. S. 116.
[81]) Von mir hervorgehoben.

Individualität offenbart, fort und fort als Persönlichkeitsgüter. An ihnen besteht ein ausschließliches Recht. Es ist an die Person des Geschäftsinhabers gebunden." Ich habe diese schönen Ausführungen Gierkes deshalb in extenso wörtlich wiedergegeben einmal, weil auf sie die Darlegungen späterer Autoren von dem Persönlichkeitsrecht als dem durch den Geheimnisverrat verletzten Rechtsgut in aller Regel zurückgehen, sodann auch deswegen, weil sie mir ein ungemein bezeichnender Ausdruck zu sein scheinen für die Auffassungen des ausgehenden 19. Jahrhunderts vom Wesen des kaufmännischen Betriebes, des geschäftlichen, gewerblichen Unternehmens im weitesten Sinne überhaupt. Es ist die Orientierung an der Persönlichkeit des Einzelkaufmannes und des Einzelunternehmers als Betriebsgründers oder als Betriebsleiters. Die Kräfte der anderen in den Dienst des Unternehmens gestellten Personen werden nicht als Kräfte und Wirksamkeiten der Individualität dieses Unternehmens als solchen, sondern als „Verstärkung" der Persönlichkeit des Geschäftsleiters angesehen, und erst dessen Persönlichkeit, allein oder in Verbindung mit jenen „Verstärkungen", immer aber als beherrschendes, ausschlaggebendes, entscheidendes Moment macht die Individualität des Betriebes oder Unternehmens aus.

Es versteht sich von selbst, daß das beim Betriebsgeheimnis zu suchende objektive Geheimhaltungsinteresse bei einer solchen individualistischen Auffassung des Unternehmens, ganz ebenso wie beim Privatgeheimnis, in sehr strenger Abhängigkeit vom (geschäftlichen) Willen des Geschäftsleiters stehen muß. Eine Trennung der privaten von der geschäftlichen Persönlichkeitssphäre wird aber bei diesem Geschäftsleiter nur in geringem Maße möglich sein. T. O. Schröter und Thomas Buddenbrook sind stets und überall Kaufmann, Firmenchef. Ihre persönliche Sphäre geht in der geschäftlichen auf und umgekehrt. Privatgeheimnisse und Betriebsgeheimnisse werden fast identisch sein. Für das, was als Betriebsgeheimnis anerkannt werden darf, ist natürlich auch hier der objektive Kulturwert maßgebend, der der privat-geschäftlichen Sphäre des Firmenchefs eignet, aber die Sphäre ist eben, wie dies bei der Privatsphäre des einzelnen Menschen überhaupt der Fall ist, nach Inhalt und Umfang in allererster Linie vom Willen des Einzelindividuums, hier des Firmenchefs abhängig, so daß das „objektive Geheimhaltungsinteresse" mit dem „subjektiven" weithin identisch sein wird.

β) M. E. aber muß das Betriebsgeheimnis heute — das ist eben das Ergebnis jenes oben erwähnten Auffassungswandels — in eine objektivere Sphäre gerückt und sein Kulturwert von dem der Einzelpersönlichkeit losgelöst werden.

Denn der Betrieb und das Unternehmen sind in den Zeiten der Kartelle und Konzerne und der ganzen sonstigen Vergesellschaftung des Betriebswesens längst über die Wirkungssphäre des Einzelindividuums hinausgewachsen. Wenn auch „die Bedeutung des Persönlichkeitsfaktors für die Unternehmungsgestaltung"[82]) nicht geleugnet werden soll und der „Selbständigkeitsdrang" des Einzelnen als „Hemmungskraft" in der Entwicklung der gemischten Werke, Konzerne und Kartelle immer noch Anerkennung verdient[83]), es wäre doch eine anachronistische Betrachtungsweise, wollte man die Individualität des Unternehmens heute mit der gleichen Selbstverständlichkeit wie im 19. Jahrhundert in erster Linie mit der Individualität irgendeiner Persönlichkeit zu identifizieren suchen. „Mehr und mehr hat sich seit einigen Jahren . . . an die Stelle des bis dahin juristisch allein erfaßten Unternehmers ‚das Unternehmen' geschoben[84]). Eine völlig neue Rechtsfigur, eine neue Rechengröße, so recht aus dem Zeitgeist geboren und vielleicht dazu bestimmt, der dominierende Begriff bei dem Neubau der Privatrechtsordnung zu werden"[85]).

γ) Was das Betriebsgeheimnis für das Unternehmen als solches bedeutet, das ist also m. E. die Frage, die zunächst zu überlegen ist. Mit Hueck und anderen[86]) kann man die Betriebsgeheimnisse den „Geschäftserfahrungen" im weitesten Sinne unterordnen und erkennt dann sofort, daß sie einen „unkörperlichen Geschäftswert" des Unternehmens darstellen, möglicherweise also einen entscheidend wichtigen Bestandteil des „Unternehmens" in seiner Totalität bilden werden. So gewinnen sie ihre Bedeutung als „eine wesentliche Bedingung der Prosperität, manchmal sogar der Existenz eines Unter-

---

[82]) Wiedenfeld S. 47.

[83]) Vgl. Wiedenfeld S. 50 ff., 57, 110, 111.

[84]) Sehr bezeichnend erscheint mir auch in dieser Hinsicht das sog. Kriegswirtschaftsrecht, namentlich die Bundesratsverordnungen über die Überwachung, zwangsweise Verwaltung und Liquidation feindlicher Unternehmungen.

[85]) So Hedemann, „Das bürgerliche Recht und die neue Zeit" (Rede) 1919, S. 17. In diesem Sinne auch bereits Hueck, Unkörperliche Geschäftswerte (1912) S. 11 ff. Vgl. ferner Isay, Das Recht am Unternehmen (1910) S. 2, und jetzt Callmann S. 26.

[86]) Hueck S. 29 ff., Reiche S. 24, Isay S. 30. Vgl. auch v. Ohmeyer S. 21.

nehmens" [87]). Darum müssen sie als besonders wichtiges „Individualisierungsmoment" [88]) angesprochen und mit der Organisation, den Geschäftsbeziehungen und Gewinnchancen denjenigen Momenten zugerechnet werden, welche „jene Besonderheit schaffen, vermöge derer ein bestimmtes Unternehmen von dem anderen, mag es nun auch sonst auf den gleichen ökonomischen Grundlagen beruhen, unterschieden wird" [89]). Durch diesen Charakter als ein dem Unternehmen selbst zukommendes Individualisierungsmoment wird das Betriebsgeheimnis integrierender Bestandteil des Unternehmens. Nur das wird mithin begrifflich als Betriebsgeheimnis angesehen werden können, was der „Individualität" des Unternehmens zugehört, ihm „eigentümlich" ist und dadurch für die „geschäftliche Stellung" und das „geschäftliche Ansehen" Bedeutung hat [90]). Ausdruck der Individualität des Unternehmens muß jedes wirkliche Betriebsgeheimnis sein. Im Bereiche der wettbewerblichen Beziehungen des Unternehmens muß es mit ausschlaggebend, für das Unternehmen als Wettbewerbsfaktor im Wirtschaftsleben von werterhöhender [91]) Bedeutung sein. Diese Ansicht setzt sich, wie schon oben angedeutet, heute immer mehr durch. In den Entscheidungen des Reichsgerichts [92]) finden sich zahlreiche Bemerkungen, die auf diese Grundauffassung schließen lassen. In der Literatur der jüngsten Zeit hat sich m. E. insbesondere Callmann das große Verdienst erworben, das Wettbewerbsrecht auf das Recht am Unternehmen [93]) bezogen und auch die Strafbarkeit des Geheimnisverrates

---

[87]) Brunstein S. 3.

[88]) Vgl. v. Ohmeyer S. 21.

[89]) v. Ohmeyer a. a. O.

[90]) Auf die durch Anführungszeichen hervorgehobenen Momente weist die treffliche Entscheidung R. **29** 426 hin. Vgl. ferner R. **31** 92 (als Geheimnisse werden gewertet „Vorgänge des Betriebes oder Geschäftes ..., die sich als ausschließlich demselben eigenartig darstellen"); R. **48** 14 („etwas dem Geschäft Eigentümliches", was der Unternehmer „vor der Konkurrenz geheimhalten wollte und geheimhielt").

[91]) Hier zeigt sich besonders deutlich, wie falsch es ist, wenn man im Betriebsgeheimnis bestimmt geartete Tatsachen als solche sehen zu sollen glaubt und den Relationscharakter des Geheimnisbegriffs leugnet. Ein schwerer Geschäftsverlust hat als Tatsache ganz gewiß wertvermindernde Bedeutung; aber das auf diesen Geschäftsverlust bezogene Betriebsgeheimnis als solches hat zweifellos ungemein werterhöhende Bedeutung. Die Rettung des Unternehmens vor Kreditkündigung und Untergang kann von diesem Geheimnis abhängen!

[92]) Vgl. oben Anm. 90; dazu auch RG. Zivils. **65** 335.

[93]) Callmann S. 27.

unter den Gesichtspunkt des „Schutzes des Unternehmens“ [94]) gerückt zu haben. Wenn ich dabei die wettbewerblichen Beziehungen des Unternehmens unterstreiche, so sollen damit die Eigenart und das Wesen des Betriebsgeheimnisses selbst wie zugleich die Richtung, in der die verletzende Wirkung des Geheimnisverrates zu suchen ist, deutlicher hervorgehoben werden. „Wettbewerb“ ist dabei in jenem weiten Sinne zu nehmen, wie Alexander Elster [95]) ihn herausgearbeitet hat. Überall da ist die wettbewerbliche Beziehung im Hinblick auf eine geheimgehaltene Tatsache anzunehmen, wo die Geheimhaltung dieser Tatsache allein oder in Verbindung mit anderen Betriebseinrichtungen irgendwie geeignet ist, das Unternehmen in Richtung auf „das Zuerst und das Zubest“ [96]) andern Unternehmen gegenüber zu fördern. Maßgebend ist dabei die „objektiv wettbewerbliche“ Funktion der Geheimhaltung; „subjektiver Wettbewerbswille“ oder auch nur „subjektives Wettbewerbsbewußtsein“ [97]) sind nicht erforderlich. Da jedes Unternehmen irgendwie im Wirtschaftskampf steht, wird gerade bei allen den Dingen, die für die Individualität des Unternehmens von Wert und Bedeutung sind, eine immanent wettbewerbliche Funktion stets vermutet werden dürfen. Gerade aber für die Deliktsqualität des Geheimnisverrats scheint es mir notwendig zu sein, auf die objektiv wettbewerbliche Funktion des Betriebsgeheimnisses hinzuweisen.

Der Wert des Betriebsgeheimnisses für das Unternehmen spiegelt sich nach dem Gesagten wider in dem Interesse des Unternehmens an der Erhaltung der seiner Individualität entsprechenden, gerade ihm also eigentümlichen Wettbewerbsfähigkeit. Um ein mit dem Dasein des Unternehmens selbst gegebenes Interesse handelt es sich dabei. Die Persönlichkeit des Geschäftsleiters oder des Inhabers wird dabei als solche unbeachtet zu bleiben oder doch höchstens auf dem Wege über die zwischen Inhaber und Unternehmen bestehenden Beziehungen durch das Unternehmen hindurch auf Eigenart und Bestand des Betriebsgeheimnisses einwirken können. Was nach Isay und Hueck von den Geschäftserfahrungen gilt, wird in der Regel auch von den Geschäftsgeheimnissen zu gelten haben:

---

[94]) Callmann S. 385 (Vorbemerkung vor §§ 17—20).

[95]) Vgl. Gewerblicher Rechtsschutz (2. Aufl. 1928) S. 21 ff.; HdR. VI S. 887 ff.; Jur. Rundschau 1929 S. 126.

[96]) Elster HdR. VI S. 891.

[97]) Elster HdR. VI S. 889.

es wird sich bei ihnen „kaum je um die ganz besondere Wissenschaft einer einzigen Person" handeln, vielmehr um einen geistigen Besitz des Unternehmens selbst, so daß die Betriebsgeheimnisse „trotz des üblichen Wechsels des Personals" (wozu hier auch die Leiter und Inhaber zu zählen sind) „dem Unternehmen erhalten bleiben" [98]).

Der objektive Kulturwert des Unternehmens, und damit auch das objektive Geheimhaltungsinteresse bei den Betriebsgeheimnissen, hat nun aber zweifellos bereits rechtliche Anerkennung gefunden. Dies wird gesagt werden dürfen, auch ohne daß es nötig wäre, die juristische Theorie des Unternehmens, wie sie in den Schriften von Pisko, Isay, Hueck, Oppikofer und anderen entwickelt worden ist, erneut darzulegen und in ihre Kontroversen hinein zu verfolgen. Namentlich kann es hier auf sich beruhen, ob die rechtliche Anerkennung des Unternehmens juristisch-konstruktiv in einem absoluten „Recht am Unternehmen" im Sinne eines „Rechtes am eingerichteten und ausgeübten Gewerbebetrieb" [99]) zu sehen ist, oder ob man nur von dem Schutze und der rechtlichen Anerkennung zahlreicher einzelner Bestandteile des Unternehmens sprechen darf.

e) Das an der Eigenart des Unternehmens als eines Wettbewerbsfaktors im Wirtschaftsleben orientierte objektive Geheimhaltungsinteresse dürfte nach dem Gesagten als ein selbständiges, neben dem Geheimsein und dem Geheimhaltungswillen stehendes Begriffsmerkmal des Betriebsgeheimnisses dargetan sein. Daraus dürfen und müssen alle Konsequenzen getrost gezogen werden. Eine geschäftliche Tatsache, bezüglich deren zwar ein Geheimhaltungswille maßgebender Unternehmensfaktoren besteht, ein objektives Geheimhaltungsinteresse jedoch nicht anerkannt werden kann, weil die Tatsache für die Individualität des Unternehmens nicht von Bedeutung ist, kann ebensowenig Gegenstand eines „Betriebsgeheimnisses" sein, wie eine Tatsache, hinsichtlich deren zwar ein Geheimhaltungsinteresse feststellbar wäre, ein Geheimhaltungswille aber nicht besteht. Wir werden noch sehen, wie die Möglichkeit einer solchen Diskrepanz zwischen „Wille" und „Interesse" für das rechtspolitische Kardinalproblem des Geheimnisverrates von Bedeutung ist [100]). Hier sei die Möglichkeit einer derartigen Diskrepanz zunächst

[98]) Hueck S. 30, der auf Isay S. 31 bezug nimmt.

[99]) So bekanntlich das Reichsgericht in zahlreichen Entscheidungen. Näheres bei Callmann S. 27, Oppikofer S. 134 ff., Reiche S. 59 ff., Wieland S. 239 ff.

[100]) Vgl. in diesem Abschnitt unten zu III 1.

festgestellt und als Konsequenz der Interessentheorie zugegeben. Regelmäßig wird es ja so sein, daß das Interesse dem Geheimhaltungswillen die Bahn weist und daß auf den Geheimhaltungswillen aus dem Interesse geschlossen werden kann [101]). Es ist bezeichnend genug, daß der Interessengesichtspunkt im Hinblick auf dieses Wechselverhältnis zwischen Wille und Interesse sogar bei ausgesprochenen Gegnern der Interessentheorie herangezogen und verwendet wird. So betrachtet Sauter [102]) sogar beim Privatgeheimnis des § 300 StGB. das Geheimhaltungsinteresse als Mittel zur Erkenntnis des Geheimhaltungswillens [103]). Es kann aber, wie gesagt, auch sein, daß Geheimhaltungswille und Geheimhaltungsinteresse bezüglich bestimmter Tatsachen auseinanderfallen. Denkbar wäre etwa, daß ein ängstlicher Firmenchef den Angestellten gegenüber schlechthin sämtliche Vorgänge im Betriebe als „Betriebsgeheimnisse" oder daß er gar private Angelegenheiten als Geschäftsgeheimnisse bezeichnet und unter diesem Gesichtspunkt geheimgehalten wissen will. Rosenthal [104]) hat völlig recht, wenn er eine solche Willensäußerung zur Begründung eines Betriebsgeheimnisses für untauglich erklärt. Ich vermag daher auch nicht den von v. Overbeck vorgeschlagenen Ausweg aus dem Streite der Willenstheorie und der Interessentheorie zu billigen. Da, wie v. Overbeck richtig erkannt hat, „Wille und Interesse einander überdauern können", so soll es nach seiner Meinung darauf ankommen, „daß sich an die in Frage stehende Tatsache das Interesse oder der Wille knüpft, ‚daß sie überhaupt nicht oder doch nicht weiteren Kreisen bekannt werde'" [105]). Praktisch würde das bedeuten, daß die Willkür der maßgebenden Betriebsleiter überall entscheidend wäre für die Beantwortung der Frage, was als Betriebsgeheimnis anzusehen ist. Damit würde die, wie wir zeigen werden [106]), wichtigste Funktion des an der Interessentheorie richtig orientierten Geheimnisbegriffs ausgeschaltet sein: nämlich im Verhältnis von Firmenchef und Angestellten die einseitige Willkür des ersteren hinsichtlich der Bestimmung der Geheimnisse durch einen objektiven und beiden Teilen gerecht werdenden Maßstab zu ersetzen. Gerade diese Funktion aber macht die Interessentheorie de lege lata et ferenda

---

[101]) Zutreffend v. Overbeck S. 3a.

[102]) S. 149 ff.

[103]) Vgl. auch Sauter S. 161.

[104]) § 17 Note 12.

[105]) v. Overbeck S. 3a.

[106]) Unten zu III 1.

fruchtbar. Ich halte also daran fest: Ein Betriebsgeheimnis ist bezüglich derjenigen geheimen Tatsachen gegeben, auf deren Geheimhaltung sich der Wille der maßgebenden Betriebsfaktoren richtet und deren Geheimhaltung überdies im Hinblick auf die Eigenart des Betriebes im wettbewerblichen Interesse liegt.

III.

Die ausführlichen Erörterungen über den Geheimnisbegriff können sich in einem Gutachten der vorliegenden Art nur rechtfertigen, wenn der Begriff, zu dem sie geführt haben, fruchtbar ist für die Beantwortung entscheidender Fragen der Rechtsanwendung und Rechtspolitik hinsichtlich der den Schutz des Betriebsgeheimnisses bezweckenden Rechtssätze. Hierauf sei im folgenden zunächst des näheren eingegangen.

1. Wer die Entstehung der beiden Gesetze von 1896 und 1909 gegen den unlauteren Wettbewerb und die weitschichtige Literatur, die diese Gesetze begleitet hat, kennt, weiß, daß die Kardinalfrage beim Geheimnisverrat und seiner Poenalisierung seit jeher folgende gewesen ist: wieweit darf das Gesetz das Unternehmen mit einer strafrechtlich geschützten Geheimnisspäre umgeben, ohne dadurch den Angestellten des Unternehmens die Benutzung der in ihm erlangten Kenntnisse, Fertigkeiten, Erfahrungen zu beeinträchtigen, wie sie zum Zwecke ihres Fortkommens und ihrer beruflichen Weiterbildung notwendig und unvermeidlich ist? An diesem Punkte prallen in der Tat die sozialen Gegensätze zusammen, die dem Gesetzgeber die Stellungnahme zum Betriebsgeheimnis so schwer machen. Die Unternehmer erstreben eine möglichst weitgehende Sicherung dagegen, daß die inneren Vorgänge des Unternehmens bekannt werden, daß die Geschäftserfahrungen und Betriebsmethoden und alle jene Momente, die für das Funktionieren und Gedeihen des Unternehmens irgendwie von Bedeutung sein können, nach außen gelangen und so die Stellung anderer im Wettbewerbe fördern. Die Angestellten dagegen legen größten Wert darauf, daß sie möglichst alles, was sie in einem Unternehmen kennen lernen und erfahren, als eigenen geistigen Besitz betrachten und möglichst nach Belieben im eigenen Interesse verwenden dürfen, und sind daher ihrerseits wenig geneigt, eine von ihnen zu respektierende

Geheimnissphäre als ausschließlichen geistigen Besitz des Unternehmens anzuerkennen.

a) Wenn sich die deutsche Gesetzgebung angesichts dieses Interessenwiderstreits trotz lebhaft geltend gemachter Bedenken[107]) zu einem strafrechtlichen Schutz des Betriebsgeheimnisses überhaupt entschlossen hat, so sind doch alle nicht erst heute, sondern schon seit Jahrzehnten beklagten Fehler des Gesetzes gerade darauf zurückzuführen, daß der Gesetzgeber weitestgehende Zurückhaltung übte, um in dem bezeichneten Interessengegensatz nicht zu einseitig die Interessen der einen Partei zu bevorzugen. Namentlich die Beschränkung der Strafbarkeit des Angestelltenverrats auf die Dauer des Angestelltenverhältnisses (§ 17 I UWG.) ist unter diesem Gesichtspunkt und nur unter ihm zu verstehen. Worauf aber einmal mit aller Deutlichkeit hingewiesen werden muß, das ist die Tatsache, daß die ängstliche Neigung zur Zurückhaltung und zu Verlegenheits- und Kompromißbestimmungen vielleicht nicht hätte Platz zu greifen brauchen, wenn die maßgebenden Faktoren von einer klareren Erfassung dessen, was als Betriebsgeheimnis anzusehen und demgemäß zu schützen ist, ausgegangen wären. Freilich wurde damals häufig genug mit Resignation von der Unfaßbarkeit des Begriffes des Betriebsgeheimnisses überhaupt gesprochen. Auf dem 19. Juristentage (1888) lehnte bekanntlich der Berichterstatter André jeden strafrechtlichen Schutz des Betriebsgeheimnisses deswegen ab, weil es „an der nötigen strafrechtlichen Greifbarkeit"[108]) des Begriffes fehle. Genau wie André meldete der Verein Deutscher Ingenieure, der den Begriff des Fabrikgeheimnisses ebenfalls für strafrechtlich nicht faßbar erklärte, damals seinen Widerspruch gegen die Strafbarerklärung des Geheimnisverrats an. Wenn nun auch diese Stimmen schließlich nicht durchdrangen, der Geheimnisschutz im Rahmen des UWG. vielmehr eingeführt wurde, so war man sich doch über den Umkreis der mit dem Geheimnisbegriff

[107]) Vgl. die Verhandlungen des 19. Deutschen Juristentages.

[108]) DJT. **19** I S. 77. André sah dabei übrigens deutlich den normativen Charakter des Geheimnisbegriffs; denn er meinte, daß der Sachverständige, den das Gericht bei der Feststellung des Geheimnisverrats benötigen werde, „den Begriff des Gehörigen und Ungehörigen hineinziehen" (a. a. O.), in dieser Beziehung von sich aus eine Entscheidung geben und damit an die Stelle des Richters treten werde. Das aber lehnte André ab. In der irrigen Meinung, daß strafrechtliche Tatbestände Begriffe normativen Gehaltes nicht aufweisen dürften, erklärt er: „Der strafende Staat (anders nach André, S. 82/83, die Zivilrechtspflege) bedarf zu der Bestrafung einer objektiv gegebenen sicheren Grundlage."

gegebenen Erscheinungen tatsächlich nicht klar, und aus dieser Unklarheit entwickelte sich das sonderbare Hin und Her, das sich bei der Entstehung des Gesetzes von 1896 bezüglich der zeitlichen Ausdehnung des Schutzes gegen den Geheimnisverrat durch Angestellte beobachten läßt [109]). Eine von der Regierung im Oktober 1894 einberufene Kommission hatte zunächst vorgeschlagen, denjenigen Geheimnisverrat zu strafen, den der Angestellte „vor Ablauf von 5 Jahren seit Beendigung des Dienstverhältnisses" begeht. Im Entwurf vom 7. Januar 1895 wurde die Schutzfrist auf 2 Jahre herabgesetzt. Dann aber beschritt der Regierungsentwurf vom Dezember 1895, um die Interessen der Angestellten zu wahren, einen grundsätzlich anderen Weg [110]). Er beschränkte die Schweigepflicht im Prinzip auf die Dauer des Dienstverhältnisses und suchte „für die darauf folgende Zeit die Interessen der Dienstherren und der Angestellten in der Weise auszugleichen, daß er erstere in die Lage versetzt, durch eine besonders auszustellende Urkunde sich der Verschwiegenheit ihres Personals zu versichern" [111]). Es ist nun im höchsten Maße charakteristisch, wie bei den Erörterungen, die mit ziemlicher Leidenschaft über dieses Vorgehen des Entwurfs geführt wurden, oft ohne weiteres die gesamten von Angestellten in einem Unternehmen gewonnenen Erfahrungen, Fähigkeiten und Fertigkeiten identifiziert wurden mit den eigentlichen Betriebsgeheimnissen, deren strafrechtlicher Schutz allein in Rede stand. Daher dann die ständige Furcht, daß ein Verbot, Betriebsgeheimnisse mitzuteilen oder zu verwerten, stets ohne weiteres bedeuten müsse, dem Angestellten werde die Verwertung dessen, was er an Geschäfts- und Branchenkenntnissen gewonnen und an Fähigkeiten und Fertigkeiten sich angeeignet habe, verwehrt und demgemäß sein Fortkommen behindert. So bekämpften z. B. im Reichstage die Abgeordneten Bassermann und v. Langen die Ausdehnung der Strafbarkeit des Geheimnisverrats über die Vertragsdauer hinaus; denn dadurch „würden die Angestellten vollständig Sklaven des jeweiligen Geschäftsinhabers, weil sie bei anderen Unternehmern ihre Kenntnisse (!!) nicht verwerten könnten" [112]). Und

---

[109]) Vgl. die treffliche Darstellung von Wassermann in Unl. Wettbewerb Bd. III (1903) S. 4 ff., 9 ff. Ferner etwa Friedlaender S. 177/178, Paul Schmid (1907) S. 119 ff.

[110]) Vgl. Friedlaender S. 177/178. Wassermann, Unl. W. III S. 4 ff.; Paul Schmid S. 62, 119.

[111]) So die Begründung des Reg.-Entwurfs (abgedr. bei Paul Schmid S. 62 unter Ziff. 9).

[112]) Wassermann Unl. W. III 5.

die Reichstagskommission, die diese und ähnliche Proteste auf sich wirken ließ, gelangte gleichfalls zu dem Grundsatz[113]), „daß jeder, nachdem er sein Vertragsverhältnis zu einem gewissen Lehrherrn beendigt hat, der uneingeschränkte Herr seiner Fähigkeiten und Kenntnisse" sei. Das Ergebnis war, daß § 9 des Gesetzes vom 27. Mai 1896 die Strafbarkeit des Verrates von Geschäfts- oder Betriebsgeheimnissen in dem grundlegenden Absatz 1 davon abhängig machte, daß der Angestellte ihn während der Dauer des Dienstverhältnisses beging. Kein Wunder ist es, daß die unklaren Vorstellungen vom Wesen des Betriebsgeheimnisses, die bei der Entstehung des UWG. eine so wichtige Rolle spielten, auch später nicht verschwanden. Auch das Reichsgericht hat, obwohl es im großen Ganzen eine zutreffende Ansicht über das Wesen des Betriebsgeheimnisses vertritt[114]), doch mitunter nicht gesehen, daß zwischen den Betriebsgeheimnissen als solchen und den Kenntnissen und Fähigkeiten, die ein Angestellter durch seine Arbeit in einem Unternehmen sich erwirbt, eine Grenze verläuft und daß es sich bei den „Betriebsgeheimnissen" und den „Kenntnissen" um unterscheidbare, ja inkommensurable Dinge handelt. So heißt es in RG. Zivils. **65** 337: „Dem Interesse des Betriebsinhabers an der Wahrung seiner Geschäfts- und Betriebsgeheimnisse und daran, daß ihm nicht unter deren Ausnutzung von früheren Angestellten Konkurrenz gemacht wird, steht deren nicht minder berechtigtes Interesse gegenüber, die Kenntnisse und Fähigkeiten, die sie sich in ihrer Tätigkeit erworben haben, zu ihrem Fortkommen auszunutzen." Aber ein „Gegenüberstehen" zweier Interessen käme nur in Frage, wenn sie sich auf den gleichen Gegenstand bezögen. Wenn man also die Betriebsgeheimnisse von den erlernten Fähigkeiten und Kenntnissen scharf absondert, so ist es nicht möglich, daß das Interesse des Geschäftsherrn an der Wahrung der Geheimnisse beeinträchtigt werden könnte dadurch, daß der Angestellte sein Interesse an Ausnutzung der erlernten Kenntnisse usw. betätigt. Beide Interessen stünden dann nebeneinander, würden also miteinander vereinbar sein. Auch in der Literatur begegnet selbst bei sonst hervorragenden Kennern der Materie häufig genug ein auffälliges Nichtsehen des Gegensatzes zwischen Betriebsgeheimnissen und Geschäfts- oder Branchenkenntnis der Angestellten. So, wenn Paul Schmid[115]) gegen die Ausdehnung der Strafbarkeit des Ge-

[113]) Wassermann a. a. O. S. 6.
[114]) S. oben.
[115]) Unl. Wettb. II (1902/03) S. 96/97.

heimnisverrates über die Dauer des Vertragsverhältnisses hinaus das Bedenken erhebt, „daß allzu strenge Bestimmungen über die Weitertragung der von den Angestellten in ihren Anstellungsverhältnissen erworbenen Branchenkenntnisse zu einer unberechtigten Beeinträchtigung des Fortkommens der Angestellten führen könnten". Als ob die „Weitertragung der Branchenkenntnisse" ohne weiteres „Geheimnisverrat" bedeuten und eine Strafbestimmung gegen diesen die Ausnutzung jener und damit das Fortkommen des Angestellten behindern müsse! Genau das Gleiche muß auch gegen A. Finger[116]) eingewendet werden. Er lehnt die Poenalisierung des Geheimnisverrats durch den Angestellten nach Ausscheiden aus dem Dienstverhältnisse mit folgenden äußerst bezeichnenden Ausführungen ab: „Jeder einzelne Arbeiter oder Angestellte einer Fabrik, eines Geschäfts sammelt im Betriebe allerlei für denselben nützliche, verwertbare Erfahrungen. Verläßt er eines Tages diesen Betrieb und tritt er mit seinen bis dahin gesammelten Kenntnissen und Erfahrungen ausgerüstet in einen anderen Betrieb gleicher Art, dann würde es nicht nur bedeuten, Unmögliches verlangen, sondern es wäre gleichzeitig ökonomischer Ruin für den Angestellten, wollte man von ihm verlangen, daß er nichts von dem, was er im früheren Betriebe gelernt, in der neuen Stellung verwende, daß er seine Art der Betätigung gewissermaßen zurückschraube auf jenes Maß von Erfahrung und Wissen, das er hatte, ehe er in dem Geschäfte Verwendung gefunden hat, aus dem er eben ausgetreten ist." Auch diesen Sätzen liegt ganz deutlich eine Identifizierung von Betriebsgeheimnissen einerseits und Geschäftserfahrungen, Branchenkenntnissen andererseits zugrunde, eine Identifizierung, die sich bei Finger daraus erklärt, daß er den Begriff des Betriebsgeheimnisses, wie seinerzeit André, für völlig unbestimmbar hält.

Eins müßten sich übrigens alle Vertreter dieser zu einer Identifizierung gelangenden Meinung sagen:

Wenn eine Unterscheidung der hier in Rede stehenden Art nicht möglich ist, dann ist überhaupt in keiner Strafbestimmung die Verwendung des Tatbestandsmerkmals „Betriebsgeheimnis" zulässig. So hatte André, nachdem er einmal die Unbestimmbarkeit des Begriffes „Betriebsgeheimnis" als Dogma aufgestellt hatte, von diesem Standpunkt aus ganz recht, wenn er nun jeglichen strafrechtlichen

---

[116]) Vergleichende Darstellung, Bes. Teil Bd. VIII S. 387. **Ganz unhaltbar auch Weinmann-Walden S. 54 a. E.**

Schutz des „Betriebsgeheimnisses“ überhaupt verwarf. Nicht verständlich aber ist es, wenn Finger wegen der von ihm behaupteten völligen Undefinierbarkeit des Betriebsgeheimnisbegriffs eine Strafnorm gegen den nach Auflösung des Angestelltenverhältnisses erfolgenden Geheimnisverrats ablehnt, die Strafbarkeit derselben Handlung aber billigt, sofern sie während des Anstellungsverhältnisses erfolgt [117]). Finger meint nun freilich, in diesem letzteren Falle sei die „Unbestimmtheit“ des Geheimnisbegriffs ungefährlich: „Zweifelt ein Angestellter, ob eine Mitteilung, die er zu machen im Begriffe ist, nicht etwa als Geheimnis angesehen werden könnte, dann mag er, den kein Interesse zu dieser Mitteilung nötigt, dieselbe unterlassen. Tut er es nicht, dann weiß er, daß er Gefahr läuft, wegen Geheimnisverletzung gestraft zu werden“ [118]). Aber Finger übersieht dabei völlig, daß es sich ja gar nicht um die Ungewißheit handelt, in der sich allenfalls der Angestellte vor oder bei der Tat befindet, sondern daß die Ungewißheit der Entscheidungsnorm in Rede steht, die der Richter bei der Aburteilung anzuwenden hat. Völlige Undefinierbarkeit eines Tatbestandsmerkmals würde ein Verstoß gegen die rechtsstaatliche Funktion der Strafrechtssätze und damit gegen Art. 116 RVerf. sein. Die unter diesem Gesichtspunkt auftauchenden rechtspolitischen Bedenken ließen sich durchaus nicht mit dem Hinweis beschwichtigen, der „treue“ Angestellte schweige eben, und der nicht schweigende, also untreue Angestellte müsse einfach alle Gefahren in Kauf nehmen. Denn noch immer ist das Strafrecht die Magna Charta des Verbrechers.

b) Es fragt sich aber, ob wirklich dem Begriff des Betriebsgeheimnisses so sehr jede Schärfe und Präzision abgeht, daß mit einer Poenalisierung seines Verrates jene Gefahren für die Angestellten heraufbeschworen werden.

Das glaube ich im Hinblick auf zwei oben herausgearbeitete Elemente des Geheimnisbegriffs verneinen zu dürfen: das objektive Geheimhaltungsinteresse einerseits und die mit ihm gegebene Beziehung des Geheimnisses zur Betriebs- und Unternehmensindividualität andererseits. Gerade an diesem entscheidenden Punkte leuchtet die Bedeutung der „Interessentheorie“ und ihre Überlegenheit über die „Willenstheorie“ ein. Wenn überall da bezüglich geheimer Tatsachen bereits ein Betriebsgeheimnis bestünde, wo der

117) Finger a. a. O. S. 388.
118) Finger a. a. O. S. 388.

Geheimhaltungswille der maßgebenden Unternehmensfaktoren sich auf diese Tatsachen bezieht, dann allerdings würden die Angestellten und Arbeiter der Willkür des Unternehmertums preisgegeben sein, und ein strafrechtlicher Schutz des Betriebsgeheimnisses würde in der Tat lebhaftesten Bedenken unterliegen. Erfordert man aber außer dem Geheimhaltungswillen ein dem Wesen des in Frage kommenden Unternehmens entnommenes objektives Geheimhaltungsinteresse, verlangt man damit zugleich, daß die Tatsachen, die den Gegenstand eines Betriebsgeheimnisses ausmachen sollen, Bestandteile der Unternehmensindividualität sind, so ist das Dasein oder Nichtdasein von Betriebsgeheimnissen der Willkür, der Ängstlichkeit, der Pedanterie der Unternehmensleiter entrückt; nicht sie sind ausschließlich und letzten Endes maßgebend für die Existenz eines Betriebsgeheimnisses, vielmehr ist diese von objektiven, ihrem Willen gegenüber selbständigen normativen Gesichtspunkten abhängig, die im Prozeß der Richter unter alleiniger Verantwortung zu prüfen hat. Die in den Anstellungsverträgen häufige Klausel, daß sich die Verschwiegenheitspflicht auf die Gesamtheit aller irgendwie in dem Unternehmen sich abspielenden geschäftlichen Vorgänge und Tatsachen bezieht, wird damit in strafrechtlicher Hinsicht ihrer Gefährlichkeit entkleidet. Keineswegs alle jene Vorgänge und Tatsachen sind dadurch, daß der Unternehmensleiter ihr Verschweigen befiehlt, schon „Betriebsgeheimnisse" im Sinne der strafrechtlichen Tatbestände unserer Rechtsordnung geworden [119]); nur dann sind sie es, wenn sich aus der wettbewerblichen Funktion des Unternehmens ein objektives Geheimhaltungsinteresse ergibt und die in Rede stehenden Vorgänge und Tatsachen zur wettbewerblichen Unternehmensindividualität in einer konstitutiven Beziehung stehen. Alles das, was man als Branchenkenntnis, berufliche Fertigkeit und Fähigkeit des Angestellten zu bezeichnen pflegt, scheidet damit ohne weiteres aus dem Begriffe des Betriebsgeheimnisses aus. Diese „Kenntnisse und Fähigkeiten", die sich die Angestellten „in ihrer Tätigkeit erworben haben", dürfen sie „zu ihrem Fortkommen ausnutzen", und zwar sowohl während ihres Anstellungsverhältnisses [120]) als auch

---

[119]) Es ist beachtlich, daß auch der Gesetzgeber das gelegentlich schon ausgedrücklich gesagt hat, z. B. in § 100 des Betriebsrätegesetzes, wo „vertrauliche Angaben" und „Betriebs- oder Geschäftsgeheimnisse" nebeneinander erwähnt werden.

[120]) Etwa bei Bewerbung um eine neue Anstellung, die unter genauer Darstellung der bisherigen Beschäftigungsart und des Grades der Geschäftserfahrung und Branchenkenntnis zu erfolgen hat.

nachher, ohne irgendwie befürchten zu müssen, daß eine Bestrafung aus dem Gesichtspunkt des Verrates oder der unbefugten Verwertung von Betriebsgeheimnissen erfolgen könnte. Das Interesse der Angestellten an dieser Ausnutzung steht also, wie sich nunmehr deutlich entgegen der Entscheidung RG. Zivilſ. **65** 337 ergibt, in keiner Weise in Kollision mit „dem Interesse des Betriebsinhabers an der Wahrung seiner Geschäfts- und Betriebsgeheimnisse".

c) Man kann mithin das Betriebsgeheimnis gegen Verrat und unbefugte Verwertung schützen, ohne damit das Fortkommen der zum Schweigen verpflichteten Angestellten zu behindern. Staatssekretär v. Boetticher hatte in seiner Reichstagsrede vom 13. Dezember 1895 [121]) durchaus recht, wenn er das Verwenden dessen, was der Angestellte im Geschäfte des Prinzipals gelernt habe, scharf getrennt wissen wollte von der „Ausnutzung fremden Guts", die in der Verwertung des anvertrauten Betriebsgeheimnisses seitens der Angestellten gesehen werden muß. Freilich war die Resignation gegenüber einer deutlichen Herausarbeitung der zwischen dem echten Betriebsgeheimnis und den seitens des Angestellten erworbenen Branchenkenntnissen und Geschäftserfahrungen so groß, daß irgendwelche Versuche, diese Grenze im Gesetz anzudeuten, nicht gemacht worden sind. Auch heute noch ist diese Resignation nicht gewichen [122]). Ich meine aber, daß die Analyse des Geheimnisbegriffs doch die für die Grenzbestimmung entscheidenden Gesichtspunkte hat hervortreten lassen. Es wird nur die Frage sein, welche technische Methode dem Gesetzgeber zu empfehlen sein wird: Aufstellung einer Legaldefinition des Begriffes des Betriebsgeheimnisses oder Angabe gewisser Richtlinien, die dem Richter sagen sollen, welche Gesichtspunkte für ihn bei der Feststellung, ob ein Betriebsgeheimnis in casu vorgelegen hat und verletzt worden ist, maßgebend sein sollen. Darüber wird im nächsten Abschnitt zu reden sein.

2. Die Herausarbeitung der dem Begrif des Betriebsgeheimnisses wesentlichen Elemente gestattet weiterhin, zu der sehr umstrittenen Frage Stellung zu nehmen, welches Rechtsgut durch den Verrat oder die unbefugte Verwertung des Betriebsgeheimnisses betroffen wird, auf welches Rechtsgut also sich die gegen Betriebsgeheimnisverletzungen aufgestellten Strafrechtssätze beziehen. Die Beantwor-

---

[121]) Wassermann, Unl. Wettb. III S. 5.
[122]) Vgl. insbesondere Kohlrausch Z. **50** S. 52, 53.

tung der Frage ist vor allem für die kritische Wertung des geltenden Rechtes von Bedeutung und gibt die Grundlage für etwaige Vorschläge de lege ferenda. Die Tatsache, daß fast alle Auseinandersetzungen über den strafrechtlichen Schutz des Betriebsgeheimnisses bei Erörterungen über das geschützte Rechtsgut landen, ist schon an und für sich ein Beweis dafür, wie praktisch bedeutsam und wichtig dieses Problem ist.

Die uns interessierende Verletzung des Betriebsgeheimnisses findet zwar im Gesetz gegen den unlauteren Wettbewerb ihre hauptsächlichste Regelung; aber daneben befassen sich doch auch eine ganze Reihe anderer Gesetze mit der gleichen Angelegenheit. Schon aus diesem Grunde darf es m. E. dahingestellt bleiben, ob alle im UWG. behandelten Delikte sich auf einen einheitlichen Gesichtspunkt zurückführen lassen, das im Betriebsgeheimnis geschützte Rechtsgut also ebenfalls an diesem Gesichtspunkt orientiert ist, oder ob, worauf insbesondere Schlecht [123]) hinweist, für jede einzelne strafrechtliche Bestimmung dieses Gesetzes das ihr eigene Schutzobjekt aufgesucht werden müsse. Ich habe für die Gesamtheit aller den Betriebsgeheimnisverrat und die Betriebsgeheimnisverwertung betreffenden Strafrechtssätze nach einem einheitlichen Rechtsgute zu suchen und sehe dabei von der zufälligen Stellung des einzelnen Strafrechtssatzes in dem einen oder anderen Gesetze zunächst einmal gänzlich ab.

a) In dem Chor der Stimmen, die sich bisher zu dieser Frage geäußert haben, sind vor allem drei Gesichtspunkte vernehmlich, durch welche das geschützte Rechtsgut charakterisiert werden soll: einmal ist es der Gedanke des Vertrauens- oder Vertragsbruches, der zur Begründung der Verratsstrafe erstmalig wohl in einer Eingabe der chemischen Industrie vom Jahre 1884 [124]) anklingt und dann auf dem 19. Deutschen Juristentage von Katz [125]) mit dem Erfolge vorgetragen worden ist, daß man nicht nur auf dem damaligen Juristentage selbst [126]), sondern auch später immer wieder auf ihn zurückgegriffen hat [127]).

[123]) Z. **21** S. 83 ff., insbes. 108.

[124]) DJT. 19 Bd. I S. 89.

[125]) DJT. 19 Bd. III S. 256, 258.

[126]) Vgl. Hammer a. a. O. S. 259 und Bindseil ebenda S. 265. Vgl. ferner die auf dem 19. D. Jur.-Tage beschlossene Resolution (a. a. O. S. 270, 271, 336): „Es ist ratsam, das Strafgesetzbuch dahin zu ergänzen, daß der Verrat an Geschäfts- und Fabrikgeheimnissen unter dem Gesichtspunkt der Untreue als Vergehen strafbar sei“.

[127]) Vgl. R. Alexander-Katz, 23. DJT. Bd. I S. 132; Schlecht, Z. **21**

Ferner wird gelegentlich als das in Betracht kommende Rechtsgut das Vermögensinteresse des Betriebsinhabers bezeichnet und gerade durch diesen Hinweis ein Unterschied zwischen dem Strafrechtsschutz des Betriebsgeheimnisses und dem des Privatgeheimnisses im Sinne des § 300 StGB. zu konstruieren gesucht [128]).

Am häufigsten aber begegnet, namentlich seit Gierkes klassischem Aufsatz über den Rechtsgrund des Schutzes gegen unlauteren Wettbewerb von 1895 [129]), die Auffassung, daß der Rechtsgrund für die Verratsstrafe und damit das durch die Strafrechtssätze über den Betriebsgeheimnisverrat geschützte Rechtsgut in dem Persönlichkeitsrecht gesehen werden müsse [130]). Eine völlig scharfe Gegensätzlichkeit der einzelnen Auffassung sei mit dieser Gegenüberstellung nicht behauptet; Übergänge und Mittelmeinungen kommen vor.

b) Daß der Gedanke des Vertrauens- oder Vertragsbruchs nicht zutrifft, um das geschützte Rechtsgut bei Geheimnisverletzungen zu charakterisieren, sollte kaum bezweifelt werden können. Es war eine voreilige Verlegenheitslösung, als der 19. Deutsche Juristentag diesen Gedanken aufgriff und den Gesetzgeber an ihn verwies. Wenn nun auch bei der Schaffung des § 9 aUWG. von 1896 und des § 17 UWG. von 1909 gerade für die Beschränkung der Strafbarkeit des Verrats auf die Dauer des Angestelltenverhältnisses auf den Vertrauens-

---

S. 108, Entscheidungen des Kammergerichts, VIII. Zivilsenat, vom 25. Okt. 1902 (mitgeteilt in Unl. Wettb. II S. 57). Vgl. ferner die Denkschrift zum Entwurf 1895 (23. DJT. I S. 182).

[128]) So vor allem Wolff S. 6, ferner v. Overbeck S. 57a. Vgl. ferner die von Pfaff, 23. DJT. Bd. II S. 467 erwähnten Auffassungen von O. Mayer, Schuler und Franckel.

[129]) Zeitschrift für gewerblichen Rechtsschutz, IV. Jahrgang, S. 109 ff.

[130]) So vor alllem: Friedlaender S. 199 ff., insbes. S. 205, Rosenthal § 17 Note 1, Ringier S. 30, 31, Marcus, Unl. Wettb. II S. 101, Alexander-Katz M. & W. XXV 89, Osterrieth S. 8, 10, 403 (vgl. aber S. 419, wo für den Fall des Verrates des Angestellten auch auf den Gesichtspunkt der Untreue hingewiesen wird), namentlich aber Kohler, Der unl. Wettbewerb 1914, S. 17 ff., 22 ff., 245 ff., 246 („das Persönlichkeitsrecht wird zum Geheimnisrecht"), ferner Lobe, Der unl. Wettb. als Rechtsverletzung 1907, S. 145 ff., 183 ff., der aber den speziellen Rechtsgrund des § 17 UWG. in M. & W. XI S. 416/17 „im Treubruch gegen den Dienstherrn" erblickt, ferner Alexander Elster, Gewerblicher Rechtsschutz 2. Aufl. 1928 S. 43 ff., der aber S. 49 ff. auch die „vermögensrechtliche Gestalt des gewerblichen Rechtsschutzes" betont und in seiner „Theorie des Geistesgut-Wettbewerbsrechts" (vgl. a. a. O. S. 21) eine Synthese zwischen Persönlichkeitsrecht und Vermögensrecht anstrebt; vgl. auch Elster in HdR. VI S. 887 ff.; neuerdings insbesondere Kohlrausch Z. 50 S. 40 ff., 43.

gesichtspunkt zurückgegriffen und aus ihm eine scheinbar einleuchtende Begründung für diese zeitliche Einschränkung der Strafbarkeit hergeleitet werden konnte, so hat doch Kohlrausch[131]) völlig recht mit seiner Behauptung, daß dieser Gesichtspunkt schon im UWG. selbst „teils nicht zu Ende gedacht, teils übertrieben" worden ist. Das „Nicht-zu-Endedenken" möchte ich freilich im Gegensatz zu Kohlrausch nicht darin sehen, daß das UWG. den Verrat der prozessualen Sachverständigen außer Acht gelassen und den Gedanken des Vertrauensbruchs „auf Verträge beschränkt" habe; vielmehr möchte ich es darin finden, daß nur die Anstellungsverträge nach der Meinung des Gesetzes ein Vertrauensverhältnis begründen, aus dem die Strafbarkeit des Verrates hergeleitet wird, nicht aber z. B. auch die Sozietätsverträge oder etwa das Agentenverhältnis[132]). Daß der Vertrauensgesichtspunkt für die Bestimmung des durch die Geheimnisverletzung betroffenen Rechtsgutes nicht maßgebend sein kann, beweisen aber einmal schon die §§ 17 II, 20 UWG., nach denen eine Strafbarkeit auch der außerhalb des geschäftlichen Unternehmens stehenden „Dritten" möglich ist[133]), ferner alle diejenigen gesetzlichen Bestimmungen, die sich, wie § 376 Reichsabg.O. usw., gegen Geheimnisverletzungen durch Beamte oder solche Personen richten, denen kraft ihres Amtes oder Berufes ohne Rücksicht auf den Willen des Geheimnisträgers und ohne Rücksicht darauf, ob dieser Vertrauen gewähren will oder kann, ein Einblick in die Geheimnissphäre des Betriebes oder Unternehmens ermöglicht wird[134]).

Abgelehnt werden muß aber auch die einseitig vermögensrechtliche Auffassung von dem durch die Geheimnisverletzung betroffenen Rechtsgut, wie sie bei Wolff, Schuler und anderen begegnet. Es kann natürlich gar nicht geleugnet werden, daß an der

[131]) Z. **50** S. 43.

[132]) Marcus (Unl. Wettb. II S. 2 ff.) hat sich vergeblich um den Nachweis bemüht, daß der Agent unter dem Strafverbot des § 9 aUWG. stehe. Vgl. gegen ihn Rosenthal § 17 Note 5, Becher § 17 Anm. 5, RG. in JurW. **56** 2378 und vor allem die völlig überzeugenden Ausführungen von Schmidt-Rimpler, Handbuch des ges. Handelsrechts fünfter Band, I. Abt., 1. Hälfte 1926 S. 8 ff., 21 ff., 28, 29, 30; ferner auch Müller-Erzbach, Deutsches Handelsrecht 2. Aufl. (1927) S. 147.

[133]) Vgl. Friedlaender S. 199 ff.

[134]) Hierher würde m. E. auch der Fall des gerichtlichen Sachverständigen zu rechnen sein. Vgl. im übrigen bezüglich der einzelnen Bestimmungen der genannten Art meine Ausführungen unten S. 178 ff.

gewissenhaften Wahrung der Betriebsgeheimnisse das Unternehmen auch ein sehr erhebliches finanzielles Interesse haben kann. Aber einmal lassen sich Betriebsgeheimnisse denken, denen ein finanzieller Wert nicht oder noch nicht zu eignen braucht, z. B. experimentelle Methoden eines chemischen Laboratoriums, von denen sich zunächst noch gar nicht sagen läßt, ob sie jemals zu einer brauchbaren Erfindung führen werden. Sodann muß es aber überhaupt als eine Einseitigkeit angesehen werden, allein den etwa vorhandenen Vermögenswert des Betriebsgeheimnisses hervorzukehren und daneben seine geistig-ideelle Bedeutung außer Acht zu lassen. Diese letztere Bedeutung sucht nun gerade die Theorie vom Persönlichkeitsrecht zu unterstreichen, und darin muß ihr großer Vorzug vor den anderen engeren, ja engherzigeren Auffassungen gesehen werden. Aber auch die Theorie vom Persönlichkeitsrecht ist letzten Endes nicht ganz befriedigend; denn es ist nicht zu verkennen, daß der Ausdruck „Persönlichkeitsrecht" wenig klar ist[135]). Sonst wäre es kaum zu begreifen, daß über den Inhalt und Umfang des Persönlichkeitsrechtes so weitgehende Meinungsverschiedenheiten möglich sein könnten, je nachdem, ob man nach Lobes Vorbild[136]) das Persönlichkeitsrecht bezeichnet als „die alle anderen von der Einwirkung auf das natürliche Dasein des Menschen[137]) ausschließende Rechtsmacht" und nun alle vom „Dasein des Menschen" als solchem trennbaren immateriellen Güter, wie die Individualität des Geschäftsbetriebes, Ehre, Kredit, Name usw., streng vom Persönlichkeitsrecht ausschließt[138]) — oder ob man mit Gierke[139]) „als Schutzgegenstand des Persönlichkeitsrechts nicht nur die Person selbst, sondern eine weitere Sphäre um sie, die Per-

[135]) Vgl. dazu neuestens Baumbach S. 125: „Der Begriff des Persönlichkeitsrechts ist recht verschwommen; im Grund versteht jeder etwas anderes darunter."

[136]) Lobe, Der unl. Wettb. als Rechtsverletzung 1907 S. 159 ff.

[137]) Im Original nicht gesperrt.

[138]) Vgl. Lobe a. a. O. S. 161, 162. Übereinstimmend damit jetzt Callmann S. 25. Freilich gelangt Callmann bei seiner scharfen Abgrenzung des Persönlichkeitsrechtes vom Immaterialgut im Gegensatz zu Lobe zu dem Ergebnis, daß die Persönlichkeit als Schutzgegenstand des Wettbewerbsrechts ausscheide, während Lobe (S. 183 ff., 193) gerade zeigen zu können glaubt, „daß das Recht die Erwerbtätigkeit als ein besonderes Betätigungsrecht aus dem allgemeinen Persönlichkeitsrecht herausgebildet hat"; so hat denn Lobe S. 197 „die Erwerbtätigkeit selbst als Schutzgegenstand des absoluten Persönlichkeitsrechts anerkannt".

[139]) Zeitschr. f. gewerbl. Rechtsschutz 1895 S. 109 ff.

sönlichkeitssphäre, betrachtet" [140]) und nun gerade etwa auch die unkörperlichen Geschäftswerte, also Immaterialgüterrechte, als „Persönlichkeitsgüter" [141]) ansieht und ihren Rechtsschutz auf das auch an ihnen bestehende Persönlichkeitsrecht zurückführt [142]). Der Gedanke des Persönlichkeitsrechts hat sich mehr in dem Sinne bewährt, einen erstrebenswerten Zielpunkt für gesetzeskritische Betrachtungen abzugeben und rechtspolitischen Postulaten gegenüber der Enge gegebenen positiven Rechtes Nachdruck zu geben, als in dem Sinne einer Förderung der juristischen Dogmatik überhaupt. So ist es denn auch verständlich, daß sich das Reichsgericht bei der Anwendung des geltenden Rechtes stets und ständig gegen die Anerkennung eines „allgemeinen Persönlichkeitsrechtes" gesträubt hat [143]) und in seinen diesbezüglichen Urteilen die Tendenz erkennen läßt, den Rechtsverletzungstypus des einzelnen Falles aus einer spezielleren Erfassung des verletzten Rechtsgutes zu erklären, als dies unter Heranziehung des vagen und vieldeutigen Persönlichkeitsrechtes möglich wäre.

Bei den hier in Rede stehenden Verletzungen des Betriebsgeheimnisses dürfte nun die speziellere Erfassung des verletzten Rechtsgutes unter Verwendung des oben gewonnenen Begriffes des Betriebsgeheimnisses und somit unter dem modernen Gesichtspunkte des „Unternehmens" zu erfolgen haben. Ist das Betriebsgeheimnis Ausdruck der Individualität des Unternehmens im Bereiche der wettbewerblichen Beziehungen, so ist das, was durch den Geheimnisverrat oder die unbefugte Geheimnisverwertung verletzt wird, eben das Interesse an der Erhaltung dieser Unternehmensindividualität, soweit sie von der Wahrung des im Betriebsgeheimnis liegenden wettbewerblichen Geistesgutes abhängig ist. Insofern fügt sich dieses im Betriebsgeheimnis liegende Rechtsgut demjenigen Rechtsgute ein, das von der Praxis des Reichsgerichts als „Recht am Unternehmen" wiederholt Anerkennung gefunden hat [144]). Schon in der

[140]) Hueck S. 44.

[141]) Gierke a. a. O. S. 116.

[142]) Vgl. auch Kohler, Unlauterer Wettbewerb 1914, S. 17 ff., 22—24, 245 ff.

[143]) Vgl. die berühmten Entscheidungen RG. Zivils. **69** 401, **79** 397, **113** 414.

[144]) Genauer: „Recht am eingerichteten und ausgeübten Gewerbebetrieb". Vgl. über die Rechtsprechung des Reichsgerichts Hueck S. 43 Note 10, Wieland, Handelsrecht I S. 243 Note 11, Isay S. 35, 36. Dazu Oppikofer S. 134, Callmann S. 26 ff.

älteren Literatur über den strafrechtlichen Schutz des Betriebsgeheimnisses klingt übrigens dieser Gedanke gelegentlich an, so namentlich in der besten aller älteren Monographien über dieses Thema, der Arbeit Friedlaenders[145]). Von dem Gedanken ausgehend, daß das Betriebsgeheimnis „Ausdruck der Individualität des Geschäftsbetriebes" sei, kennzeichnet Friedlaender das durch die Poenalisierung des Geheimnisverrates geschützte Rechtsgut durch die Worte: „Daher wird im Geschäfts- und Betriebsgeheimnis das Resultat der physischen und geistigen Kraft des Gewerbtreibenden geschützt und ihm ein Recht daran, als dem Ausflusse seiner Persönlichkeit, gewährt"[146]). Sieht man von der dem Geiste der Zeit entsprechenden Heranziehung des „Persönlichkeitsrechtes" ab, so bleibt auch bei Friedlaender die auf der Einsetzung physisch-geistiger Kraft beruhende Betriebs- oder Unternehmensindividualität als dasjenige Interessenobjekt, dem der Schutz der Strafbestimmungen über Geheimnisverletzung gilt. In der neuesten Literatur hat sich insbesondere Callmann in der Einleitung[147]) seines Kommentars zum UWG. an ähnliche Gesichtspunkte herangearbeitet. Auf der Suche nach dem dem UWG. überhaupt zugrunde liegenden Schutzgegenstand faßt auch er das „Recht am Unternehmen" unter ausdrücklicher Billigung der reichsgerichtlichen Judikatur ins Auge. Das Persönlichkeitsrecht, das er lediglich auf „ideelle Güter", auf „Güter ohne Verwertungszweck" bezogen wissen will, hält auch er mit Recht für ungeeignet zu einer Erfassung des wettbewerblichen Schutzgegenstandes. Wenn er nun gerade bezüglich des Betriebsgeheimnisses über den Gedanken des Rechtes am Unternehmen[148]) zu einer spezielleren Kennzeichnung des durch die Geheimnisverletzung betroffenen Rechtsgutes nicht vordringt, so kann ihm, der das Wettbewerbsrecht als Ganzes im Auge hat, daraus ein Vorwurf nicht gemacht werden. Übrigens klingt[149]) der Gedanke der „Eigenart des Unternehmens" auch in seiner Darstellung vom wettbewerblichen Schutzgegenstand, und zwar gerade bei „unkörperlichen Geschäftsgütern", gelegentlich mit an. Schließlich sei noch auf den ebenfalls erst kürzlichst erschienenen „Kommentar zum Wettbewerbsrecht" von Baumbach hingewiesen, dessen Untersuchungen über das im Wett-

[145]) Friedlaender S. 210 ff.
[146]) Friedlaender S. 211/12.
[147]) S. 26—28.
[148]) Vgl. Callmann S. 385.
[149]) A. a. O. S. 27.

bewerbsrecht geschützte Rechtsgut m. E. nur in Form und Ausdrucksweise, nicht aber in der Sache selbst zu anderen Ergebnissen als Callmann gelangen. Wenn Baumbach[150]) den „Gewerbebetrieb" als Schutzobjekt bezeichnet, den Gewerbebetrieb aber auffaßt als „eine Zusammenfassung für sämtliche in einem Unternehmen steckenden Werte, einschließlich Firma, Warenzeichen, Geschäftsgeheimnisse, geschäftlichen Rufs, Kundschaft, Ausstattungsrechte u. dgl." und an diesem Gewerbebetrieb ein „dem Eigentum völlig entsprechendes", Vermögenswert besitzendes „absolutes Recht" annimmt, so deckt sich das alles nach meiner Auffassung durchaus mit dem, was Callmann über das Recht am Unternehmen zu sagen weiß. Beide Schriftsteller aber tragen mit ihrem Abstellen auf „Unternehmen" oder „Gewerbebetrieb" dem „Sinn unserer heutigen Rechts- und Wirtschaftsentwicklung"[151]) Rechnung. Ihm sucht auch die hier vorgetragene Auffassung zu genügen, welche das Interesse, die Eigenart und die spezifisch wettbewerbliche Funktion des Unternehmens zu wahren und zu erhalten und das Unternehmen dieser seiner Individualität entsprechend sich entwickeln zu lassen, als spezielles Schutzobjekt der Normen über den Geheimnisschutz betrachtet. Es liegt auf der Hand, daß ein strafrechtlicher Schutz des Betriebsgeheimnisses, der an dieser Auffassung von dem zu schützenden Rechtsgut orientiert wird, wesentlich umfassender sein muß, als dies bei den heutigen strafrechtlichen Schutzbestimmungen der Fall ist, welche zum guten Teil unter dem oben zurückgewiesenen, weil das Wesen der Sache nicht treffenden Gesichtspunkt des Vertrauensbruchs entstanden sind. Nicht deswegen ist das Betriebsgeheimnis zu schützen, weil durch seine Verletzung ein in den Täter gesetztes Vertrauen enttäuscht wird, sondern weil diese Verletzung an die vitalen Grundlagen des betroffenen Unternehmens selbst rührt und seine wettbewerbliche Eigenart zu zerstören droht. Es wird sich fragen, ob der Gesetzgeber es mit dem Gedanken gehöriger Sicherheit der Rechtsanwendung wird vereinbaren können, jede Verletzungshandlung, die sich gegen dieses Unternehmensinteresse richtet, ohne weiteres mit Strafe zu bedrohen, oder ob gewisse Einschränkungen nötig sind. Jedenfalls aber eröffnet nur diese auf die Verletzung der wettbewerblichen Unternehmensindividualität abstellende Auffassung eine genügend weite Perspektive, um aus der Engherzigkeit und Zufälligkeit des heutigen Rechts heraus-

[150]) S. 126/127.

[151]) Oppikofer, Das Unternehmensrecht, 1927, S. 136. Vgl. auch Hedemann, Das bürgerliche Recht und die neue Zeit, 1919.

zukommen. Diese, wenn man so will, „moderne" Auffassung ist übrigens auch nicht den Schwierigkeiten ausgesetzt, welche für die Theorie vom „Persönlichkeitsrecht" den juristischen Personen gegenüber für manche bestehen trotz der Ausführungen Lobes[152]), der dieser Schwierigkeiten Herr zu werden gesucht hat. Gerade die Verselbständigung des Unternehmensbegriffs und seine Lösung von den Persönlichkeiten der Gründer und Leiter läßt es ganz gleichgültig sein, ob diese Persönlichkeiten physische oder juristische Personen sind.

IV.

1. Die Erörterungen über den Geheimnisbegriff und seine Bedeutung führen zu der Frage, in welcher Weise der Gesetzgeber am zweckmäßigsten zu dem Begriffe des Betriebsgeheimnisses Stellung zu nehmen vermag. Im geltenden Recht ist bekanntlich jeder Hinweis auf den Inhalt des außerordentlich komplexen Begriffs vermieden worden. Das Gesetz spricht vom Geschäfts- oder Betriebsgeheimnis schlechthin und überläßt es völlig dem Richter, diesen Begriff zu analysieren und, soweit er normative Bestandteile enthält, die damit geforderte Wertausfüllung vorzunehmen. Die Schwierigkeiten aber, die diese Analyse gemacht hat, und dann vor allem die Unklarheit, die mangels genauerer Erfassung des Begriffs „Betriebsgeheimnis" über seine Abgrenzung gegen die allgemeinen Branchenkenntnisse, die geschäftlichen Erfahrungen und beruflichen Fertigkeiten seit jeher bestanden hat, haben schon oft den Gedanken nahegelegt, vom Gesetzgeber eine Legaldefinition des „Betriebsgeheimnisses" zu verlangen oder das Fehlen einer solchen zu tadeln. Ein solcher Tadel findet sich z. B. bei Ringier[153]); Paul Schmid[154]) hat eine Legaldefinition ausgearbeitet, von der er allerdings selbst erklären muß, daß sie „umständlich" sei. Vielfach wird aber auch die Meinung vertreten, daß eine Legaldefinition nicht möglich sei. Teils hält man den Geheimnisbegriff überhaupt für unbestimmbar[155]),

---

[152]) Lobe, Der unl. Wettb. als Rechtsverletzung 1907, S. 203 ff.

[153]) S. 20.

[154]) Der gesetzliche Schutz der Fabrik- und Geschäftsgeheimnisse, 1907, S. 203/04.

[155]) So André, 19. DJT. Bd. I S. 76/77, der daraus überhaupt die Unmöglichkeit strafrechtlichen Schutzes des Betriebsgeheimnisses folgert, A. Finger, Vergl. Darst. Bes. Teil VIII S. 387, der daraus folgert, daß die Poenalisierung auf den Verrat des Angestellten während der Vertragsdauer beschränkt werden müsse (vgl. oben S. 145).

teils steht man auf dem Standpunkt, daß er jedenfalls für eine Legaldefinition ungeeignet sei und daß infolgedessen durch eine solche weit mehr Schaden als Nutzen angerichtet werden würde [156]).

Nun beruht das Fehlen einer Legaldefinition im heutigen deutschen UWG., wie schon oben [157]) gezeigt worden ist, nicht auf einem Versehen, sondern auf Absicht. Man hat den Richter bei der Würdigung des Einzelfalles möglichst wenig binden wollen. Kohlrausch [158]) hat diese Methode jüngst gelobt, da die durch Definitionen erstrebte „mathematische Sicherheit der Rechtsanwendung eine Utopie bleibe", durch Legaldefinitionen nur „ein Streit um Worte" an Stelle „des Streits um Begriffe" gesetzt und außerdem die Möglichkeit „erschwert" werde, „daß ein wahrer Richter wenigstens diejenigen Näherungswerte findet, die bei allgemeineren Direktiven immerhin noch erreichbar sein würden". In seinen Gesetzesvorschlägen [159]) hat es denn auch Kohlrausch wieder bei der Verwendung der Worte „Geschäfts- oder Betriebsgeheimnisse" schlechthin bewenden lassen. In ihnen selbst sieht er offenbar schon genügend „allgemeinere Direktiven" für die richterliche Entscheidung [160]). Aber in dieser Hinsicht dürften sich gewisse Zweifel nicht unterdrücken lassen.

Ich möchte Kohlrausch darin freilich zustimmen, daß der Begriff des Betriebsgeheimnisses für eine Legaldefinition nicht geeignet ist. Legaldefinitionen sind m. E. da am Platze, wo der Gesetzgeber mit wenigen Worten diejenigen Fakten bezeichnen kann, die er als konstitutive Bestandteile eines gesetzlichen Begriffes ange-

---

[156]) Scherer, 23. DIT. I S. 243; Denkschr. zum Entw. UWG. 1895 (23. DJT. Bd. I S. 181); jetzt namentlich Kohlrausch Z. **50** S. 52/53.

[157]) Vgl. oben S. 120.

[158]) Z. **50** S. 53.

[159]) A. a. O. S. 71/72.

[160]) Letzten Endes meint freilich Kohlrausch (vgl. S. 52 Anm. 7), daß die Grenze zwischen Betriebsgeheimnissen und allgemeinen geschäftlichen Erfahrungen durch den „Takt des Richters" gezogen werden müsse. Wenn übrigens Kohlrausch (a. a. O. S. 52) das Problem der Legaldefinition darauf abstellt, daß „die Grenze zwischen geschützten und freien Geheimnissen" zu ziehen sei, so kann dies von dem hier vertretenen Standpunkt aus nicht gebilligt werden. Es kommt de lege lata wie de lege ferenda nicht darauf an, innerhalb der Betriebsgeheimnisse „geschützte" einerseits, „freie" andererseits zu unterscheiden. Das grundlegende Problem geht vielmehr dahin, die Betriebsgeheimnisse im Sinne der strafrechtlichen Schutzbestimmungen überhaupt von dem zu sondern, was als Betriebsgeheimnis nicht angesehen werden darf.

sehen wissen will[161]), oder wo er zur Bestimmung eines solchen Begriffs auf bekannte oder anderweitig schon geregelte und erklärte Wertformeln hinweisen kann[162]). Weder das eine noch das andere ist beim Begriff des Betriebsgeheimnisses der Fall. Wir haben ausführlich gezeigt, daß er sich keineswegs aus lauter rein kognitiven, der Welt der Fakten und Seinsgegebenheiten angehörigen Elementen zusammensetzt; wir wissen vielmehr, daß in ihm neben rein faktischen Elementen (Unbekanntsein gewisser Tatsachen; Geheimhaltungswille) vor allem normative Bestandteile von hervorragender Bedeutung sind (wettbewerbliches Interesse im Hinblick auf die Eigenart des Betriebes). Aber die Werturteile, die der Richter demgemäß bei der Rechtsanwendung zur Ergänzung heranzuziehen hat, sind nicht eindeutigen Inhaltes, sind als solche nicht bereits anderweitig geregelt und beschrieben, sind vielmehr von der Art, daß der Richter sie unter Berücksichtigung aller Einzelheiten und Besonderheiten des zur Beurteilung stehenden Einzelfalles im Hinblick auf kulturelle, namentlich wirtschaftliche und soziale Wertungen[163]) selbst erst zu bilden hat. Dabei ist auf die Art des konkreten Unternehmens, seine spezifisch wettbewerbliche Funktion, die Art und Weise tatsächlicher oder möglicher Konkurrenz, kurz auf alles das abzustellen, was oben zur Erklärung des Geheimhaltungsinteresses gesagt worden ist[164]). Wie aber sollte eine Legaldefinition dieser Komplexität der im Geheimnisbegriff enthaltenen Wertelemente gerecht werden können? Nie wird eine Legaldefinition über eine vage, „ausfüllungsbedürftige Wertformel"[165]) hinausgelangen. Niemals wird sie mit hinreichender Deutlichkeit das bezeichnen können, was der Richter beim Betriebsgeheimnis vor allem ins Auge zu fassen hat: Die konkrete wettbewerbliche Individualität des in Rede stehenden Unternehmens. Gerade weil es beim Betriebsgeheimnis entscheidend auf dieses, nur dem zu beurteilenden Einzelfall selbst zu entnehmende konkrete Moment ankommt, handelt es sich bei ihm um einen Begriff von weitgehender Schmiegsamkeit und Anpassungsfähigkeit; und

[161]) Vgl. etwa StGB. § 203: „Kartellträger".

[162]) Vgl. die Legaldefinitionen in AE. 1927 § 9.

[163]) Vgl. Mezger, Vom Sinn usw. S. 226.

[164]) Nicht aber, wie Kohlrausch S. 53 meint, „auf die Art des Geheimnisses"; denn ob ein Geheimnis im Sinne des Gesetzes vorliegt, soll ja gerade erst geprüft werden. Kohlrausch's Meinung folgt aber konsequent aus seiner oben Anm. 160 wiedergegebenen Auffassung, es komme darauf an, geschützte und freie Geheimnisse voneinander zu scheiden.

[165]) Vgl. Graf zu Dohna, Mitt. JKV. Neue Folge 2 S. 21 ff.

gerade darum ist eine Legaldefinition hier nicht am Platze, da sie erfahrungsgemäß zu weltfremder philologischer Gesetzesinterpretation anreizt und die erforderliche Schmiegsamkeit durch Starrheit zu ersetzen pflegt.

2. Aber der Gesetzgeber sollte die im Begriffe des Betriebsgeheimnisses steckenden und mangels einer gesetzlichen Erklärung des Begriffs oft verkannten Fragen von entscheidender Bedeutung auf anderem Wege als dem einer Legaldefinition, wenn nicht zu lösen, so doch dem Richter zu erleichtern suchen. Das gilt vor allem für das entscheidende, de lege lata et ferenda gleich bedeutungsvolle Problem der Abgrenzung der eigentlichen Betriebsgeheimnisse von den allgemeinen Berufsfertigkeiten und -erfahrungen, auf deren beliebige Verwendung und Ausnutzung die Angestellten Wert legen müssen.

a) Soweit ich sehe, hat bisher allein der tschechoslowakische Gesetzgeber den Versuch gemacht, diese Abgrenzung mittels einer ausdrücklichen Norm vorzunehmen. Das tschechoslowakische Gesetz vom 15. Juli 1927 gegen den unlauteren Wettbewerb[166]) verfährt zu diesem Zwecke folgendermaßen: In § 13 Abs. 1 und 2 werden zivilrechtliche, in § 31 Abs. 1 und 2 entsprechende strafrechtliche Schutzbestimmungen zugunsten der „Geschäfts- oder Produktionsgeheimnisse" aufgestellt. Abs. 3 des § 13, auf den in dem strafrechtlichen § 31 ebenfalls ausdrücklich Bezug genommen wird, fährt dann fort: „Diese Vorschriften finden auf die Benützung von Kenntnissen und Fertigkeiten, die ein Bediensteter oder Lehrling im regelmäßigen Verlaufe seiner mit Willen des Dienstgebers in dessen Unternehmen verrichteten Tätigkeit erworben hat, keine Anwendung." Es liegt in der Natur der Sache, daß auch diese Bestimmung dem Richter für jeden Einzelfall keine fertige Entscheidung liefert, sondern ihm lediglich die Richtung weist, in der er unter Berücksichtigung aller Besonderheiten des zu entscheidenden Falles die sachgemäße, vernünftige und gerechte Entscheidung *finden* kann. Insofern ist auch die Formel jenes Abs. 3 nur eine formale Maxime, eine Richtlinie zur Gewinnung des für die Entscheidung maßgebenden Obersatzes; aber dadurch verliert sie nicht an Wert. Ihr Wert beruht in erster Linie darin, daß der Richter vom Gesetz selbst auf das Dasein jenes grundlegenden Unterschiedes zwischen Betriebsgeheimnissen und allgemeinen Berufskenntnissen und -fertigkeiten hingewiesen und damit angehalten wird, den Begriff des Betriebsgeheimnisses allein auf jene dem Unter-

[166]) Übersetzung bei *Weinmann-Walden* S. 169 ff.

nehmen spezifischen, für den Wettbewerb bedeutungsvollen Tatsachen zu beziehen, deren Respektierung dem Angestellten ohne Beeinträchtigung seines wirtschaftlichen und beruflichen Fortkommens zugemutet werden darf.

Die Fassung der Formel erscheint aber, jedenfalls in der deutschen Übersetzung, nicht unbedingt vollkommen, namentlich insofern, als es m. E. nicht als ausgeschlossen betrachtet werden darf, daß auch die Kenntnis echter Betriebsgeheimnisse „im regelmäßigen Verlaufe" der dienstlichen Tätigkeit erworben werden kann. Freilich dürfte es sehr schwierig sein, eine Fassung zu finden, die den begrifflichen Unterschied der hier voneinander zu sondernden Phänomene wirklich völlig einwandsfrei wiedergibt; ohne Legaldefinitionen wird man dabei letzten Endes wieder kaum auskommen können.

b) Gerade darum möchte ich dem deutschen Gesetzgeber nicht dazu raten, eine dem tschechoslowakischen Recht nachgebildete Formel in das deutsche Recht aufzunehmen, namentlich dann, wenn sich eine Erweiterung des Geheimnisschutzes als notwendig erweisen sollte. Man kann aber auch noch auf anderem Wege erreichen, daß bei der Rechtsanwendung der Betriebsgeheimnisbegriff in einer die Rechte der Angestellten schonenden Weise interpretiert wird. Dadurch nämlich, daß der Schaden, der infolge der typischen Betriebsgeheimnisverletzungen an den Interessen des betroffenen Unternehmens eingetreten sein muß, im gesetzlichen Tatbestand als Tatbestandsmerkmal ausdrücklich hervorgehoben wird. In gewissem Sinne gibt § 133 des AE. 1925 hierfür ein Vorbild ab. § 133 stellt die Verletzung des Amtsgeheimnisses unter Strafe und sucht der Gefahr, daß jede Indiskretion eines Beamten unter diesen Tatbestand subsumiert werden könnte, nicht übel dadurch vorzubeugen, daß als tatbestandsmäßiger „Erfolg" der Verletzung des „Amtsgeheimnisses" die „Gefährdung eines berechtigten öffentlichen oder privaten Interesses" im Strafrechtssatze selbst hervorgehoben wird. Es kann hier dahingestellt bleiben, ob der Tatbestand des § 133 nicht trotz dieser wichtigen Einschränkung noch immer zu umfassend, ja vage bleibt [167]). Bei dem sehr viel spezielleren Delikt der Betriebsgeheimnisverletzung, das sich, wie gezeigt, gegen ein eindeutig bestimmbares Rechtsgut im Bereiche der Unternehmensinteressen richtet, führt die Methode des § 133 m. E. zum gewünschten Ziel. Es würde also im Tatbestande selbst hervorzuheben sein, daß der Verrat oder die Ver-

---

[167]) Vgl. darüber unten 3. Abschnitt A I 2.

wertung des Betriebsgeheimnisses das Interesse des Unternehmens an Erhaltung der ihm eigentümlichen Wettbewerbsfähigkeit gefährden oder verletzen müsse. Eine solche Gefährdung und Verletzung kommt nicht in Frage, wenn ein Angestellter etwa nach seiner Entlassung in einem andern Betriebe nur diejenigen allgemeinen Geschäftserfahrungen und beruflichen Fertigkeiten verwertet, die er in seiner bisherigen Arbeitsstelle sich erworben hat. Für das Unternehmen, dem er bisher diente, mag es unbequem[168]) sein, einen geschickten und kenntnisreichen Angestellten zu verlieren; es mag auch sein, daß die Wettbewerbsfähigkeit des Unternehmens, die natürlich auch von der Tüchtigkeit der persönlichen Kräfte abhängig ist, eine gewisse Beeinträchtigung erfährt. Aber keinesfalls betrifft diese Beeinträchtigung die Wettbewerbsfähigkeit des Unternehmens gerade in den die Unternehmensindividualität ausmachenden Beziehungen. Vielmehr kann diese Art Beeinträchtigung dem Unternehmen seitens der Konkurrenz auch dadurch zugefügt werden, daß die letztere sich sonst irgendwie ein Personal verschafft, das demjenigen des im Wettbewerb zu schlagenden Unternehmens an Erfahrungen und Tüchtigkeit überlegen ist.

Verfährt der Gesetzgeber nach dieser Methode, so erreicht er m. E. das vom tschechoslowakischen Gesetz erstrebte Ziel auf eine juristisch weniger anfechtbare Weise. Selbstverständlich wird auch diese Tatbestandsfassung für die Entscheidung des Richters nur ein regulatives Prinzip sein. Ich glaube aber, daß es sicherer zum Ziele führt, als das vom tschechoslowakischen Gesetz verwendete.

2. Abschnitt.

Der strafrechtliche Schutz des Betriebsgeheimnisses im geltenden Recht.

I.

Das Strafgesetzbuch.

1. Im Gegensatz zu den Partikularstrafgesetzbüchern des 19. Jahrhunderts enthält das Reichsstrafgesetzbuch vom 15. Mai 1871 auffallenderweise keine Bestimmung, die sich auf den Schutz des Betriebsgeheimnisses bezieht. Man hat dafür sehr verschiedenartige Gründe anzugeben versucht und darüber namentlich auf dem 19. Deutschen

[168]) Vgl. dazu Scherer, 23. DJT. Bd. I S. 227, und dazu auch den folgenden Abschnitt sub I 1.

Juristentage gestritten. Während Lindenberg[169]) das Schweigen des RStGB. damit zu erklären suchte, daß zur Zeit der Schaffung des RStGB. der Begriff des geistigen Eigentums noch nicht erfaßt gewesen sei, erklärte Katz[170]), daß man damals im Gegenteil die Frage des Schutzes des Betriebsgeheimnisses der im regsten Fluß befindlich gewesenen Gesetzgebung über das geistige Eigentum habe überlassen wollen. In Wirklichkeit dürfte die Anlehnung des RStGB. an das preußische Strafgesetzbuch von 1851 der Grund für die Unterlassungssünde des Reichsstrafgesetzgebers sein[171]). § 155 des Pr. StGB. enthält zwar eine sehr weit gefaßte, über den Täterkreis des § 300 StGB. weit hinausgehende Bestimmung über die Strafbarkeit des Verrates von Privatgeheimnissen[172]), sagt aber kein Wort über den Verrat von Betriebsgeheimnissen. Nur soweit es möglich wäre, Privatgeheimnis und Betriebsgeheimnis für die damalige Zeit zu identifizieren, ließe sich ein Schutz des letzteren aus § 155 Pr. StGB. herauslesen. Daß das aber von den Interpretatoren des Pr. StGB. versucht worden sei, wird sich kaum erweisen lassen[173]).

Natürlich haben die liberalistisch-manchesterlichen Anschauungen des 19. Jahrhunderts bewirkt, daß ein Bedürfnis nach einem Schutze des Betriebsgeheimnisses nicht eigentlich empfunden wurde. Im Zeitalter der Gewerbefreiheit reinsten Wassers, des laissez faire laissez aller war die noch auf dem 19. Deutschen Juristentage wiederholt ausgesprochene Meinung möglich, daß der Staat das Privatinteresse an Geheimhaltung irgendwelcher Tatsachen nicht schützen könne, daß es vielmehr dem Privaten selbst zu überlassen sei, sich auf vertraglichem Wege den erforderlichen Schutz zu suchen[174]). Die Sorge, daß man mit einer strafrechtlichen Ahndung des Betriebs-

[169]) 19. DJT. Bd. III S. 262/63.

[170]) A. a. O. S. 255/6.

[171]) Vgl. Kohler, Der unl. Wettb. 1914, S. 251.

[172]) § 155 lautet: „Medizinalpersonen und deren Gehilfen, sowie alle Personen, welche unbefugterweise Privatgeheimnisse offenbaren, die ihnen kraft ihres Amtes, Standes oder Gewerbes anvertraut sind, werden mit Geldbuße bis zu 500 Talern oder mit Gefängnis bis zu 3 Monaten bestraft."

[173]) § 155 Pr. StGB ist in der preußischen strafrechtl. Literatur stiefmütterlich behandelt worden. Oppenhoff, Das Strafgesetzb. f. d. Preuß. Staaten, 5. Aufl. 1867, § 155 Noten 1 u. 5, Temme, Glossen zum StGB. f. d. Preuß. Staaten, 1853 S. 225/6, Temme, Lehrbuch des Pr. Strafrechts, 1853, S. 856, Beseler, Kommentar über das StGB. f. d. Preuß. Staaten, 1851, S. 328 ergeben nichts für die im Text aufgeworfene Frage.

[174]) Vgl. die Eingabe des Vereins Deutscher Ingenieure, 19. DJT. Bd. I S. 125; ferner das Referat von André.

geheimnisverrats in die Freiheitssphäre der im Zeichen der Gewerbefreiheit lebenden Staatsbürger eingreifen könnte, klingt auch noch in der Denkschrift zum Entwurf eines UWG. von 1895[175]) deutlich an, und Scherer[176]) verteidigte auf dem 23. Deutschen Juristentage 1895 bei der Erörterung des strafrechtlichen Geheimnisschutzes die „größtmögliche Bewegungsfreiheit" von Handel und Gewerbe gegen alle Versuche, am Ende nicht „den unlauteren, sondern den unbequemen Wettbewerb" gesetzlich zu bekämpfen[177]). Da überdies die partikularrechtlichen Bestimmungen über den Schutz des Geschäfts- und Fabrikationsgeheimnisses in Rechtsprechung und Wissenschaft so gut wie gar keine Beachtung gefunden hatten, so läßt es sich schon erklären, daß der Reichsstrafgesetzgeber zunächst an dem Betriebsgeheimnisschutz achtlos vorbeigegangen ist.

2. Das besagt natürlich nicht, daß das RStGB. nicht wenigstens mittelbar dem Betriebsgeheimnis einen gewissen Schutz angedeihen läßt. Degen[178]) und Kohlrausch[179]) haben das StGB. daraufhin kürzlich einmal durchgemustert. Über das Ergebnis kann kein Zweifel sein.

§ 123 StGB. mag das einzelne Unternehmen dagegen schützen, daß jemand, der Fabrikationsgeheimnisse ausspähen will, widerrechtlich in die Räume des Unternehmens eindringt. Man wird auch den Angestellten, der sich in einen ihm verbotenen Raum des Betriebes begibt, um hier zu spionieren, aus § 123 StGB. haftbar machen können; aber in aller Regel werden die plumpen Mittel hausfriedensbrecherischen Eindringens in Gebäude und Räumlichkeiten von denjenigen, die Handels- oder Industriespionage zu verüben gewillt sind, nicht verwendet werden, auch gar nicht verwendet zu werden brauchen.

Häufiger könnte es schon vorkommen, daß Sachen, in denen Fabrikations- oder Geschäftsgeheimnisse verkörpert sind, vom Industriespion entwendet oder unterschlagen werden, um den Geheimnisverrat

---

175) 23. DJT. Bd. I S. 164.

176) 23. DJT. Bd. I S. 227.

177) Auf dem 19. DJT. hatte Rubo (Bd. III S. 253) eine Vermengung von Moralität und Legalität von einer strafrechtlichen Ahndung des Geheimnisverrates befürchtet: „Hüten Sie sich, je sittliches Unrecht und peinlich strafbares Unrecht als gleichbedeutend aufzufassen."

178) In der Fachgruppe für gewerblichen Rechtsschutz des Vereins Deutscher Chemiker bei der Hauptversammlung dieses Vereins zu Dresden 1928 (GRUR. 33. Jahrg. S. 586 ff.).

179) Z. **50** S. 38 ff.

oder die Geheimnisverwertung durchführen zu können. Aber Kohlrausch[180]) hat ganz Recht, daß auch das nicht die typische Methode des Vorgehens bei der Werkspionage ist. Der Täter schreibt sich die Rezeptbücher, Kundenlisten und dgl. ab, er fertigt sich Durchpausungen von den Zeichnungen an, er macht photographische Aufnahmen von wichtigen Maschinenteilen; aber die Rezeptbücher, Zeichnungen und Maschinenteile selbst läßt er dem Unternehmen. Kohlrausch weist nun treffend darauf hin, daß die Tendenz der Rechtsprechung des Reichsgerichts in Bezug auf den Diebstahl wenigstens in den Fällen, wo der Täter etwa eine Zeichnung dem Unternehmen wegnimmt, um sie nach erfolgter Durchpausung wieder an Ort und Stelle zu legen, zur Bestrafung wegen Diebstahls führen müßte; denn das Reichsgericht neigt bei der Interpretation des Begriffes „Zueignung" zur „Sachwertstheorie", der es bekanntlich nicht sowohl darauf ankommt, daß der Dieb im Verhältnis zur „Sache" als solcher eine eigentümergleiche Rolle nach außen hin spielt, als vielmehr darauf, daß er sich den wirtschaftlichen Wert der Sache nutzbar macht. Aber ein eindeutiges Bekenntnis hat das Reichsgericht zur Sachwertstheorie noch nicht abgegeben[181]), und daß ihre konsequente, zur Bestrafung des furtum usus führende Anwendung herrschende Richtung der Praxis werden könnte, ist schlechterdings nicht zu erwarten.

Wird aber einmal eine Unternehmensspionage in der Form eines Diebstahls durchgeführt — der Täter „stiehlt" das Rezeptbuch, oder er fertigt die Abschriften auf fremdem, dem Unternehmen gehörigen Papier an —, dann sollten die Gerichte es sich wenigstens angelegen sein lassen, die Strafe nicht nach dem Werte des gestohlenen Papiers zu bemessen, sondern nach der Gesinnung des Täters, die in dem hinter dem Diebstahl verborgenen Geheimnisverrat, in der damit vielleicht verbundenen skrupellosen Gewinnsucht oder in der ans Landesverräterische grenzenden Handlungstendenz zum Ausdruck gelangt. Nach dem mir vorliegenden Material scheinen die Gerichte jetzt, im Gegensatz zu früher, diese Gesichtspunkte zu berücksichtigen[182]).

---

[180]) A. a. O. S. 38.

[181]) Vgl. R. **43** 17, **57** 199 einerseits, R **55** 59 andererseits und dazu v. Liszt-Schmidt § 127 Note 17 und 18.

[182]) Das Ältesten-Kollegium der Berliner Kaufmannschaft konnte in seinem Bericht an den Handelsminister vom 15. V. 1885 (19. DJZ. Bd. I S. 116 ff., 119) auf folgenden Fall hinweisen: Der Konfektionär einer Wäschefabrik kopiert auf „fremdem" Papier (dem Unternehmen gehörig) „sämtliche Muster

Immerhin: es liegt auf der Hand, daß die §§ 242, 246 StGB., und ebenso die §§ 259, 263 [183]), 266 [184]) stets nur zufällig einmal mit dazu dienen können, daß ein Betriebsgeheimnisverräter strafrechtlich gefaßt wird. Von Hause aus sind die genannten Tatbestände auf Geheimnisverletzungen nicht zugeschnitten, da sie ja völlig andersartigen Rechtsgütern, als dem durch einen Betriebsgeheimnisverrat betroffenen, Schutz gewähren sollen. Das gleiche gilt auch von § 300 StGB., der namentlich im Hinblick auf den in ihm bezeichneten Täterkreis kaum einmal die Strafnorm für die Verletzung eines Betriebsgeheimnisses wird abgeben können. Daß mit der Verletzung des Postgeheimnisses (§ 354) oder des Telegraphengeheimnisses (§ 355) eine Betriebsgeheimnisverletzung konkurrieren kann, ist nicht von der Hand zu weisen. Aber auch die §§ 354, 355 StGB. sind an anderen Gesichtspunkten orientiert, als demjenigen, den Unternehmen einen Schutz ihrer Geheimnissphäre zu gewähren.

So kann auch ich nur dazu kommen, dem RStGB. eine irgendwie bedeutungsvolle Schutzfunktion für die Betriebsgeheimnisse abzusprechen.

II.

Das Gesetz gegen den unlauteren Wettbewerb vom 7. Juni 1909.

1. Die Gesetzgebung gegen den unlauteren Wettbewerb ist, historisch gesehen, der zwangsläufige Rückschlag gegen die manchesterlichen Übertreibungen der altliberalen Gewerbefreiheit [185]). Mit sicherem historischem Blicke hat Kohlrausch diese Gesetzgebung in einen allgemeinen entwicklungsgeschichtlichen Zusammenhang mit der Wuchergesetzgebung gestellt, hat er in ihr „die Linie des den Indi-

---

und Modelle der Fabrik", verzeichnet „alle Bemerkungen über Qualität der Stoffe, Preise und Konditionen auf den Modellen", macht „aus allen Büchern Auszüge"; Strafe wegen Diebstahls am Papier: 6 Tage Gefängnis, „wobei die Gerichte auf den konkurrierenden Vertrauensbruch, welcher im übrigen wegen Mangels einer Strafbestimmung ungesühnt bleiben mußte, Rücksicht genommen hatten" (!!). Das mir vorliegende Material eines großen Konzerns weist gegenüber dieser die Justiz kompromittierenden Lächerlichkeit wesentlich angemessenere Urteile auf. Das sei ausdrücklich festgestellt.

183) Vgl. dazu Degen a. a. O.

184) Hierzu besonders Kohlrausch Z. **50** S. 39.

185) Vgl. Friedlaender S. 163—183, Kohlrausch Z. **50** S. 30 ff., 32, 34 ff., Kohler, Der unlautere Wettbewerb 1914, S. 1 ff., 33 ff.

vidualismus immer mehr einschränkenden Sozialrechts"[186]) erkannt. Indem die Wettbewerbstätigkeit an Normen gebunden wurde, erfolgte ihre Loslösung von einer rein individualistischen Einstellung. Der Gedanke der Bekämpfung unlauteren Wettbewerbs ist daher m. E. kein ausgesprochen individualistischer[187]); denn der mit dem UWG. seit 1896 gewährte Schutz sollte nicht allein dem einzelnen Unternehmen zugute kommen, sondern schädliche Auswirkungen von der gesamten Volkswirtschaft durch Förderung des gesunden einwandfreien Wettbewerbs fernhalten. Daß damals an die internationale Verkettung der Volkswirtschaften überhaupt und den innerhalb ihrer sich abspielenden wirtschaftlichen Konkurrenzkampf der Nationen untereinander nicht gedacht worden ist[188]), kann nicht wundernehmen; denn dafür hat uns doch erst die jüngste Vergangenheit die Augen richtig geöffnet, namentlich der Weltkrieg, der ja als Wirtschaftskrieg insbesondere auch der Förderer des unlauteren Wettbewerbs der Volkswirtschaften untereinander geworden ist.

2. Gegen die Verletzung des Betriebsgeheimnisses richten sich die §§ 17, 18, 20 UWG. Folgende Gruppen von Verletzungshandlungen suchen diese Paragraphen zu unterdrücken:

a) Verletzungshandlungen von Unternehmensangestellten („Angestellte, Arbeiter oder Lehrlinge"):

α) Strafbare Fälle.

1. Fall: § 17 Abs. 1 bestraft den Unternehmensangestellten, wenn er während der Geltungsdauer seines Dienstverhältnisses einen eigentlichen Betriebsgeheimnisverrat begeht, d. h. Geschäfts- oder Betriebsgeheimnisse, die ihm vermöge des Dienstverhältnisses (anvertraut oder sonst) zugänglich geworden sind, an andere zu Zwecken des Wettbewerbs oder in der Absicht, dem Inhaber des Geschäftsbetriebs Schaden zuzufügen, unbefugt mitteilt.

2. Fall: Nach § 17 Abs. 2 kann sich der Unternehmensangestellte, obwohl er hier im Gegensatz zu Abs. 1 als Täter nicht ausdrücklich bezeichnet wird, ebenfalls strafbar machen, wenn er ein auf gesetz- oder sittenwidrige Weise erlangtes Geheimnis zu Zwecken des Wettbewerbes unbefugt an andere mitteilt, gleichgültig ob während der Dauer des Dienstverhältnisses oder nach Ablauf desselben.

3. Fall: Nach § 17 Abs. 2 ist unter den gleichen Voraussetzungen auch die seitens des Unternehmensangestellten erfolgende unbefugte

[186]) A. a. O. S. 35.
[187]) A. M. Kohlrausch a. a. O. S. 32.
[188]) Vgl. Kohlrausch a. a. O. S. 32.

Verwertung des Betriebsgeheimnisses strafbar, und zwar wieder unabhängig von dem Lauf oder Ablauf des Dienstverhältnisses.

4. Fall: Der Angestellte kann sich endlich auch dadurch strafbar machen, daß er es gemäß § 20 zu Zwecken des Wettbewerbes unternimmt, einen Unternehmensangestellten zu einer Zuwiderhandlung gegen § 17 Abs. 1 oder einen Nichtangestellten zu einer Zuwiderhandlung gegen § 18 (unbefugte Verwertung oder Mitteilung von im geschäftlichen Verkehr anvertrauten Vorlagen oder Vorschriften technischer Art) zu bestimmen.

Eine strafbare Handlung im Sinne des § 18 kann der Unternehmensangestellte gegenüber dem eigenen Unternehmen nicht begehen, da die ihm auf Grund des Anstellungsverhältnisses anvertrauten Vorlagen und Vorschriften technischer Art nicht, wie es § 18 fordert, als „im geschäftlichen Verkehr anvertraut" angesehen werden können. So die Meinung der durchaus herrschenden Lehre[189]).

β) Mit den im Vorstehenden bezeichneten 4 Fällen sind die Bestrafungsmöglichkeiten gegenüber Unternehmensangestellten erschöpft. Daß die Kasuistik des überaus zaghaften UWG. erhebliche Lücken läßt, kann kaum wundernehmen. Folgende Fälle können unter der Herrschaft der §§ 17 bis 20 UWG. nicht bestraft werden, obwohl auch bei ihnen eine Verletzung oder wenigstens eine Gefährdung des dem Betriebsgeheimnisschutz zu Grunde liegenden Rechtsgutes gegeben ist:

1. Der Versuch der in den oben beschriebenen Fällen 1 bis 3 bezeichneten Handlungen (§ 17 Abs. 1 und Abs. 2 UWG.); denn es handelt sich bei diesen Fällen um Vergehen, deren versuchte Begehung nicht ausdrücklich unter Strafe gestellt worden ist.

Im einzelnen bedeutet die Straflosigkeit des Versuchs folgendes.

In dem oben bezeichneten 1. Fall des § 17 Abs. 1 ist eine Bestrafung nur möglich, wenn es zu einer vollendeten Mitteilung ge-

---

[189]) Namentlich R. **44** 152, **48** 13, R II. Zivils. M. & W. XXVI S. 194, R. V. Strafs. M. & W. XV S. 28. Bekämpft wird die herrschende Lehre von Wehner, GRUR. 15. Jahrg. (1910) S. 42. Gegen ihn aber Wertheimer ebenda S. 244 ff. Auf Wertheimers Anregungen ist § 18 überhaupt zurückzuführen. Vgl. Wertheimer, LZ. III 298, M. & W. VIII 169, IX 79 ff. Auf den zwischen Wehner und Wertheimer bestehenden Streit über die zeitliche Ausdehnung des Schutzes des § 18 ist hier nicht einzugehen. Vgl. auch Tuma, GRUR. 15. Jahrg. S. 247. Wie das Reichsgericht entscheiden Rosenthal § 18 Note 3, Becher § 18 Einleitung (S. 350), Callmann § 18 Note 10, Baumbach S. 462 unter Ziff. 7.

kommen, dem Unternehmen also unwiderbringlicher Schaden zugefügt worden ist. Wann von einer vollendeten Mitteilung gesprochen werden darf, ist nicht ganz unstreitig. Soll verlangt werden, daß der Mitteilungsempfänger die Mitteilung in ihrer ganzen Tragweite verstanden hat?[190]) Oder genügt es, daß dem Destinatär die Mitteilung „zugegangen" ist, so daß er nun in der Lage ist, sich selbst „zum geistigen Besitzer" des Geheimnisses zu machen oder wenigstens es an andere weiterzugeben?[191]) „Auf den Nachweis eines bestimmten Grades des Verständnisses für das Mitgeteilte oder gar der Fähigkeit oder Möglichkeit, das Mitgeteilte selbst zu benutzen, kommt es bei der Frage, ob eine ‚Mitteilung' vorliegt oder erfolgt, nicht an", sagt das Reichsgericht in einer Entscheidung vom 3. Juli 1917. Die herrschende Praxis bekundet damit deutlich die Tendenz, durch weite Auslegung des Tatbestandsmerkmals ‚mitteilen' den übelsten und unverständlichsten Wirkungen der Straflosigkeit des Versuchs aus dem Wege zu gehen. In der Tat würde es völlige Vereitelung des Zweckes des § 17 bedeuten, wollte man auf Seiten des Mitteilungsempfängers volles Verstehen des mitgeteilten Geheimnisses erfordern. Wenn ein Chemiker Unternehmensgeheimnisse schriftlich aufzeichnet und diese Aufzeichnungen seinem Vater zur Aufbewahrung übergibt, so ist der Kreis derjenigen, die im Besitze des Geheimnisses sind, ausgedehnt und je nach der Bedeutung das Unternehmen in seiner wettbewerblichen Individualität mehr oder weniger beeinträchtigt. Mindestens eine Gefährdung des wettbewerblichen Interesses des Unternehmens ist also eingetreten, und es kann nur gebilligt werden, daß das Reichsgericht hier Strafbarkeit aus § 17 Abs. 1 angenommen hat.

Ist es aber nun nicht mindestens zu einer solchen Zugänglichmachung des Betriebsgeheimnisses gekommen, so besteht keine Bestrafungsmöglichkeit mehr. Wenn der Angestellte in Verratsabsicht Betriebsgeheimnisse ausspäht, in die für die Mitteilung an andere brauchbare Form bringt, sich mit Reflektanten zu Verhandlungen in Verbindung setzt, im Verlaufe solcher Verhandlungen dem Reflektanten bestimmte Geheimnisse anbietet, ohne sie doch als solche

---

[190]) So Beling, M. & W. XXII S. 151. Zu gleichem Resultat müßte wohl auch Kern gelangen, wenn ich seine („Die Äußerungsdelikte" 1919 S. 25 ff.) Meinung richtig verstehe. Wie Beling jetzt Callmann § 17 Note 12a.

[191]) So die herrschende Lehre: R. **51** 184 (189), RG. V. Straff. in M. & W. XIV S. 148. Zustimmend namentlich Kohlrausch Z. **50** S. 56, Rosenthal § 17 Note 29, Baumbach S. 456. Unklar Becher § 17 Note 13.

schon zu verraten[192]), so bleibt er in allen diesen Fällen straflos. Ja, auch dann muß nach herrschender Versuchsauffassung des Reichsgerichts strafloser Verratsversuch (richtiger: Mangel am Tatbestand) angenommen werden, wenn der Angestellte während des Dienstverhältnisses an einen Beauftragten des Unternehmens ein Betriebsgeheimnis „verrät", den er für einen „anderen" im Sinne des § 17 Abs. 1, also für einen Konkurrenten des Unternehmens hält[193]). In vielen Fällen besteht für das Unternehmen, dem bekannt wird, daß ein vielleicht sehr wichtiges Geheimnis verraten werden soll, keine andere Möglichkeit, dem Verrat und damit der Betriebsschädigung zuvorzukommen, als die, durch einen vom Unternehmen beauftragten „agent provocateur" als angeblichen Konkurrenten den Angestellten zur Mitteilung des Geheimnisses zu veranlassen und ihn auf diese Weise zu entlarven[194]). Aber eine Bestrafung kann dann nicht erfolgen, lediglich — selbstverständlich — fristlose Entlassung. Dann aber ist die Situation des Unternehmens erst recht gefährdet; denn wenn nun der entlassene Angestellte das Geheimnis, von dem unterstellt sei, daß er es auf normalem und legalem Wege erlangt hat, an andere mitteilt, ist selbst diese vollendete Preisgabe des Geheimnisses nicht mehr strafbar, da § 17 Abs. 1 nach Beendigung des Dienstverhältnisses nicht mehr Platz greift, § 17 Abs. 2 aber im Hinblick auf die einwandsfreie Art der Geheimnis*erlangung* ebenfalls nicht erfüllt ist. Auch die Geheimnis*verwertung* im eigenen Betriebe würde im letzteren Falle Strafbarkeit nicht zur Folge haben, da § 17 Abs. 2 ja auch für diese Art der Geheimnisverletzung fordert, daß die Geheimniserlangung unter Verstoß gegen § 17 Abs. 1 oder in einer gesetz- oder sittenwidrigen Weise erfolgt sei, was in dem unterstellten Falle eben gerade nicht vorliegt.

2. *Callmann*[195]) nimmt an, daß ein „anderer" im Sinne des § 17 Abs. 1 „sogar der Angestellte selbst" sei, „wenn er heimlich während seines Dienstverhältnisses eigene Geschäfte betreibt und bei ihnen das Geheimnis verwertet; in seiner Eigenschaft als selb-

---

[192]) Alles Beispiele, auf die neuestens *Kohlrausch* Z. **50** 51 hinweist. Vgl. aber auch *Paul Schmid* M. & W. VII S. 79.

[193]) Vgl. R. **57** 13, mit dessen Entscheidung die gem. Meinung übereinstimmt: *Callmann* § 17 Note 11, *Rosenthal* § 17 Note 29a, *Becher* § 17 Anm. 14, *Baumbach* S. 456, *Kohlrausch* Z. **50** S. 56, 59 ff., *Neuberg* M. & W. XXVII/XXVIII S. 593, Verein Deutscher Chemiker (Dresdner Tagung 1928) GRUR. **33** S. 586 ff.

[194]) Vgl. *Kohlrausch* a. a. O.

[195]) § 17 Note 11.

ständiger Geschäftsmann, dem die Kenntnis des Geheimnisses verschlossen bleiben soll, ist er ein ‚anderer'". Callmann will damit erreichen, daß nach § 17 Abs. **1** UWG. nicht nur der eigentliche Geheimnisverrat des Angestellten, sondern auch die (zwar in Abs. **2**, nicht aber in Abs. **1** ausdrücklich hervorgehobene) Geheimnisverwertung, die seitens des Angestellten während des Dienstverhältnisses erfolgt, zur Bestrafung gebracht werden kann. Ob diese Ansicht Callmanns von anderen geteilt wird, habe ich nicht feststellen können; mit R. **57** 13 dürfte sie im Widerspruch stehen[196]); Becher, Rosenthal und Baumbach dürften, wenn sie sich auch nicht ausdrücklich äußern, ebenfalls Callmanns Meinung ablehnen. In der Tat kann sie nicht als durch das Gesetz gedeckt angesehen werden[197]). Eine Personenidentität zwischen dem das Geheimnis preisgebenden Angestellten und dem Mitteilungsempfänger verträgt sich weder mit dem Tatbestandsmerkmal „an andere" noch mit dem Tatbestandsmerkmal „mitteilen". Aber Callmann hat, von seiner Grundauffassung des gewerblichen Rechtsschutzes und des Schutzobjektes beim unlauteren Wettbewerb ausgehend, einen ganz richtigen Weg für die lex ferenda gewiesen, indem er auf die trotz der erwähnten Personenidentität zwischen Mitteilenden und Mitteilungsempfänger vorhandene Unternehmensduplizität hinweist, die in dem von ihm erörterten Fall ja zweifellos vorliegt. Daher werden wir diesen Fall für unsere Erörterungen de lege ferenda im Auge zu behalten haben.

Die Geheimnisverwertung seitens des Angestellten ist also gemäß § 17 Abs. 2 sowohl während als nach Ablauf des Dienstverhältnisses nur dann strafbar, wenn der Angestellte das Geheimnis durch einen nach Abs. 1 strafbaren Verrat oder durch eine eigene gesetz- oder sittenwidrige Weise erlangt hat. Der Angestellte müßte also etwa durch Verrat eines Mitangestellten[198]) oder durch unsittliche Ausspähung im Bereiche ihm nicht zugänglicher Ressorts die Kenntnis vom Geheimnis erlangt haben. Die Praxis des Reichsgerichts sucht übrigens auch bei der Geheimnisverwertung gemäß § 17 Abs. 2 durch weite Auslegung des Tatbestandsmerkmals „Verwerten" um die peinliche Straflosigkeit des Versuchs herumzukommen.

---

[196]) Dort heißt es: „Daraus ergibt sich, daß der Berechtigte selbst und die Personen, die von ihm ermächtigt sind, die Geheimnisse zu erwerben oder von ihnen Kenntnis zu nehmen, nicht als ‚andere' gelten können."

[197]) Vgl. Paul Schmid, „Unl. Wettb." Bd. II 53 ff., 95 ff.

[198]) R. **57** 13; Callmann § 17 Note 11 und andere.

Freilich R. **39** 83 (85) hat bezüglich des mit § 17 Abs. 2 identischen § 9 Abs. 2 aUWG. straflosen Versuch der Verwertung angenommen bei einem Angeklagten, der geheimgehaltene Formen hatte nachgießen lassen, die nachgegossenen Formen jedoch noch nicht zur Herstellung von Spielwaren in seinem Geschäftsbetriebe benutzt hatte. Dagegen hat R. **40** 406 (408), m. E. weitergehend, eine vollendete „Verwertung" („praktische Verwertung zu gewerblichen Zwecken"[199]) in einem Falle angenommen, wo jemand eine ihm verratene Maschine herstellte „in einem solche Maschinen erfordernden Betriebe" mit der Maßgabe, „daß sie jederzeit in Benutzung genommen und selbst oder in weiteren Nachbildungen in den gewerblichen Verkehr gebracht werden kann". Aber auch jene nachgegossenen Formen (R. **39** 83) hätten in dem solche Formen erfordernden Betriebe „jederzeit in Benutzung genommen" werden können! Die Fälle scheinen mir gar nicht verschieden zu liegen[200]). Wenn dennoch R. **40** 406 ein vollendetes Verwertungsdelikt annimmt, so findet es die Begründung dafür in „dem Zwecke des Gesetzes, der Schädigung durch unlauteren Wettbewerb entgegenzutreten". Diesem Zwecke „würde es nicht entsprechen, wollte man in einem solchen Falle, der eine weit größere Gefährdung des Berechtigten enthält als die schon unter Strafe gestellte bloße Mitteilung des Geheimnisses, lediglich einen Versuch der Verwertung erblicken".

3. Die Tragweite der Absätze 1 und 2 des § 17 wird schließlich noch durch die besonders erforderte Deliktsabsicht des Täters bestimmt: Der Geheimnisverrat des Angestellten während des Dienstverhältnisses muß erfolgen entweder „zu Zwecken des Wettbewerbes" (und zwar des eigenen wie eines fremden[201])) oder „in der Absicht, dem Inhaber des Geschäftsbetriebes Schaden zuzufügen". Die Verwertungs- und die Verratshandlung des Abs. 2 muß „zu Zwecken des Wettbewerbes" vorgenommen worden sein. Es versteht sich, daß diese subjektiven Tatbestandserfordernisse oder Unrechtselemente zu einer erheblichen Einschränkung der Bestrafungsmöglichkeit führen müssen, wenn man sie auch durchweg nicht eng

---

[199]) So R. **40** 406. Callmann § 17 Note 24 und Rosenthal § 17 Note 45 halten diese Auffassung für zu eng.

[200]) R. **40** 406 behauptet freilich, der Fall R. **39** 83 liege „wesentlich verschieden". Aber ein Nachweis fehlt. Auch Rosenthal § 17 Note 45 weist auf innere Unstimmigkeiten in der Rechtsprechung des Reichsgerichts hin.

[201]) Gemeine Meinung. Vgl. R. **33** 6, **39** 83 (86) und RG. IV. Straff. M. & W. XV 127.

zu interpretieren braucht [202]). Aber es wird doch eine „Absicht" in bezug auf Wettbewerb und Schadenszufügung erfordert, d. h. also: die Vorstellung des Wettbewerbes oder der Schadenszufügung muß für das Handeln des Täters Bestimmungsgrund, Beweggrund gewesen sein. Wenn es auch genügt, daß jene Vorstellung unter anderen Beweggründen mit bestimmend gewesen ist und die Verfolgung weiterer, jenseits des Wettbewerbes oder der Schadenszufügung liegender Zwecke die Anwendung des § 17 in beiden Absätzen nicht hindern würde, so lassen sich bei Geheimnisverrat und -verwertung doch Zwecksetzungen des Täters denken, die mit Wettbewerbs- und Schadenszufügungsabsicht nicht identisch zu sein und auch mit ihnen nicht zusammenzutreffen brauchen, sondern ganz für sich allein den Beweggrund zur Preisgabe des Geheimnisses abgeben können [203]). Kohlrausch [204]) weist mit Recht auf den Eigennutz hin. Will der Täter nicht selbst als Konkurrent des um sein Geheimnis gebrachten Unternehmens tätig werden, handelt er also — objektiv gesehen — zum wettbewerblichen Vorteil eines anderen, so wird er zwar sehr häufig diese wettbewerbliche Förderung des anderen mit in Rechnung stellen, also voraussehen, aber nicht sie ist für seine Tatbegehung notwendig Beweggrund, nicht auf sie kommt es ihm an, sondern das, was ihn motiviert, ist ausschließlich der eigene Nutzen, den er erstrebt, mit dem er sich den Verrat bezahlen läßt. In einem solchen Falle ist § 17 Abs. 1 und § 17 Abs. 2 unanwendbar! Das Unternehmen trägt natürlich genau den gleichen Schaden davon, gleichgültig von welcher Absicht der Täter jeweils beseelt ist. Man sieht: auch hier läßt das Gesetz in übervorsichtiger Zurückhaltung sonderbare Lücken.

4. Schließlich sei noch auf die schon oft schwer empfundenen Lücken hingewiesen, die die Bestrafungsmöglichkeit dadurch aufweist, daß § 17 Abs. 1 die Begehung der Verratshandlung während der Geltungsdauer des Dienstverhältnisses erfordert. Aus dem völlig eindeutigen Wortlaut und der klar vor unsern Augen liegenden Entstehungsgeschichte dieser Stelle ergibt sich, daß der Angestellte nach Beendigung seines Dienstverhältnisses jedes ihm vermöge seines Dienstverhältnisses zugänglich gewordene Betriebs-

---

[202]) Von den Beweisschwierigkeiten, die mit ihnen verbunden sind, sei hier abgesehen.

[203]) Vgl. die sehr interessante Entscheidung des VI. Zivilsenats des Reichsger. v. 21. I. 1918 (M. & W. XVIII 36 = RG. Zivils. **92** 132).

[204]) Z. **50** 54 ff.

geheimnis, mag von seiner Wahrung auch das Leben und Gedeihen des Unternehmens abhängig sein, straflos verraten und auch verwerten kann. § 17 Abs. 1 versagt in diesem Falle, da das Tatbestandsmerkmal „während der Geltungsdauer des Dienstverhältnisses" nicht erfüllt ist; § 17 Abs. 2 kann ebenfalls nicht angewendet werden, weil und soweit das Geheimnis in gesetzlich und sittlich einwandfreier Weise erworben worden ist.

Dieser Standpunkt wird von der durchaus herrschenden Lehre geteilt[205]). Wer die oben bereits erwähnten Kämpfe kennt, die sich bei der Entstehung des alten UWG. von 1896 gerade um diese Frage abgespielt haben, wer weiß, daß sich die Unklarheit über die Abgrenzung des echten Betriebsgeheimnisses gegen die allgemeinen beruflichen Fertigkeiten und Erfahrungen eben gerade in der zeitlichen Beschränkung der Strafbarkeit des Verrats auf die Vertragsdauer ausgewirkt hat, der kann gar nicht daran zweifeln, daß dem **§ 17 Abs. 1** gegenüber eine andere Stellungnahme eine glatte Unmöglichkeit und nichts anderes als Gesetzeskorrektur darstellt. Freilich wird diese Gesetzeskorrektur im Wege der „Auslegung" in der jüngsten wettbewerbsrechtlichen Literatur[206]) mit anscheinend steigender Häufigkeit versucht. Dabei können sich die Autoren mit einem gewissen Recht auf einen allerdings merkwürdigen Passus in einer Entscheidung des II. Zivilsenats des Reichsgerichts vom 10. Nov. 1926[207]) berufen, wo es heißt: „§ 17. Unl.WG. findet schon deshalb keine Anwendung, weil das Dienstverhältnis des Beklagten, als er die beanstandeten Handlungen vorgenommen haben soll, beendet war und die Klägerin den Nachweis nicht erbracht hat, daß durch Vertrag dem Beklagten über die Dauer des Dienstverhältnisses hinaus eine Schweigepflicht auferlegt sei." Der II. Zivilsenat scheint danach im Widerspruch zur einhelligen Rechtsprechung der Strafsenate auf dem Standpunkt zu stehen, vertragliche Verlängerung der Ver-

---

[205]) Vgl. Elster, Gew. Rechtsschutz 2. Aufl. S. 456; Callmann § 17 Note 9, 9a, 9b; Kohlrausch Z. **50** S. 44 ff.; Friedlaender S. 177 ff.; Paul Schmid, Der ges. Schutz usw. (1907) S. 119 ff.; Ebermayer § 17 Note 6; Osterrieth, Lehrbuch S. 420; vor allem auch R. **44** 152 (154/55), **61** 273 (274), RG. Zivils. **65** 333; vgl. auch folgende Anmerkung.

[206]) Vgl. Becher § 17 Anm. 16, der in dem Fall, wo die verlängerte Schweigepflicht in einem Wettbewerbsverbot gemäß HGB. §§ 74 ff. erfolgt, die Anwendbarkeit des § 17 Abs. 1 annimmt. Ferner Rosenthal § 17 Note 28 mit der gleichen Maßgabe, desgl. auch Elster, HdR. VI S. 904 am Ende, wohl auch Baumbach S. 455 unter Ziff. 7.

[207]) **M. & W. XXVI S. 149.**

schwiegenheitspflicht als solcher bedeute Fortsetzung des im § 17 Abs. 1 bezeichneten und gemeinten Dienstverhältnisses. Dann in der Tat, aber auch nur dann, ließe sich die Anwendbarkeit des § 17 Abs. 1 begründen. Aber auch diese Auffassung steht im Widerspruch mit dem Gesetz. Die Möglichkeit einer über das „Dienstverhältnis" hinaus erstreckbaren zivilrechtlichen Verschwiegenheitspflicht bezüglich der Betriebsgeheimnisse ist bei der Entstehung des alten UWG. durchaus ins Auge gefaßt worden. Es wurde aber ausdrücklich abgelehnt, die Strafbarkeit auf den Fall zu erstrecken, daß sich der Angestellte verpflichten würde, das Betriebsgeheimnis noch während einer gewissen Zeit nach Ablauf des Dienstverhältnisses zu wahren. Auch das erschien dem Gesetzgeber von 1896 schon als eine zu weit gehende Zumutung gegenüber dem Angestellten. Man wollte die Strafbarkeit des Verrates einwandsfrei erlangter Geheimnisse nur in bezug auf einen „Angestellten" im engeren Sinne des Wortes, d. h. in bezug auf denjenigen begründen, der, in voller beruflicher Abhängigkeit von der Unternehmensleitung, zu dieser nun in einem umfassenden Vertrauensverhältnis als Arbeitnehmer steht. Der frühere Angestellte, der sich nur in einer einzelnen Beziehung, also etwa hinsichtlich der Geheimniswahrung, dem früheren Chef gegenüber weiter gebunden hält, ist im Sinn des Gesetzes also weder ein „Angestellter", noch steht er in dem vom Gesetz gemeinten „Dienstverhältnis" zu dem früheren Chef. Ein Geheimnisverrat kann daher im Sinne des **§ 17 Abs. 1** niemals tatbestandsmäßig sein. Es nützt nichts, mit J. Kohler[208]) auf die „abnormen Folgerungen" hinzuweisen, die sich bei dieser Auslegung des Gesetzes ergeben, oder mit Rosenthal[209]) zu erklären, „die wirtschaftlichen Erfordernisse gebieten eine scharfe Auslegung". Die Werturteile des Gesetzes sind so klar, die Konsequenzen vom Gesetzgeber so bewußt ins Auge gefaßt, daß de lege lata leider und zwar sehr zum Schaden wichtiger Unternehmensinteressen nur die oben vertretene Auffassung möglich ist. Auch damit aber treten wieder eklatante Gesetzeslücken in die Erscheinung. — —

Um für die rechtspolitischen Erörterungen und die unten zu machenden Gesetzesvorschläge ein übersichtlich geordnetes Material zur Verfügung zu haben, werden diejenigen Fälle von Verletzungen

---

[208]) Der unl. Wettb. 1914 S. 265.

[209]) § 17 Note 28.

und Gefährdungen des im Betriebsgeheimnis getroffenen Unternehmensinteresses, die nach heutigem Recht straflos bleiben müssen, wie folgt, noch einmal zusammengestellt. Zu beachten ist, daß es sich auch bei dieser Zusammenstellung nur um Handlungen von Unternehmensangestellten handelt, wobei freilich auch der frühere Angestellte (nach Ablauf des Dienstverhältnisses) mit berücksichtigt wird:

A. Während der Geltungsdauer des Dienstverhältnisses.

I. Einwandfrei erworbene Betriebsgeheimnisse (vermöge des Dienstverhältnisses auf korrektem Wege, auch zufällig, erfahren):

1. Versuch und Vorbereitung des Verrates;
2. Verrat an agent provocateur des Unternehmens („Mangel am Tatbestand");
3. Vollendeter Verrat zu anderen als Wettbewerbs- oder Schädigungszwecken, z. B. aus Eigennutz zum objektiven, nicht aber subjektiv beabsichtigten Nutzen eines fremden Wettbewerbes oder zu wissenschaftlichen Zwecken;
4. die vollendete (und erst recht die versuchte oder nur vorbereitete) Verwertung im eigenen unerlaubten Geschäftsbetrieb, also zu wettbewerblichen Zwecken;
5. die vollendete Verwertung in Schädigungsabsicht;
6. die vollendete Verwertung zu jedem anderen Zweck (etwa wissenschaftliche Forschung).

II. Illegal (durch einen nach § 17 I strafbaren Verrat oder durch eigene gesetz- oder sittenwidrige Handlung) erworbene Betriebsgeheimnisse.

1. Die Geheimniserwerbung als solche, insbesondere eine gesetz- oder sittenwidrige Ausspähung innerhalb des Unternehmens, soweit nicht ausnahmsweise § 20 UWG. eingreifen sollte (s. oben S. 166: 4. Fall);
2. Versuch oder Vorbereitung der Verwertung oder Mitteilung an andere;
3. Mitteilung an agent provocateur;
4. vollendete Verwertung zu anderen als wettbewerblichen Zwecken, etwa zu Schädigungszwecken oder zu rein wissenschaftlichen Zwecken;
5. der Geheimnisverrat unter folgenden Umständen: Das Geheimnis ist nicht „vermöge des Dienstverhältnisses" — § 17 Abs. 1 —, aber gesetz- oder sittenwidrig erworben (etwa durch

Bestechung eines von außen her Spionierenden oder infolge Verrates eines entlassenen Angestellten oder sonstigen Mitwissers, z. B. eines Kompagnons, unter Kenntnis des Verrats), Mitteilung an andere nun in Schädigungsabsicht oder zu anderen als Wettbewerbszwecken.

B. Nach Beendigung des Dienstverhältnisses.

I. Einwandfrei erworbene Geheimnisse (zur Zeit des Dienstverhältnisses vermöge desselben auf korrektem Wege, auch zufällig):

1. der Verrat, auch der zu Wettbewerbszwecken oder in Schädigungsabsicht;
2. Verwertung zu jedem beliebigen Zwecke;

II. Einwandfrei erworbene Geheimnisse (nach Ablauf des Dienstverhältnisses etwa durch Zufall oder durch vertrauliche Mitteilung des Geheimnisträgers erworben):

1. der Verrat zu jedem beliebigen Zwecke;
2. die Verwertung zu jedem beliebigen Zwecke.

III. Illegal oder sittenwidrig erworbene Geheimnisse.

1. Verrat zu anderen als Wettbewerbszwecken;
2. Verwertung zu anderen als Wettbewerbszwecken;
3. die illegale Erwerbung als solche, insbesondere die Ausspähung.

Die Übersicht zeigt, daß der Schutz des Interesses eines Unternehmens an Erhaltung seiner in den Betriebsgeheimnissen liegenden wettbewerblichen Eigenart sehr lückenhaft ist. Die unter A I 1—3, II 1—3, B III 3 bezeichneten Fälle werden häufig eine sehr erhebliche Gefährdung, alle übrigen Fälle in aller Regel eine unmittelbare Schädigung des Unternehmens bedeuten. Soweit man also überhaupt das oben geschilderte Interesse des Unternehmens als schutzwürdig ansieht, wird man sich zu fragen haben, ob nicht auch in den bisher freigelassenen Richtungen eine Schutzbedürftigkeit angenommen werden muß.

b) Es fragt sich weiter, in welchem Ausmaße Geheimnisverletzungen durch „**Dritte**" also durch solche Personen, die weder Angestellte, Arbeiter oder Lehrlinge eines Unternehmens sind noch früher, d. h. zur Zeit der Erwerbung des Betriebsgeheimnisses, gewesen sind, seitens des UWG. unter Strafe gestellt werden. Es kommen hier die §§ 17 Abs. 2, 18 und 20 in Betracht, aus denen sich

α) die Strafbarkeit in folgenden Fällen ergibt:

1. Fall: Der „Dritte" erlangt die Kenntnis eines Betriebsgeheimnisses durch einen in § 17 Abs. 1 bezeichneten Verrat oder durch eine eigene gesetz- oder sittenwidrige Handlung und verwertet das Geheimnis unbefugt zu Wettbewerbszwecken.

2. Fall: Der „Dritte" hat das Betriebsgeheimnis wie im 1. Fall erlangt und teilt es nun unbefugt zu Wettbewerbszwecken an andere mit.

3. Fall: Dem „Dritten" werden „im geschäftlichen Verkehr" Vorlagen oder Vorschriften technischer Art [210]) anvertraut; er verwertet sie unbefugt zu Wettbewerbszwecken.

4. Fall: Anvertraute Vorlagen usw. wie im 3. Fall. Der „Dritte" teilt sie unbefugt an andere mit.

5. Fall: Der „Dritte" unternimmt es zu Wettbewerbszwecken, einen Angestellten zum Delikte des § 17 Abs. 1 zu bestimmen.

6. Fall: Der „Dritte" unternimmt es zu Wettbewerbszwecken, einen anderen zu einer Mitteilung oder einer Verwertung von im geschäftlichen Verkehr anvertrauten Vorlagen oder Vorschriften technischer Art (§ 18) zu bestimmen.

Zu dieser Übersicht ist zunächst ganz allgemein zu bemerken: Zu den „Dritten" können auch solche Personen gehören, die dem Unternehmen persönlich oder geschäftlich sehr nahestehen, z. B. Agenten, Lieferanten und sonstige im Geschäftsverkehr mit ihm stehende selbständige Unternehmer. Aber auch diejenigen, die nicht „Angestellte" des Unternehmens sind, sondern als Mitunternehmer (Sozien, Kompagnons) nicht in rechtlicher Abhängigkeit vom Unternehmen sich befinden, vielmehr das Unternehmen selbst als „Unternehmer" repräsentieren, gehören zu den „Dritten" und können sich durch Geheimnisverrat und -verwertung, solange nicht ausschließlich ihr Geheimhaltungswille für die Existenz des Betriebsgeheimnisses ausschlaggebend ist, gegebenenfalls strafbar machen.

Was die Interpretation der den obenerwähnten 6 Fällen zugrunde liegenden gesetzlichen Tatbestände betrifft, so ist dazu fast alles schon bei der Erörterung der strafbaren Handlungen der Angestellten gesagt. Nur folgendes sei noch kurz erwähnt:

Wenn gemäß § 18 UWG. im 3., 4. und 6. Fall von „im geschäftlichen Verkehr anvertrauten Vorlagen usw." gesprochen wird, so haben wir uns dabei im vorliegenden Gutachten auf diejenigen Vorlagen und technischen Vorschriften zu beschränken, die sich als Geschäfts- oder Betriebsgeheimnisse darstellen; nötig ist das im Hin-

---

[210]) § 18 UWG. erläutert: „insbesondere Zeichnungen, Modelle, Schablonen, Schnitte, Rezepte."

blick auf die in § 18 erwähnten Vorlagen usw. nach herrschender Lehre nicht; § 18 greift also über den Betriebsgeheimnisschutz hinaus. Ferner: „Im geschäftlichen Verkehr" stehen, wie schon oben unter a) erwähnt, nicht der Unternehmensleiter und die Angestellten zueinander. Vielmehr kommen hier nur die Beziehungen in Frage, in denen sich „die Inhaber der verschiedenen Geschäftsbetriebe als Geschäftsfreunde gegenüber" stehen[211]). Von diesem Standpunkt aus hat es das Reichsgericht[212]) „als unannehmbar" abgelehnt, den § 18 zu erstrecken „auf die Beziehungen von Gewerbetreibenden und Kaufleuten zu ihren Abnehmern, Kunden oder Kauflustigen". Im übrigen genügt es, daß die Beziehungen tatsächlicher Art sind; „ein Vertragsverhältnis braucht nicht zu bestehen"[213]). Jedenfalls aber ergibt sich aus dieser Auslegung des § 18 eine nicht unbedeutende Einengung des Täterkreises.

β) Auch bezüglich der Geheimnisverletzungen durch „Dritte" sei nun wiederum eine Zusammenstellung derjenigen Verhaltensweisen gegeben, denen gegenüber das UWG. einen strafrechtlichen Schutz nicht vorsieht. Auch hier unterscheiden wir zwischen einwandfrei und illegal erworbenen Geheimnissen und stellen Straflosigkeit in folgenden Fällen fest:

A. Einwandfrei erworbene Betriebsgeheimnisse.

I. Im Unternehmen tätige „Nichtangestellte" (also etwa Sozien, Kompagnons, Gesellschafter, Teilhaber usw.):

1. Verrat des Geheimnisses zu jedem beliebigen Zweck;
2. Verwertung des Geheimnisses außerhalb des Unternehmens zu jedem beliebigen Zweck, auch bei Wettbewerbs- oder Schädigungsabsicht.

II. Andere, als die zu I Genannten (sie mögen etwa als Agenten, Spediteure oder in sonstiger selbständiger Stellung mit dem Unternehmen in geschäftlicher Verbindung stehen oder dem Unternehmer lediglich als Wettbewerber oder sonst völlig fremd gegenüberstehen):

1. wie zu I 1; soweit es sich nicht um „im geschäftlichen Verkehr anvertraute" Geheimnisse der in § 18 besonders bezeichneten Arten handelt;
2. wie zu I 2; soweit es sich nicht um „im geschäftlichen Ver-

---

211) R. **44** 152, **48** 13.

212) R. **48** 76. Gl. M. Becher § 18 Anm. 2, Rosenthal § 18 Note 5 u. a. m.

213) Ebermayer § 18 Note 3, Rosenthal § 18 Note 4.

kehr anvertraute" Geheimnisse der in § 18 besonders bezeichneten Arten handelt;

3. Verrat der im geschäftlichen Verkehr anvertrauten Geheimnisse der in § 18 bezeichneten Art zu anderen als Wettbewerbszwecken;
4. Verwertung der zu 3. bezeichneten Geheimnisse zu anderen als Wettbewerbszwecken.

B. Illegal oder sittenwidrig erworbene Geheimnisse.

I. Im Unternehmen tätige „Nichtangestellte" (wie zu A I):

1. Verrat zu anderen als Wettbewerbszwecken (Schädigung, Eigennutz usw.);
2. Verwertung zu anderen als Wettbewerbszwecken (Schädigung, Eigennutz usw.);
3. Versuch und Vorbereitung der auf das Delikt des § 17 Abs. 2 gerichteten Handlungen;
4. die illegale oder sittenwidrige Erwerbung des Geheimnisses selbst, insbesondere die Ausspähung.

II. Fremde Dritte (wie zu A II):

1. wie zu I 1;
2. wie zu I 2;
3. wie zu I 3;
4. wie zu I 4.

III.

Sonstige Reichsstrafgesetze.

Das Betriebsgeheimnis wird außerhalb des UWG. in einer nicht geringen Zahl von Gesetzen strafrechtlich geschützt, und zwar gegen Verletzungen durch solche Personen, denen — von einigen Ausnahmen abgesehen — durch das Gesetz selbst, ohne Rücksicht auf den Willen der maßgebenden Unternehmensfaktoren, ein Einblick in die inneren Verhältnisse des Unternehmens möglich gemacht wird.

In erster Linie handelt es sich dabei um Beamte der verschiedensten Verwaltungszweige, sodann aber auch um nichtbeamtete Personen, die in irgendeiner Weise zur Unterstützung der staatlichen Verwaltungstätigkeit und zur Wahrnehmung öffentlicher Funktionen herangezogen werden. Seit der Denkschrift zum Strafgesetzentwurf von 1919 kehrt in den Begründungen der deutschen Entwürfe die Feststellung wieder, daß die Organe des Staates heute „vielfach in größerem Umfange Gelegenheit zum Einblick in fremde Privatgeheimnisse" und, wie sogleich hinzugesetzt werden muß, Betriebsgeheimnisse haben. Diesen Tatsachen und der damit verbundenen erhöhten Gefahr, daß der einzelne Staatsbürger in seiner privaten und geschäftlichen Geheimnissphäre verletzt werde, hat das geltende Recht nicht durch eine einheitliche Schutznorm Rechnung zu tragen gesucht; vielmehr geht es stets nur tastend und in Zusammenhang mit der Regelung der in Frage stehenden speziellen Verwaltungsmaterie an den Schutz des Privat- oder des Betriebsgeheimnisses heran. Die Folge ist eine große Anzahl einzelner, unter einander bezüglich des Ausmaßes des gewährten Strafschutzes abweichender Strafrechtssätze.

Über diese Strafrechtssätze sei im folgenden eine kurze Überschau gegeben.

1. Gemäß § 21 Ziff. 1 der **Gewerbeordnung für das Deutsche Reich** vom 21. Juni 1869[214]) ist die über die Zulässigkeit bestimmter Betriebsarten (§§ 16, 24, 25) entscheidende Behörde befugt, durch Sachverständige Untersuchungen vornehmen und sich Auskünfte geben zu lassen. Diese Sachverständigen gelangen durch das Verfahren häufig zur Kenntnis wichtiger Betriebsgeheimnisse; daher legt § 145a ihnen eine unter Strafsanktion gestellte Schweigepflicht auf. Bei der Strafbarkeit unterscheidet § 145a einen einfachen Fall (Ziff. 1) und einen qualifizierten Fall (Ziff. 2).

Den einfachen Fall stellt die mit Geldstrafe oder mit Gefängnis bis zu 3 Monaten bedrohte unbefugte (vorsätzliche) Offenbarung von Betriebsgeheimnissen dar. Verfolgung in diesem Falle nur auf Antrag des „Betriebsunternehmers" (Abs. 2).

Der qualifizierte Fall (Gefängnis schlechthin, daneben wahlweise Aberkennung der bürgerlichen Ehrenrechte) liegt vor, wenn die Sachverständigen absichtlich zum Nachteile der Betriebsunternehmer

entweder: die durch das Verfahren erworbenen Betriebsgeheimnisse offenbaren

oder: „geheim gehaltene Betriebseinrichtungen oder Betriebsweisen", also mit einem Worte: Betriebsgeheimnisse nachahmen, „solange diese Betriebsgeheimnisse sind".

Für diesen qualifizierten Tatbestand kommt eine weitere Qualifizierung (Zulässigkeit von Geldstrafe neben Gefängnis) in Frage, wenn der Täter die Offenbarung oder Nachahmung bewirkt, um

[214]) Fassung der Bek. v. 26. Juli 1900.

sich oder einem anderen einen Vermögensvorteil zu verschaffen. In allen qualifizierten Fällen ist das Delikt Offizialdelikt.

Eigenartig erscheint das Fehlen eines einfachen Tatbestandes unbefugter Geheimnisverwertung in Ziff. 1, da doch auch hierdurch dem Unternehmen erheblicher Schaden entstehen kann. Diese Lücke ist um so auffallender, als der Nachweis, daß der das Geheimnis Verwertende „absichtlich zum Nachteile des Betriebsunternehmers" gehandelt habe, außerordentlich schwer wird zu erbringen sein, der Ziff. 2 also eine nennenswerte praktische Bedeutung schon aus diesem Grunde kaum eignen wird.

Der Versuch ist auch hier in allen Fällen straflos.

2. Das **Gesetz, betr. den Verkehr mit Butter, Käse, Schmalz und deren Ersatzmitteln** vom 15. Juni 1897, in dem hier interessierenden § 15 durch § 19 des Lebensmittelgesetzes vom 5. Juli 1927 abgeändert, bedroht den Beauftragten der Polizeibehörde mit Gefängnis bis zu einem Jahre [215]) oder mit Geldstrafe, wenn er unbefugt Betriebsgeheimnisse, welche kraft seines Auftrags zu seiner Kenntnis gekommen sind, offenbart oder „geheimgehaltene Betriebseinrichtungen oder Betriebsweisen" (vgl. oben zu 1), von denen er kraft seines Auftrags Kenntnis erlangt hat, nachahmt, „solange dieselben noch Betriebsgeheimnisse sind". Verfolgung nur auf Antrag des Betriebsunternehmers. Wenn als Täter im Tatbestande die Beauftragten der Polizeibehörde bezeichnet werden, so sind damit nicht nur die in § 18 des Gesetzes bezeichneten, von der Polizeibehörde beauftragten Sachverständigen, sondern auch die Beamten der Polizei selbst gemeint, welche in Durchführung der Vorschriften des Gesetzes tätig werden [216]). Das Delikt als polizeiliches anzusprechen in dem Sinne, daß nicht nur vorsätzliche, sondern auch fahrlässige Begehung strafbar ist [217]), erscheint mir im Hinblick auf das jetzt geltende Strafmaß, das völlig dem des § 17 UWG. entspricht, nicht angängig [218]).

Der Versuch bleibt in allen Fällen straflos.

---

215) Früher nur Gefängnis bis zu 3 Monaten. Man beachte die Unstimmigkeit, die sich nunmehr bezüglich des Strafmaßes gegenüber Gew.O. § 145 a Ziff. 1 ergibt. Bei der nachträglichen Flickarbeit hat der Gesetzgeber den § 145 a Ziff. 1 Gew.O. eben offenbar nicht mit ins Auge gefaßt!

216) So mit Recht Schneidewin bei Stenglein, Nebengesetze, 5. Aufl. 1928 Bd. I S. 797 zu § 15 Note 2.

217) So Schneidewin a. a. O., Schmitt, Sammlung von Reichsges. strafrechtl. Inhalts (Beck) 3. Aufl. 1925 S. 153.

218) Vgl. dazu auch unten zu 3.

Von der Aufstellung qualifizierter Tatbestände, deren Erfüllung von Amts wegen zu verfolgen wäre, hat das Gesetz abgesehen. Ein Grund dafür ist nicht ersichtlich.

3. Zu weiteren eigenartigen und nur durch das Tastend-Zufällige der Gelegenheitsgesetzgebung erklärbaren Anomalien gelangen wir bezüglich des Betriebsgeheimnisschutzes, wenn wir uns nun dem **Weingesetz** vom 7. April 1909 zuwenden. Auch nach dem Weingesetz haben die Beamten der Nahrungsmittelpolizei und die von ihr zugezogenen oder gemäß § 21 Abs. 2 hauptamtlich bestellten Sachverständigen Gelegenheit, Geschäfts- und Betriebsgeheimnisse in Erfahrung zu bringen. Die Gefahr einer Unternehmensschädigung ist also hier genau die gleiche, wie nach der Gewerbeordnung und nach dem oben unter 2 behandelten Gesetz von 1897. Aber merkwürdigerweise gestaltet das Gesetz von 1909 den Rechtsschutz wesentlich anders, ohne daß dafür wieder der geringste Grund zu erkennen wäre. § 24 des Weingesetzes stellt nämlich eine Pflicht, sich der Mitteilung und Verwertung der in Erfahrung gebrachten Geschäfts- und Betriebsgeheimnisse zu enthalten, ausschließlich für die Sachverständigen, nicht auch für die Beamten der Polizei auf. Demgemäß werden der Verrat und die Verwertung der Geschäfts- oder Betriebsgeheimnisse gemäß § 27 auch nur insoweit bestraft, als Täter ein solcher Sachverständiger ist[219]). Während also das Gesetz von 1897 (oben zu 2) auch die Geheimnisverletzungen, die von den Beamten der Polizei begangen werden, bestraft, können nach dem Weingesetz die Polizeibeamten im Falle solcher Geheimnisverletzungen nur disziplinarrechtlich belangt werden[220]). Daß damit der Rechtsschutz der Unternehmen durchlöchert ist, liegt auf der Hand.

Als Schuldform für die von den Sachverständigen begangenen strafbaren Handlungen kommt m. E. auch hier (wie oben zu 2) trotz der entgegengesetzten Meinung Schneidewins[221]) nur Vorsatz in Frage. Wenn das Weingesetz in § 28 gegenüber typisch polizeistrafrechtlichen Tatbeständen die Strafbarkeit der Fahrlässigkeit ausdrücklich hervorhebt, so kann die Nichterwähnung der Fahrlässig-

---

[219]) Strafe jetzt Geldstrafe oder Gefängnis bis zu einem Jahre (vgl. § 19 des Lebensmittelgesetzes von 1927). Vgl. dazu oben Anm. 215.

[220]) Vgl. Schneidewin bei Stenglein, Nebengesetze, 5. Aufl. 1928, S. 890 zu § 24 Note 1, S. 898 zu § 27 Note 1.

[221]) a. a. O. S. 898, § 27 Note 2.

keit in § 27, der uns hier interessierenden Norm, nur im Sinne ihrer Straflosigkeit gedeutet werden.

Der Versuch kann auch hier nicht bestraft, das Delikt nur auf Antrag des „Unternehmers“ verfolgt werden.

Qualifizierte Fälle nach Analogie des § 145a Ziff. 2 Gew.O. aufzustellen, hat der Gesetzgeber hier, wie bei dem Gesetz von 1897, unterlassen.

4. Zu den unter 2 und 3 erörterten Schutzbestimmungen gehören sachlich die §§ 10 und 18 des **Lebensmittelgesetzes** vom 5. Juli 1927. Die rechtstatsächliche Situation bei der staatlichen Überwachung des Verkehrs mit Lebensmitteln entspricht der oben zu 2 und 3 geschilderten: Polizeibeamte und Sachverständige werden im Zusammenhang mit ihrer Überwachungs- und Untersuchungstätigkeit [222]) des öfteren Gelegenheit haben, Betriebsgeheimnisse zu erfahren. § 10 statuiert ihre Pflicht, Verschwiegenheit schlechthin zu beobachten, überdies aber auch die Pflicht, sich der Mitteilung und Verwertung von Geschäfts- oder Betriebsgeheimnissen zu enthalten. Auch für die Zeit nach dem Ausscheiden aus dem Dienst wird am Schluß des Abs. 1 des § 10 diese Pflicht ausdrücklich betont [223]). Auf § 10 Abs. 1 nimmt die Strafvorschrift des § 18 Bezug. Ein Zuwiderhandeln gegen die dort aufgestellten Verpflichtungen, d. h. also der Verrat und die Verwertung von Geschäfts- oder Betriebsgeheimnissen werden mit Gefängnis bis zu einem Jahre oder mit Geldstrafe bestraft. Verfolgung nur auf (zurücknehmbaren [224])) Antrag.

5. Auch im Rahmen des Versicherungsrechtes hat sich ein besonderer Schutz des Betriebsgeheimnisses als erforderlich erwiesen. Auf die älteren Bestimmungen dieser Art etwa im Unfallversicherungsgesetz vom 6. Juli 1884, sowie in den Gesetzen vom 6. Mai 1886,

---

[222]) Vgl. die §§ 7—9 des Gesetzes.

[223]) Schneidewin a. a. O. S. 750 § 10 Note 2 meint, daß damit etwas „nur Selbstverständliches“ gesagt sei. Das ist keinesfalls zutreffend, wie die Geschichte des § 353a StGB., wie auch § 17 Abs. 1 UWG. beweisen. § 10 des Ges. vom 15. Juni 1897 (oben zu 2), § 24 des Weingesetzes vom 7. April 1909 (oben zu 3) enthalten eine dem § 10 Abs. 1 des Lebensmittelgesetzes entsprechende Bestimmung nicht. Ich sehe auch hierin wieder eine durch den uneinheitlichen Charakter der Gelegenheitsgesetzgebung herbeigeführte Unstimmigkeit.

[224]) Warum der Antrag hier zurücknehmbar ist, nicht aber auch in § 15 des Ges. v. 15. VI. 1897 und in § 27 des Ges. v. 7. IV. 1909, ist auch wieder völlig unerfindlich. Da § 19 des Lebensmittelgesetzes von 1927 eine gewisse Angleichung jener Gesetze erstrebt hat, hätte auch bezüglich des Antragsrechtes für eine Beseitigung der Unstimmigkeiten gesorgt werden können.

11. Juli 1887, 22. Juni 1889, die dann durch die spätere Unfallversicherungsgesetzgebung vom 18. Juli 1899 und vom 5. Juli 1900 abgelöst worden sind, braucht hier nicht näher eingegangen zu werden[225]). Heute interessiert in erster Linie die **Reichsversicherungsordnung** vom 19. Juli 1911, die in den §§ 142 bis 144 strafrechtliche Bestimmungen zum Schutze des Betriebsgeheimnisses ententhält.

Den Täterkreis bestimmt § 141. Täter kann hiernach sein:

1. Das Mitglied eines Organs oder ein Angestellter eines Versicherungsträgers;
2. Mitglied oder Angestellter einer Versicherungsbehörde;
3. Vertreter oder Beisitzer bei einer Versicherungsbehörde.

Hierzu treten dann nach § 142 Abs. 1 noch

4. die besonderen Sachverständigen gemäß § 880 der RVO.

Zu beachten ist jedoch diesem Täterkreise gegenüber die Ausnahmebestimmung des § 145. Danach bewendet es für Beamte, die der Dienstgewalt einer Landesbehörde oder einer gemeindlichen Behörde unterstehen, an Stelle der §§ 141 bis 144 bei den für sie geltenden Vorschriften. Das heißt, daß an die Stelle der Kriminalstrafbestimmungen über den Geheimnisschutz für diese Beamtenkategorien das Disziplinarrecht tritt[225a]), da es besondere Strafvorschriften, die dem Landes- oder Gemeindebeamten gegenüber das Betriebsgeheimnis schützen, nicht gibt. Diese Durchlöcherung des Strafrechtsschutzes bezüglich des Betriebsgeheimnisses ist auffallend genug, zumal das Gesetz von 1897 (oben 2) sich nicht gescheut hat, auch die Beamten der Polizei mit Strafe zu bedrohen.

Das Gesetz unterscheidet, wie üblich, zwischen Geheimnisverrat (§ 142) und Geheimnisverwertung (§ 143):

a) Geheimnisverrat:

Es wird mit Geldstrafe oder mit Gefängnis (bis zu 5 Jahren, nicht bloß, wie oben unter 2—4 bis zu 1 Jahre!!) bestraft derjenige der soeben bezeichneten Täter, der unbefugt Geschäfts- oder Betriebsgeheimnisse offenbart, die ihm in amtlicher Eigenschaft bekannt geworden sind. Verfolgung gemäß Abs. 3 des § 142 nur auf Antrag des Unternehmers. Der Versuch bleibt straflos. Vorsatz ist zu erfordern und genügt.

---

[225]) Vgl. v. Liszt, Lehrbuch 4. Aufl. (1891) S. 420, 12. u. 13. Aufl. (1903) S. 419.

[225a]) Vgl. Ebermayer-Stenglein, Nebengesetze, 4. Aufl. (1913) Bd. III S. 358.

Abs. 2 enthält einen qualifizierten Fall, der ex officio zu verfolgen ist. Die Qualifizierung liegt entweder in der Schädigungsabsicht („um . . . zu . . .") gegenüber dem Unternehmer oder in der Bereicherungsabsicht zu eigenen oder zu fremden Gunsten. Strafe: Gefängnis, daneben wahlweise auch Ehrverlust und Geldstrafe; bei mildernden Umständen gemäß § 144 obligatorisch Geldstrafe allein.

Bei einem Vergleich mit § 145 a der Gewerbeordnung (oben 1) fällt die dort vorgenommene andersartige Staffelung der Qualifizierungsmomente auf (erste Qualifizierung durch Schädigungsabsicht, weitere Qualifizierung durch Bereicherungsabsicht), desgleichen die damit zusammenhängende andersartige Staffelung der Strafen. Ersichtliche Gründe für die verschiedenartige Behandlung dürften kaum gegeben sein.

b) Geheimnisverwertung:

Sie liegt vor, wenn die oben bezeichneten Täter Geschäfts- oder Betriebsgeheimnisse unbefugt verwerten, um den Unternehmer zu schädigen oder sich oder anderen einen Vermögensvorteil zu verschaffen: Strafe: Gefängnis, daneben wahlweise auch Ehrverlust und Geldstrafe; bei mildernden Umständen (§ 144) nur Geldstrafe. Hier fehlt es merkwürdigerweise wieder an einem einfachen, durch keine besondere Deliktsabsicht qualifizierten Fall. Die Tat ist von Amts wegen zu verfolgen. Im übrigen vgl. oben zu a.

In sämtlichen Fällen ist der Versuch straflos.

6. Die §§ 142 bis 144 RVO. gewinnen dadurch noch eine besondere Bedeutung, daß § 233 des **Reichsknappschaftsgesetzes** in der Fassung vom 1. Juli 1926 [226]) auf sie Bezug nimmt. Im Rahmen des Reichsknappschaftsgesetzes gelten die erwähnten Bestimmungen „entsprechend".

7. Das **Angestelltenversicherungsgesetz** vom 28. Mai 1924 enthält in den §§ 345 bis 349 Benstimmungen, die denjenigen der §§ 141 bis 145 der Reichsversicherungsordnung getreulich nachgebildet sind. Der Täterkreis wird selbstverständlich auf die Organe und Angestellten der Reichsversicherungsanstalt, auf die Mitglieder und Angestellten einer zur Feststellung der Leistungen zuständigen Behörde, sowie auf die Vertreter oder Beisitzer bei einer solchen Behörde zugeschnitten. Auch hier gilt (§ 349) eine Ausnahmevorschrift für die Beamten, die der Dienstgewalt einer staatlichen oder gemeindlichen Behörde unterstehen (vgl. oben unter 5 den dort erwähnten

---

[226]) § 189 der Fassung vom 23. Juni 1923.

§ 145 RVO.). Die Tatbestände stimmen wortwörtlich mit denen der RVO. überein. Ein näheres Eingehen auf sie dürfte sich demgemäß erübrigen.

8. Eine völlig andere Methode strafrechtlichen Geheimnisschutzes, und damit auch des strafrechtlichen Betriebsgeheimnisschutzes verwendet § 150 des **Reichsgesetzes über das Verfahren in Versorgungssachen** vom 10. Januar 1922. Diese Bestimmung, die, wie ihre Fassung ergibt, nur subsidiäre Bedeutung hat, lautet: „Wer unbefugt offenbart, was ihm vermöge seiner dienstlichen Tätigkeit bei einer Versorgungsbehörde [227]) über die gesundheitlichen und wirtschaftlichen Verhältnisse eines Beteiligten, in Hinterbliebenenangelegenheiten auch des Verstorbenen, bekannt geworden ist, wird, soweit nicht nach den allgemeinen Strafgesetzen eine härtere Strafe verwirkt ist, mit Geldstrafe oder mit Gefängnis bis zu drei Monaten bestraft. Die Verfolgung tritt nur auf Antrag des Versorgungsberechtigten oder der Dienstaufsichtsbehörde ein." Daß zu den „wirtschaftlichen Verhältnissen" gegebenenfalls auch Betriebsgeheimnisse gehören, kann nicht bezweifelt werden. Das bedeutet also, daß § 150 a. a. O. gegen den Verrat, nicht aber gegen die Verwertung von Betriebsgeheimnissen Schutz gewährt. An qualifizierte, von Amts wegen zu verfolgende Fälle hat der Gesetzgeber wieder einmal nicht gedacht. Daß der Versuch straflos bleibt, kann nicht wundernehmen. Indessen: Praktische Bedeutung wird die Stelle gerade für den Schutz von Betriebsgeheimnissen nicht haben, da solche im Bereiche der Versorgungsberechtigten, die als Geheimnisträger hauptsächlich in Betracht zu ziehen wären, nicht häufig sein werden.

9. Die Sorge der Unternehmen um die Wahrung der Betriebsgeheimnisse ist im Hinblick auf die Auskunftspflicht, die den Unternehmensleitungen den Betriebsvertretungen gegenüber besteht, erheblich gewachsen [228]). Im Interesse gemeinsamen Vorgehens im Arbeitskampf, zum Zwecke der Beschaffung von Unterlagen für Verhandlungen mit den Arbeitgebern über Tarifverträge, Löhne usw. machen sich die Betriebsvertretungen gegenseitig Mitteilungen über

---

[227]) Vgl. dazu §§ 1 ff. des Gesetzes.

[228]) Vgl. etwa „Mitteilungen der Arbeitgeberverbände Unterelbe und Hamburg-Altona EV.", Jahrgang 1927, Nummer 19, S. 124 ff. Hier ein interessanter Streit über die Ausdehnung der Auskunftspflicht bei Erstattung des sogenannten „Vierteljahrsberichts".

Produktionsziffern [229]) und sonstige Einzelheiten der Unternehmenslage, deren Verbreitung keineswegs immer den Unternehmern erwünscht sein kann. Die Gefahr, daß auf diese Weise Betriebsgeheimnisse verraten werden und die wettbewerbliche Situation des Unternehmens etwa durch Mitteilung einer ängstlichst geheim gehaltenen ungünstigen Konjunkturschwankung beeinträchtigt werde, ist damit gegeben [230]). Das **Betriebsrätegesetz** vom 4. Februar 1920 hat demgemäß an eine gewisse Schutzgewährung dieser Gefahr gegenüber denken müssen, allerdings in § 100 eine derartig ängstlich verklausulierte Sondernorm aufgestellt, daß ihr, selbst wenn das praktische Bedürfnis nach einer Schutznorm sehr groß wäre, eine nennenswerte praktische Bedeutung neben den §§ 17, 20 des UWG. kaum zukommen kann.

Täter können nach § 100 Betr.R.Ges. nur „Angehörige einer Betriebsvertretung" sein. Folgende strafbaren Betriebsgeheimnisverletzungen kommen seitens dieser Täter in Frage:

a) Einfacher Fall: Unbefugte Offenbarung von Betriebs- oder Geschäftsgeheimnissen, die dem Täter „als solche bezeichnet worden sind". Strafe: Geldstrafe oder Haft.

b) Qualifizierter Fall: Begehung der zu a) bezeichneten Tat in der Absicht,

sich oder einem anderen einen Vermögensvorteil zu verschaffen oder

dem Arbeitgeber Schaden zuzufügen.

Strafe: Gefängnis bis zu einem Jahre, daneben wahlweise Geldstrafe zulässig; bei mildernden Umständen ausschließlich Geldstrafe. Neben der Strafe fakultativ Einziehung der durch die strafbare Handlung erlangten Vorteile.

Verfolgung in beiden Fällen nur auf (zurücknehmbaren) Antrag des Unternehmers.

Folgendes muß bei einem Vergleich mit anderen Normen über den Betriebsgeheimnisschutz auffallen:

1. Bestraft wird nur der Geheimnisverrat, nicht auch die Ge-

---

[229]) Vgl. die in der vorigen Note bezeichneten „Mitteilungen", Jahrg. 1927, Nummer 20 S. 133.

[230]) Freilich: Die Kriminalstatistik weist kaum Verurteilungen auf. Aus der Praxis sind mir einige wenige Fälle bekannt. Die Betriebe haben auf meine Umfrage fast durchweg geantwortet, daß sie Grund zu einem Vorgehen aus § 100 Betr.R.G. bisher nicht gehabt hätten.

heimnisverwertung. In dieser Hinsicht muß aber § 17 Abs. 2 UWG. auch gegenüber den Betriebsratsmitgliedern gelten.

2. § 100 Betr.R.Ges. ist gegenüber § 17 I UWG. lex specialis, soweit das Betriebsvertretungsmitglied als „Angestellter" im weitesten Sinne in Schädigungsabsicht handelt und es sich um Betriebsgeheimnisse handelt, die „als solche bezeichnet" worden sind. In diesem Falle finden mithin nur die in § 100 Abs. 2 bezeichneten Strafen Anwendung. Diese aber sind insofern milder, als jedenfalls bei Vorliegen mildernder Umstände nur auf Geldstrafe erkannt werden darf, während nach § 17 Abs. 1 UWG. in jedem Falle Gefängnis und Geldstrafe zulässig sind. Merkwürdig muß dies deswegen berühren, weil das Betriebsvertretungsmitglied eine doppelte Treupflicht verletzt, wenn es die Verschwiegenheit nicht wahrt, ihm gegenüber also ein triftiger Grund zu milderem Vorgehen an sich zweifellos nicht gegeben ist. Auch ist nicht einzusehen, warum bei einem Handeln in Bereicherungsabsicht gemäß § 100 Abs. 2 andere Bestrafungsmöglichkeiten Platz greifen sollen als bei einem Handeln zu Wettbewerbszwecken, das wieder nach § 17 Abs. 1 UWG. zu ahnden wäre. Eine Abstimmung des § 100 Betr.R.G. mit § 17 UWG. hat eben nicht stattgefunden.

3. Nicht einmal hier ist die Strafbarkeit auf den Versuch des Geheimnisverrats ausgedehnt.

10. Auf breitere Basis, wenigstens bezüglich des Täterkreises, sucht den Schutz des Betriebsgeheimnisses die eigenartige **Verordnung gegen Bestechung und Geheimnisverrat nichtbeamteter Personen** vom 3. Mai 1917/12. Februar 1920 zu stellen [231]). Die Strafbestimmungen dieser VO. richten sich gegen denjenigen, der, „ohne Beamter zu sein, bei einer Behörde oder in einer Organisation der Kriegs- oder Übergangswirtschaft beschäftigt oder bei einer solchen Organisation als Mitglied eines Aufsichtsrats oder eines Beirats oder als zugezogener Vertrauensmann oder Sachverständiger oder in ähnlicher Stellung tätig" und überdies „auf die

[231]) Meine Bedenken gegenüber der Rechtsgültigkeit dieser VO. (vgl. Z. 38 S. 860 ff.) muß ich aufrechterhalten, obwohl nach Feisenberger bei Stenglein, Strafr. Nebenges., 5. Aufl., Bd. II S. 363 die Gültigkeit der VO. „keinem Zweifel" unterliegen soll. Feisenberger führt eine nicht veröffentlichte Entscheidung des RG. an, die die VO. ebenfalls für rechtsgültig hält, hat aber die Zweifel, die ich a. a. O. geltend gemacht habe, nicht gesehen und demgemäß auch nicht beschwichtigt.

gewissenhafte Erfüllung seiner Obliegenheiten durch Handschlag verpflichtet ist".

Zwei der gegen diesen Täterkreis gerichteten Strafbestimmungen betreffen den Schutz des Betriebsgeheimnisses. Einmal können die in Frage stehenden Organisationen selbst Betriebsgeheimnisse haben, deren Wahrung den durch Handschlag Verpflichteten obliegt; ferner haben die Behörden und die Organisationen der Kriegs- oder Übergangswirtschaft durch ihre Fühlungnahme mit Unternehmen und Betrieben aller Art sehr häufig Gelegenheit, die Betriebsgeheimnisse dieser letzteren zu erfahren; ja gegebenenfalls können hier Offenbarungspflichten gegenüber den Behörden und Organisationen bestehen, die nur dann als berechtigt Anerkennung finden können, wenn bezüglich der zu offenbarenden Geheimnisse ein besonderer Rechtsschutz gewährt wird.

Unter diesen Gesichtspunkten sind die §§ 6 und 7 der VO. zu betrachten.

§ 6 spricht nicht ausdrücklich und unmittelbar vom strafrechtlichen Schutz des Betriebsgeheimnisses. Aber er bedroht mit Strafe den gemäß § 1 Verpflichteten (s. oben), der die infolge seiner Tätigkeit erlangten Kenntnisse über Einrichtungen oder Maßnahmen der Behörde oder der Organisation dazu mißbraucht, sich oder einem anderen einen Vermögensvorteil zu verschaffen oder einem anderen Schaden zuzufügen. So undeutlich das Tatbestandsmerkmal „mißbrauchen"[232]) ist, so zweifelhaft es ferner sein kann, ob die Verschaffung des Vermögensvorteils und die Zufügung des Schadens objektiv zum Erfolge des Delikts gehören sollen oder lediglich in der die „Mißbrauchs-" Handlung des Täters begleitenden Absicht[233]) zu liegen brauchen, das eine dürfte wohl sicher sein: Verrat und Verwertung eines Betriebsgeheimnisses der Behörde oder der Organisation mit der Absicht der Bereicherung oder der Schädigung fallen unter diese Stelle.

Deutlicher ist § 7, der den §§ 142, 143 der Reichsversicherungsordnung nachgebildet zu sein scheint. Das Gesetz unterscheidet:

---

[232]) Feisenberger bei Stenglein 5. Aufl. Bd. II S. 369, § 4 Note 6, deutet das Mißbrauchen als ein Verwerten der Kenntnisse zu oder bei einer Handlung oder Unterlassung, zu der die Stellung in oder zu der Behörde oder Organisation keine Befugnis gibt.

[233]) So Feisenberger a. a. O. S. 370 in Note 6 zu § 6. Aber sprachlich kann „mißbrauchen, sich ... zu verschaffen" bedeuten: 1. eine als Mißbrauch sich darstellende Handlung vornehmen, um sich ... zu verschaffen; 2. sich dadurch etwas verschaffen, daß man eine mißbräuchliche Handlung vornimmt.

1. die einfache unbefugte Offenbarung von Geschäfts- oder Betriebsgeheimnissen eines Dritten, die dem Täter (also dem gemäß § 1 Verpflichteten) infolge seiner Tätigkeit zur Kenntnis gelangt sind. Strafe: Geldstrafe oder Gefängnis bis zu 3 Monaten.

2. die qualifizierte unbefugte Offenbarung. Qualifikationsmoment ist die Absicht:

a) entweder den Inhaber des Geschäfts oder Betriebs zu schädigen,

b) oder sich oder einem anderen einen Vermögensvorteil zu verschaffen.

Strafe: Gefängnis bis zu einem Jahre und Geldstrafe oder eine dieser Strafen.

3. die durch die zu 2 bezeichnete Absicht qualifizierte Verwertung von Geschäfts- oder Betriebsgeheimnissen. Strafe wie zu 2.

In allen 3 Fällen des § 7 Verfolgung nur auf (zurücknehmbaren) Antrag [234]). Neben Strafe ist Buße zulässig auf Verlangen des Verletzten. Erkannte Buße schließt weiteren Entschädigungsanspruch aus.

Die Straflosigkeit des Versuchs in sämtlichen Fällen des § 7 und die einer einfachen Verwertung des Geschäfts- oder Betriebsgeheimnisses sind Sonderbarkeiten des Gesetzes, die aus den Vorbildern übernommen worden sind. Eigenartig muß die ganze VO., wie ich schon früher einmal [235]) hervorgehoben habe, namentlich unter dem Gesichtspunkte wirken, daß sie dem Nichtbeamten gegenüber ein strafrechtlich strengeres Vorgehen möglich macht, als dem Beamten gegenüber. Denn dieser wird in den Fällen der §§ 6 und 7 der VO., soweit nicht der § 17 UWG. herangezogen werden kann, straflos bleiben und nur disziplinarrechtlich verfolgbar sein. Der Nichtbeamte dagegen kann bestraft und außerdem aus dem Vertrage fristlos entlassen werden, welch letztere Unrechtsfolge für ihn dasselbe bedeutet wie für den Beamten die Dienstentlassung. Auch hier tritt die innere Unstimmigkeit der heterogenen Gelegenheitsnormen über den Geheimnisschutz in die Erscheinung.

11. Wir wenden uns zu einer letzten Gruppe von strafbaren Verletzungen des Betriebsgeheimnisses, die in den Finanzgesetzen des Reiches behandelt werden, und beginnen mit § 376 der **Reichsabgabenordnung** vom 13. Dezember 1919. Nach § 10 erstreckt sich

---

[234]) Das bedeutet eine Abweichung vom Vorbilde der RVO., nach der die qualifizierten Fälle Offizialdelikte darstellen.

[235]) Vgl. Z. 38 S. 861.

die Amtspflicht aller im Dienste der Reichsfinanzverwaltung stehenden Beamten und anderen Personen (vgl. § 10 Abs. 2, 3) darauf, daß sie Verhältnisse eines Steuerpflichtigen, die sie dienstlich erfahren haben, strengstens geheimhalten und Geschäfts- oder Betriebsgeheimnisse, die sie in gleicher Weise erfahren haben, nicht unbefugt verwerten. Da die „Verhältnisse" des Steuerpflichtigen ohne jeden Zweifel auch seine Geschäfts- oder Betriebsgeheimnisse mit umfassen, so ist den erwähnten Personen also sowohl die Offenbarung als auch die Verwertung der Betriebsgeheimnisse auf Grund ihrer Amtspflichten untersagt.

Hieran schließt sich die Strafvorschrift des § 376. Als Täter des hier beschriebenen Vergehens kommen gemäß § 10 in Verbindung mit § 23 a Abs. 2 RAO., ferner gemäß § 17 Abs. 6 Satz 2, § 18 Abs. 4 Satz 3 des Reichsbewertungsgesetzes vom 10. August 1925 folgende Personen in Betracht:

1. Beamte der Finanzverwaltung;
2. Beamte der Finanzgerichte;
3. Personen, die ehrenamtlich für die Finanzverwaltung tätig werden;
4. Sachverständige und andere Personen, die von Finanzbehörden oder Finanzgerichten zugezogen werden (vgl. § 206 RAO.);
5. Personen, die namens der Gemeinden im Besteuerungsverfahren mitwirken oder als Beamte, Angestellte oder Beauftragte von Gemeinden oder als Inhaber von Ehrenämtern Kenntnis über Verhältnisse, Geschäfts- oder Betriebsgeheimnisse eines Steuerpflichtigen erhalten ((§ 23 a Abs. 2 RAO., eingefügt durch die dritte Steuernotverordnung vom 14. Februar 1924);
6. die nicht ständigen Mitglieder des nach Maßgabe des § 17 des Reichsbewertungsgesetzes vom 10. August 1925 dem Reichsminister der Finanzen zur Seite zu stellenden „Bewertungsbeirates" und ihre Vertreter (a. a. O. § 17 Abs. 6);
7. die gemäß § 18 Abs. 4 Satz 3 des Reichsbewertungsgesetzes vom Bewertungsbeirat gehörten Sachverständigen.

Bezüglich dieses vielgestaltigen Täterkreises unterscheidet § 376 RAO. folgende Delikte:

1. a) Die einfache unbefugte Mitteilung von dienstlich in Erfahrung gebrachten Geschäfts- oder Betriebsgeheimnissen eines Steuerpflichtigen;

b) die einfache unbefugte Verwertung von dienstlich in Erfahrung gebrachten Geschäfts- oder Betriebsgeheimnissen.

Strafe zu a und b: Geldstrafe oder Gefängnis bis zu 6 Monaten. Strafverfolgung nur auf Antrag des Landesfinanzamts oder des verletzten Steuerpflichtigen. Der Antrag ist mangels ausdrücklicher Vorschrift nicht zurücknehmbar (StGB. § 64 Abs. 1).

2. Qualifizierte Fälle der zu 1 a und b beschriebenen Verhaltensweisen (§ 376 Abs. 2):

a) die Handlung ist aus Eigennutz begangen;

b) die Handlung ist in der Absicht begangen, den Steuerpflichtigen zu schädigen.

Strafe zu a und b: Geldstrafe oder Gefängnis oder beide Strafen (vgl. Nr. 5 der Anpassungsverordnung vom 20. November 1925); daneben kann auf Unfähigkeit zur Bekleidung öffentlicher Ämter bis zu 5 Jahren erkannt werden. Verfolgung von Amts wegen.

Warum hier die Strafe für den einfachen Verrat im Gegensatz zu RVO. § 142 (oben 5 a) im Höchstmaß sechsmonatiges Gefängnis (dort 5 Jaher Gefängnis!) ist; warum die Geheimnisverwertung hier auch in einem einfachen, nicht bloß, wie oben 5 b, in qualifizierten Ausprägungen, erscheint; warum auf Zulassung mildernder Umstände hier im Gegensatz zur RVO. verzichtet wird; warum eine dem § 145 RVO. entsprechende Ausnahmebestimmung zugunsten der unter öffentlicher Dienstgewalt stehenden Beamten hier fehlt; alles dies und andere Abweichungen in den Einzelheiten von den sonstigen Strafbestimmungen über Geheimnisschutz dürften eine befriedigende Erklärung kaum finden können. Der Täterkreis gemäß § 376 RAO. weist wesentliche juristische Eigentümlichkeiten nicht auf; Rücksicht auf die einzelnen Tätergruppen kann jene Verschiedenartigkeiten bezüglich der Tatbestände und der Strafbestimmungen also sicher nicht erklären.

12. Die Tatbestände des § 376 der RAO. finden sich in getreulicher Nachbildung in § 55 der **Vorläufigen Durchführungsbestimmungen des Reichsfinanzministers zur VO. über die Errichtung der Deutschen Rentenbank** vom 14. November 1923 (RGBl. I S. 1092)[236]). Diese VO. muß zugunsten der auf Grund der Rentenbankverordnung belasteten Personen dafür sorgen, daß ihre den Organen der Rentenbank zu offenbarenden oder sonst bekannt werdenden Geschäfts- und Betriebsgeheimnisse durch eben diese Organe nicht in Gefahr gebracht werden. Als solche Organe nennt § 6 der VO. die Mitglieder des Vorstandes, des Aufsichtsrates

---

[236]) Vgl. Feisenberger in Stenglein, Nebenges. 5. Aufl., Bd. II S. 170.

und des Verwaltungsrats, sowie die Prokuristen und Angestellten der Deutschen Rentenbank. § 55 der VO. bildet nun im Hinblick auf diese Personen als Täter genau die gleichen strafrechtlichen Tatbestände, wie sie oben zu 11 auf Grund des § 376 der RAbgO. dargestellt sind. Also einerseits einfache Offenbarung oder Verwertung der Geschäfts- oder Betriebsgeheimnisse (gleiche Strafe wie für die einfachen Fälle des § 376 a. a. O.; Antragsdelikt); ferner qualifizierte Offenbarung oder Verwertung, weil aus Eigennutz oder Schädigungsabsicht begangen; hier aber auffallenderweise eine Abweichung im Höchstmaß der angedrohten Gefängnisstrafe (6 Monate gegenüber 5 Jahren des § 376 RAO.).

13. Eine weitere Wiederholung hat § 376 RAbgO. in § 23 der am 28. Oktober 1924 erlassenen **Ersten Durchführungsbestimmungen zum Gesetz über die Industriebelastung** vom 30. August 1924 gefunden. Technik und Tatbestandsfassung (auch bezüglich der Strafdrohung) stimmen völlig mit den oben unter 12 erörterten Bestimmungen überein. Als Täter bezeichnet § 22 der Durchführungsbestimmungen schlechthin jeden, der bei der Durchführung des Industriebelastungsgesetzes tätig wird und hierbei Kenntnis von Verhältnissen der auf Grund des Industriebelastungsgesetzes oder des Aufbringungsgesetzes belasteten Personen erlangt. Ein näheres Eingehen auf die Einzelheiten erübrigt sich im Hinblick auf die Ausführungen unter 11 und 12.

14. Schließlich ist noch § 139 des **Branntweinmonopolgesetzes** vom 8. April 1922 zu erwähnen, eine in mancher Hinsicht wieder recht eigenartige Bestimmung. Auch die Durchführung des Branntweinmonopols führt dazu, daß Betriebsgeheimnisse gegen den Willen der Unternehmensleitungen offenbart werden müssen (vgl. §§ 43 ff. des Ges.) oder zur Kenntnis der die Überwachung der Betriebe vornehmenden Personen gelangen. Soweit es sich dabei um Beamte der Monopolverwaltung handelt, unterliegen sie selbstverständlich der Pflicht zur Amtsverschwiegenheit mit allen sich daraus ergebenden disziplinarrechtlichen Folgen für den Fall einer Verletzung der Verschwiegenheitspflicht. Wer, ohne Reichs- oder Staatsbeamter zu sein, im Dienste der Monopolverwaltung tätig ist, wird gemäß § 10 des Branntw.Mon.Ges. zur gewissenhaften Erfüllung seiner Obliegenheiten und insbesondere zur Amtsverschwiegenheit durch Handschlag verpflichtet. Und der so Verpflichtete untersteht nun noch, hierin strenger behandelt als der Beamte, der Strafbestimmung des § 139, die dem Schutz der Geschäfts- und Betriebs-

geheimnisse dienen soll. Das Vorbild dieser Strafbestimmung hat nicht § 376 RAbgO., sondern haben offenbar die §§ 142, 143 der Reichsvers.O. abgegeben. Denn in § 139 finden wir wieder die Methode, lediglich die Offenbarung der bei Wahrnehmung der Dienstobliegenheiten erfahrenen Geheimnisse schlechthin zu bestrafen, die Verwertung dagegen nur dann, wenn Eigennutz oder Schädigungsabsicht Triebfedern des Handelns gewesen sind, die Verwertung fremder Betriebsgeheimnisse mithin nur in einer durch eine bestimmte Deliktsabsicht qualifizierten Form unter Strafe und mit der durch die gleiche Absicht qualifizierten Offenbarung auf eine Stufe zu stellen. Das Delikt ist in allen Begehungsformen — auch hierin ein Unterschied zu § 376 RAbgO. und den dieser Norm nachgebildeten Bestimmungen — ein Antragsdelikt. Buße ist neben der Strafe unter gleichzeitigem Ausschluß weiterer Entschädigungsansprüche zulässig.

Macht man den Versuch, diesen mannigfaltigen Bestimmungen über den Schutz des Betriebsgeheimnisses außerhalb des UnlWG. eine gemeinsame Linie abzugewinnen, so wird das nur bezüglich des schon am Beginn dieses Abschnittes erwähnten Gesichtspunktes möglich sein, daß der Staat da, wo er eine Offenbarung des Betriebsgeheimnisses an bestimmte Behörden oder behördenähnliche Organe fordert oder wo die Tätigkeit dieser Behörden oder Organe zu einer Entdeckung von Betriebsgeheimnissen zu führen pflegt, zur Gewährung eines besonderen strafrechtlichen Schutzes der in wichtigsten Interessen bedrohten Unternehmen verpflichtet ist. In allen Einzelheiten begegnet aber eine durch nichts zu rechtfertigende, oder auch nur zu erklärende Mannigfaltigkeit der tatbestandlichen Ausgestaltung der strafrechtlichen Schutzbestimmungen. Insbesondere muß die in Bezug auf die Einbeziehung der Beamten ungleiche Begrenzung des Täterkreises und die sonderbare Verschiedenartigkeit in der Pönalisierung der Geheimnisverwertung auffallen, die mitunter überhaupt vergessen wird, mitunter nur in qualifizierten Formen als strafbar erscheint. Dazu die Ungleichheit hinsichtlich der Strafdrohungen, der Möglichkeit, auf Buße zu erkennen, und des Antragserfordernisses. Die geringe praktische Bedeutung aller dieser strafrechtlichen Bestimmungen ist der einzige Trost gegenüber der gesetzgeberischen Prinziplosigkeit, die in diesen Normen zum Prinzip erhoben zu sein scheint.

3. Abschnitt.

Reformforderungen.

A.

Strafrecht.

I.

Die Erörterungen des 2. Abschnittes haben zahlreiche Lücken im strafrechtlichen Schutz des Betriebsgeheimnisses, sowie vielfache Unstimmigkeiten unter den einzelnen, diesem Schutze dienenden Strafrechtssätzen des geltenden Rechtes erkennen lassen. Dies und die Tatsache, daß der Gesetzgeber immer wieder veranlaßt gewesen ist, sich mit der Frage des Schutzes des Betriebsgeheimnisses zu befassen, legen eigentlich den Gedanken nahe, anläßlich der allgemeinen Strafrechtsreform das ganze Problem einheitlich zu lösen. Aber auch im Verlauf der Strafrechtsreform hat der Schutz des Betriebsgeheimnisses eigenartige Schicksale erlebt.

1. Es hat nicht an Anläufen gefehlt, im Zusammenhang mit einer Neugestaltung des § 300 StGB. zugleich auch für das Betriebsgeheimnis eine strafrechtliche Schutzbestimmung zu schaffen. Schon bei der Ausarbeitung des Vorentwurfs von 1909 tauchte diese Frage auf [237]). Aber sie wurde, zum Schaden der Sache, von vornherein unter eine falsche Perspektive gerückt, indem „Privatgeheimnis" und „Betriebsgeheimnis" sehr zu Unrecht ohne weiteres identifiziert wurden [238]). Nun kann man natürlich, wenn man den Gegensatz zum Staatsgeheimnis oder zum militärischen Geheimnis herauskehren will, im Betriebsgeheimnis zugleich auch ein Privatgeheimnis sehen, weil es Beziehungen zu den öffentlich-rechtlichen Interessen des Staates nicht hat. Man wird ferner zweifellos einen Arzt aus § 300 StGB. verurteilen dürfen, wenn er die Verschuldung oder schlechte Geschäftslage des Patienten, die dieser als Geschäftsinhaber ängstlichst geheimhält, verrät, weil in einem solchen Falle die Privatgeheimsphäre die geschäftliche Geheimsphäre mit umfaßt. Aber das alles spricht nicht dafür, daß Privatgeheimnis und Betriebsgeheimnis schlechthin zu identifizieren seien. Es ist, wie unsere Erörterungen im 1. Abschnitt unter II gezeigt haben dürften, ein schwerer und verhängnisvoller Fehler, zu verkennen, daß es sich beim

---

[237]) Vgl. Begründung zum Vorentwurf S. 727 ff.

[238]) Ganz deutlich in dieser Beziehung Begründung zum VE. S. 729.

Betriebsgeheimnis grundsätzlich um den Schutz eines besonderen und eigenartigen Rechtsgutes handelt, daß das Interesse an Erhaltung der wettbewerblichen Unternehmensindividualität durch Wahrung der diese Individualität mit ausmachenden Geheimsphäre einen besonderen Kulturwert darstellt. Indem man dennoch die Identifizierung von Privat- und Betriebsgeheimnis vollzog, verlor man den so notwendigen Antrieb, die Schutzbedürftigkeit und Schutzmöglichkeit dieses besonderen Rechtsgutes einmal näher zu prüfen, und gelangte man zu der Meinung, daß „eine noch weitere [239]) Ausdehnung" der Vorschrift über die Strafbarkeit der Verletzung von Privatgeheimnissen zu erwägen sei, falls dem Betriebsgeheimnis ebenfalls Schutz gewährt werden sollte. Das aber erschien bedenklich, wohl weil man eine Verwässerung jener Vorschrift befürchtete und weil man sich nicht ohne Grund sagte, daß eine sehr weit gefaßte Norm über den Schutz des Privatgeheimnisses eine deutliche Stellungnahme des Gesetzgebers zu dem (damals noch sehr ungeklärten) Problem der Rechtfertigungsmöglichkeiten notwendig machen würde. So tröstete man sich, daß das Gesetz gegen den unlauteren Wettbewerb vom 27. Mai 1896 [240]) bereits „in großem Umfang den Schutz des Geschäfts- und Betriebsgeheimnisses eingeführt habe" [241]) und daß die Gesetzgebung in der Lage sei, „sobald sich auf einem Sondergebiet ein Bedürfnis dafür geltend macht, durch Vorschiften einzugreifen, die sich den Besonderheiten der dann vorliegenden und nur dann einigermaßen übersehbaren Einzelfälle besser anpassen können, als dies hier bei der Auferlegung einer ganz allgemeinen Berufsschweigepflicht möglich wäre" [212]).

Eine allgemeine Strafbestimmung über die Verletzung der Amtsverschwiegenheit, welche im Strafrecht der Zukunft an die Stelle zahlreicher Spezialvorschriften der oben im 2. Abschnitt unter III erörterten Art hätte treten können, wurde für den VE. ebenfalls abgelehnt. Auch § 210 des VE., der für den Fall einer Verbrechens-

[239]) VE. § 268 hat den Täterkreis gegenüber dem heutigen § 300 StGB. bereits in gewissem Sinne ausgedehnt!

[240]) Vgl. Begründung S. 729.

[241]) Dabei wurde schon damals eine Ausdehnung dieses Schutzes durch eine Neugestaltung des UWG. erwogen und bald darauf ja auch wenigstens zum Teil (§ 18 des Ges. v. 1909!) durchgeführt!

[242]) a. a. O. S. 729. Vgl. dazu Kronecker in Reform des Reichsstrafgesetzbuchs (herausg. von Aschrott u. Liszt) Bd. II (1910) S. 340. Welche Folgen diese Einstellung gehabt hat, hat sich oben im 2. Abschnitt unter III gezeigt.

oder Vergehens-Verübung durch einen Beamten eine allgemeine Straferhöhung in Aussicht nahm, hätte als Ersatz nicht angesehen werden können, da er auf außerhalb des VE. geregelte Materien, also gerade auf die Verletzung der Geschäfts- oder Betriebsgeheimnisse nicht anwendbar gewesen wäre.

Der Gegenentwurf suchte zwar bei der Pönalisierung der Verletzung von Privatgeheimnissen den Täterkreis in seinem § 291 noch weit über § 268 VE. auszudehnen; aber zu einer Einbeziehung der Betriebsgeheimnisverletzungen hätte die in § 291 vorgesehene Norm nur teilweise geführt, da sie immerhin auf „Personen, die zur Ausübung eines Berufes oder Gewerbes öffentlich bestellt oder ermächtigt sind", beschränkt wurde, also vielleicht an die Stelle des § 145 a der Gewerbeordnung, keineswegs aber an die Stelle der §§ 17 ff. UWG. hätte treten können. Diese Fassung des § 291 GE. mußte um so mehr enttäuschen, als Kriegsmann sich in der dem GE. beigefügten Denkschrift über die Einarbeitung der Nebengesetze für eine Einbeziehung jedenfalls des § 17 UWG. ausgesprochen hatte [243]). Kriegsmann dachte dabei offenbar an einen größeren Abschnitt „pflichtwidriger Geheimnisoffenbarung und -verwertung". Freilich ist es nicht sicher, ob Kriegsmann und die Verfasser des GE. die eigenartige Natur des im Betriebsgeheimnis zu schützenden Rechtsgutes erkannt haben.

Daß davon im KE. von 1913 und im E. 1919 keine Rede sein kann, beweist die Denkschrift zum E. 1919 in ihren Ausführungen zu § 355 [244]). Privatgeheimnis und Betriebsgeheimnis werden wieder ganz deutlich identifiziert, indem die §§ 17 ff. UWG. und § 100 Betr.R.G. lediglich als „Ergänzungen" des § 300 StGB. aufgefaßt werden. Damit aber fehlt beiden Entwürfen von 1913 und 1919 die richtige Orientierung auf den Schutz der spezifischen, im Betriebsgeheimnis zu schützenden Unternehmensinteressen. KE. § 354 bringt denn auch kaum etwas anderes als § 300 StGB. E. 1919 § 355 geht in Abs. 2 über § 300 StGB. ebenfalls nicht nennenswert hinaus, jedenfalls nicht in Richtung auf einen Schutz des Betriebsgeheimnisses. Das letztere gilt aber m. E. auch von der Vorschrift des Abs. 1, wonach ganz allgemein „ein Beamter, der ohne besondere Befugnis ein Privatgeheimnis offenbart, das ihm kraft seines Amtes anvertraut oder zugänglich geworden ist", bestraft werden soll. Es ist zum mindesten schief und sinnverwirrend,

[243]) Vgl. dort S. 366.
[244]) Denkschrift S. 296.

wenn die Denkschrift [245]) von dieser Bestimmung meint, daß sie an die Stelle der Geheimnisverratsbestimmungen der Verordnung vom 3. Mai 1917/12. Febr. 1920 [246]) treten könne, soweit sich der aus § 9 Nr. 4 zu interpretierende Beamtenbegriff des E. 1919 auch mit den in jener Verordnung genannten Personen decke. Von Privatgeheimnissen ist in der erwähnten Verordnung eben gerade nicht die Rede, vielmehr von Geschäfts- oder Betriebsgeheimnissen. Überdies entsteht zwischen E. 1919 § 355 und dem § 7 der Verordnung sofort insofern eine Unstimmigkeit, als E. 1919 § 355 die in § 7 Abs. 2 unter Strafe gestellte Geheimnisverwertung unter den Tisch fallen läßt. Das aber ist durchaus bezeichnend für die Fehlerhaftigkeit des Ausgangspunktes, nämlich die Identifizierung der Privatgeheimnisse und der Betriebsgeheimnisse. Die Verwertung von Privatgeheimnissen wird kaum als strafbare Handlung denkbar sein und ist daher auch in § 300 StGB. ganz mit Recht gar nicht erwähnt worden. Aber beim Betriebsgeheimnis spielt neben dem Verrat gerade auch die Verwertung eine wichtige Rolle, ein besonders deutlicher Hinweis darauf, daß ein völlig andersartiges Rechtsgut hinter dem Betriebsgeheimnis steckt, das, wenn es ausgiebig geschützt werden soll, besonderer Beachtung bedarf.

Einen zweifellosen Fortschritt gegenüber § 355 Abs. 1 des E. 1919 bedeutet § 133 des AE. 1925 [247]). Der Geheimnisverrat durch einen „Amtsträger" [248]) wird nunmehr ganz allgemein unter Strafe gestellt, gleichgültig ob es sich um ein Privatgeheimnis oder ein Betriebsgeheimnis handelt; denn § 133 spricht vom „Geheimnis" schlechthin, verwendet also den weitesten Begriff, unter den zweifellos auch das Betriebsgeheimnis mit zu subsumieren ist. Insofern beseitigt AE. 1925 die Zweifel, die angesichts des Abstellens auf das „Privatgeheimnis" gegenüber E. 1919 bestehen mußten. Das Geheimnis muß dem Amtsträger kraft seines Amtes anvertraut oder zugänglich gewesen sein, und durch die Offenbarung muß ein berechtigtes öffentliches oder privates Interesse gefährdet werden. Schon oben [249]) ist auf die Bedeutung dieser letzteren Klausel hin-

---

[245]) S. 296.

[246]) Vgl. oben S. 187 ff.

[247]) Vgl. dazu v. Liszt-Schmidt S. 602, sowie Kronecker a. a. O.

[248]) Nach § 11 Ziff. 3 ist Amtsträger jeder, der berufen ist, ein öffentliches Amt auszuüben.

[249]) 1. Abschnitt unter IV 2 b (S. 155).

gewiesen worden. Daß die Unternehmensinteressen, die beim Betriebsgeheimnis in Rede stehen, zu den privaten Interessen im Sinne dieser Stelle zu zählen sind, versteht sich von selbst, da „privat" hier ganz offensichtlich nur den Gegensatz zu „öffentlich" bedeutet, mithin alle Interessen umfaßt, die außerhalb der Sphäre der sogen. öffentlichen Interessen liegen. Das Wesentliche ist, daß durch die Klausel der Interessengefährdung eine Einschränkung der unter den strafrechtlichen Schutz gestellten „Geheimnisse" bewirkt wird, und daß somit für den Bereich der Betriebsgeheimnisse ein, wenn auch freilich nur recht undeutlicher Hinweis auf den Unterschied zwischen echten Betriebsgeheimnissen und allgemeinen Geschäftserfahrungen erfolgt. Daß die Absicht der Bereicherung oder der Nachteilszufügung zur Gewinnung eines qualifizierten Tatbestands verwendet wird (Abs. 3), läßt sich billigen.

So dürfte der AE. 1925 wenigstens gewisse Fingerzeige für die Ausgestaltung des Betriebsgeheimnisschutzes geben, soweit es sich um „Amtsträger" als Täter handelt. Ein fruchtbarer Ansatz für eine Vereinheitlichung der oben im 2. Abschnitt unter III behandelten Sonderbestimmungen ist damit gegeben. Freilich sind grundsätzlich gewisse Verbesserungen nötig. Das Betriebsgeheimnis muß vom Privatgeheimnis losgelöst und mit einer selbständigen Schutznorm versehen werden; außerdem muß das im 1. Abschnitt unter III 1 erörterte Hauptproblem der Unterscheidung der Betriebsgeheimnisse von den allgemeinen Geschäftserfahrungen deutlicher zum Ausdruck gelangen, als dies in der Gefährdungsklausel des § 133 geschehen ist.

Soweit es sich nicht um einen Amtsträger als Täter handelt, hat der AE. 1925 einen Betriebsgeheimnisschutz leider ebensowenig wie seine Vorgänger herbeizuführen gesucht.

Das gilt auch für den AE. 1927. Sein § 325 schützt das Privatgeheimnis gegen einen dem § 300 StGB. nachgebildeten Täterkreis. § 140 ist eine mit weitgehenden Einschränkungen versehene Nachbildung des § 133 AE. 1925. Die Begründung zu diesem § 140[250]) betont, daß § 133 des AE. 1925 zu weit gefaßt sei und auch solche Geheimnisverletzungen mit Strafe bedrohe, für die eine Ahndung im Dienstaufsichtswege vollauf genüge. Aus Sorge, die bestehende Scheu vor der Übernahme von Ehrenämtern durch solche gefährichen Strafdrohungen noch zu vergrößern, sei eine wesentliche Einschränkung des Tatbestandes notwendig.

[250]) Begründung S. 78.

§ 140 des AE. 1927 sucht diese Einschränkung dadurch zu gewinnen, daß er die Strafbarkeit der Geheimnisoffenbarung [251]) abhängig macht entweder von ihrer Entgeltlichkeit oder von der Absicht des Täters, sich oder einem anderen unrechtmäßig einen Vorteil zu verschaffen oder jemand einen Nachteil zuzufügen. Aber demgegenüber ist im AE. 1927 bedauerlicherweise jene Einschränkung im objektiven Tatbestande aufgegeben worden, durch welche AE. 1925 § 133 eine allzu weite Anwendungsmöglichkeit ausschloß: die Gefährdung eines berechtigten Interesses als Folge des Geheimnisverrats. Der in dieser Gefährdungsklausel zu findende schüchterne Ansatz zur Lösung eines der schwierigsten Probleme beim Schutz des Betriebsgeheimnisses ist also damit wieder zunichte gemacht.

Eine gerade für den Schutz des Betriebsgeheimnisses wichtige Neuerung gegenüber allen früheren Entwürfen bringt AE. 1927 in § 143, der die Einarbeitung des § 376 der Reichsabgabenordnung [252]) in das allgemeine Strafgesetzbuch bedeutet. Unter Erweiterung des Täterkreises auf alle mit Steuersachen befaßten „Amtsträger" werden in § 143 des AE. 1927 die beiden einfachen Tatbestände des Geheimnisverrats und der Geheimnisverwertung aus § 376 Abs. 1 wiederholt. Die qualifizierten Fälle des § 376 Abs. 2 läßt der Entwurf dagegen fort, weil schon für die einfachen Fälle Gefängnis bis zu 5 Jahren, also die in § 376 Abs. 2 vorgesehene Maximalfreiheitsstrafe angedroht wird.

Macht sich im AE. 1927 — verglichen mit AE. 1925 — angesichts der Fassung des § 140 bereits eine gewisse Tendenz zur Einschränkung des Geheimnisschutzes geltend, so sind auf Grund der Verhandlungen im 32. Reichstagsausschuß der III. Wahlperiode und im 21. Reichstagsausschuß der IV. Wahlperiode die Aussichten dafür, daß noch in letzter Stunde das Problem des Betriebsgeheimnisschutzes umfassend Gegenstand der allgemeinen Strafrechtsreform werden könnte, so gut wie völlig geschwunden.

Schon im 32. Ausschuß der III. Wahlperiode 1924/28 wurden Stimmen gegen die Existenz des § 140 des AE. 1927 überhaupt erhoben [253]), namentlich von sozialdemokratischer und kommunistischer Seite. Der Vertreter des Reichsjustizministeriums wies diesen Stimmen gegenüber auf die Notwendigkeit des § 140 mit der zutreffenden Feststellung hin, daß der Staat heute viel mehr als früher

[251]) Die Geheimnisverwertung wird auch im AE. 1927 übergangen.
[252]) Oben 2. Abschnitt unter III 11.
[253]) Vgl. das Protokoll der 47. Sitzung vom 17. Januar 1928.

in die Privatsphäre des Einzelnen und auch in die Geheimsphäre der Unternehmen und Betriebe eindringe und daß ja gerade eben deshalb schon die bisherige Gesetzgebung an zahlreichen Stellen Spezialvorschriften gegen eine daraus erwachsende Schädigungsmöglichkeit zu erlassen sich veranlaßt gesehen habe. In der Tat gelang es denn noch einmal, den § 140 mit einer redaktionellen Änderung trotz erheblichen Widerspruchs zu retten.

Auch § 143 wurde, und zwar sogar unverändert, in der endgültigen Abstimmung angenommen [254]).

Im 21. Ausschuß der IV. Reichstags-Wahlperiode 1928 liefen jedoch die Dinge wesentlich anders. Nicht nur die Vertreter verschiedener Parteien, sondern auch die Vertreter verschiedener Reichsressorts anerkannten die Unruhe, die § 140 AE. 1927 in der gesamten Beamtenschaft hervorgerufen habe. Obwohl doch, wie oben gezeigt, in mehr als einem Dutzend Einzelgesetzen, darunter dem in den Strafgesetzentwurf bereits aufgenommenen § 376 der Reichsabgabenordnung die Notwendigkeit, das Betriebsgeheimnis gegen Verletzungen seitens der amtlich in seinen Besitz gelangten Amtsträger zu schützen, eine vielsagende Anerkennung gefunden hat, glaubte man nunmehr im Ausschuß, auf eine einheitliche Norm dieser Art völlig verzichten zu sollen. Man streckte vor der Schwierigkeit, innerhalb der Verletzungen von Privatgeheimnissen die strafwürdigen von den nichtstrafwürdigen Fällen zu scheiden, die Waffen [255]). Man fragte nicht, ob nicht durch Beschränkung auf die Betriebsgeheimnisse überhaupt die gefährlich anmutende Weite und Dehnbarkeit des § 140 sachgemäß eingeengt werden könnte. Daß diese Frage nicht auftauchte, jedenfalls ausweislich der Sitzungsprotokolle nicht erörtert wurde, lag ganz zweifellos daran, daß niemand die spezifische Eigenart des Betriebsgeheimnisses und seinen begrifflichen Unterschied zum Privatgeheimnis im Sinne unseres § 300 StGB. sah. So wurde in der Abstimmung § 140 gestrichen und § 143 an einen Unterausschuß verwiesen. Damit aber wurde der Betriebsgeheimnisschutz aus dem künftigen Strafgesetzbuch zunächst einmal überhaupt herausgenommen; denn § 325 des AE. 1927 behandelt ja lediglich in Nachahmung des § 300 StGB. den Schutz des Privatgeheimnisses gegen Preisgabe durch Personen der Heil-

[254]) Protokoll der 49. Sitzung vom 19. Januar 1928. Auch hier hatte es an Streichungsanträgen nicht gefehlt.

[255]) Vgl. die Ausführungen des Reichsjustizministers in der 30. Sitzung vom 14. Januar 1929.

kunde und Rechtspflege. Daß im Zusammenhang mit den Beratungen über diese Stelle der Rechtsausschuß noch den richtigen Weg zur Aufstellung einer das Betriebsgeheimnis umfassend schützenden Norm finden sollte, das zu hoffen besteht leider kein Anlaß[256]).

§ 140 des AE. 1927 hätte, richtig ausgestaltet, an Stelle aller jener besonderen Rechtssätze treten können, durch welche heute außerhalb des UWG. das Betriebsgeheimnis gegen verletzende Eingriffe von „Amtsträgern" geschützt wird[257]). Das Schicksal des § 140 ist aber nicht ganz unverdient; es enthält die gleiche Lehre, die man schon aus dem Schicksal des § 155 des Preuß. StGB. von 1851 hätte ziehen sollen und können; die Lehre nämlich, daß eine Norm, die wegen unscharfer Erfassung des durch sie zu schützenden Rechtsgutes vage und hinsichtlich ihrer Konsequenzen unabsehbar anmutet, nicht lebensfähig ist. § 155 Preuß. StGB. blieb in praxi eben aus diesem Grunde unbeachtet und verhinderte letztlich, daß das RStGB. von 1871 überhaupt an das Problem des Betriebsgeheimnisschutzes herangeführt wurde. § 140 AE. 1927 erschreckte, weil sein richtiger Kern, schwere Interessenverletzungen, wie sie namentlich die Preisgabe wirklicher Betriebsgeheimnisse involvieren kann, zu verhindern, durch die allzuweite Fassung verdeckt blieb. Die rechtsstaatliche Besorgnis vor dem Kautschukparagraphen hat den § 140 zu Fall gebracht.

2. Der unter 1. geschilderte Gang der Strafrechtsreform führt m. E. zu dem Schluß, daß die Zeit und die Gelegenheit verpaßt ist, bei der Reform des Strafgesetzbuchs zugleich das Problem des Schutzes des Betriebsgeheimnisses zu lösen. Man mag darüber verschieden denken: m. E. muß jetzt alles von der allgemeinen Strafrechtsreform ferngehalten werden, was diese irgendwie behindern oder aufhalten könnte. So richtig es an sich gewesen wäre, den Betriebsgeheimnisschutz im Zusammenhang mit den §§ 324, 325 des AE. 1927 in einem umfassenden, besonderen Abschnitt „Geheimnisverletzungen"[258]) innerhalb des künftigen Strafgesetzbuchs zu regeln, so sollte angesichts der Schwierigkeiten, die diese Regelung seit nun-

---

[256]) Beim Schreiben dieser Zeilen haben die Verhandlungen des 21. Ausschusses über § 325 noch nicht vorgelegen.

[257]) Vgl. oben 2. Abschnitt zu III.

[258]) So auch Kohlrausch Z. **50** S. 71 für den Fall einer Einarbeitung der §§ 17, 18 UWG. in das allgemeine StGB. Die Zusammenstellung der Geheimnisverletzung mit den Beleidigungen (so VE., GE., AE. 1925 und AE. 1927, nicht aber KE. und E. 1919) ist unbedingt zu verwerfen. Sie war übrigens schon gegenüber dem Preuß. StGB. gerügt worden (§ 155 steht im Abschnitt „Verletzungen der Ehre").

mehr einem halben Jahrhundert gemacht hat, jetzt davon abgesehen werden. Die Materie des Schutzes der Betriebsgeheimnisse wird vielmehr durch eine Reform der §§ 17, 18, 20 UWG. in einer den heutigen Bedürfnissen entsprechenden Weise zu regeln sein. Ein falscher Platz wird den neu zu gestaltenden Strafbestimmungen damit nicht angewiesen [259]). Denn das wettbewerbliche Moment spielt, wie unsere begrifflichen Erörterungen gezeigt haben, beim Betriebsgeheimnis eine entscheidende Rolle; eine Schwächung der wettbewerblichen Funktion und Position des betroffenen Unternehmens wird in allen Regelfällen mit einer Betriebsgeheimnisverletzung verbunden sein, und zwar auch dann, wenn etwa ein Amtsträger, der selbst als Konkurrent nicht in Frage kommt, die Tat begeht. So ist das Gesetz gegen den unlauteren Wettbewerb durchaus der richtige Ort für alle neuen Strafrechtssätze zum Schutze des Betriebsgeheimnisses.

II.

Man könnte de lege ferenda versucht sein, das Betriebsgeheimnis gegen jede Verletzung durch Verrat oder Verwertung schlechthin zu schützen. Unsere begrifflichen Erörterungen haben zu einer beträchtlichen Einengung und Konkretisierung des Begriffs des Betriebsgeheimnisses geführt. Sie haben damit einmal gezeigt, daß eine uferlose und darum rechtsstaatlich bedenkliche Strafrechtsnorm durch eine Pönalisierung jeglicher Betriebsgeheimnisverletzung nicht geschaffen werden würde; sie haben andererseits aber auch die sehr große Bedeutung des Betriebsgeheimnisses für das Unternehmen, seinen Bestand und sein wettbewerbliches Können herausgestellt, so daß ein weitgehender Schutz angezeigt erscheinen muß. Man bedenke: wer ein aus Messing gefertigtes Firmenschild, das in die Hauswand des Verwaltungsgebäudes eines Unternehmens eingelassen ist, entfernt und entwendet, wird nach § 17 des Gesetzes über den Verkehr mit unedlen Metallen vom 23. Juli 1926 (31. März 1928, 28. Juni 1929) mit Zuchthaus bis zu 10 Jahren und bei Gegebensein mildernder Umstände mit Gefängnis nicht unter drei Monaten bestraft. Wer aber ein Betriebsgeheimnis, auf dessen Wahrung die Konkurrenzfähigkeit des Unternehmens, die Möglichkeit zur Beschäftigung zahlreicher Arbeiter und Angestellten und die dem Staat überdies nützliche und nötige Steuerkraft des Unternehmens

---

[259]) Auch Kohlrausch a. a. O. hält diese Stellung für durchaus angängig.

beruht, verrät, etwa nach seiner Entlassung aus dem Anstellungsverhältnis oder als Dritter, der nicht auf unlautere Weise hinter das Geheimnis gekommen ist, der bleibt straflos, obwohl der durch sein Verhalten angerichtete Schaden ganz unverhältnismäßig viel größer ist als der durch den Diebstahl des Messingschildes hervorgerufene.

Daß das Eigentum an der körperlichen Sache einen so erheblich kräftigeren Strafrechtsschutz genießt, als das die Unternehmensindividualität mit ausmachende wettbewerbliche Geistesgut des Unternehmens, das muß auf den ersten Blick als eine unbedingt zu beseitigende Unstimmigkeit erscheinen.

Dennoch liegt es bis zu einem gewissen Grade in der Natur des Betriebsgeheimnisses, daß die Grenzen seines Strafrechtsschutzes nicht allzu weit gezogen sein können [260]). Freilich wenn ein „Eingeweihter", ein zu den am Geheimnis „Beteiligten" Gehöriger das Geheimnis durch Verrat oder Verwertung verletzt, so wird das Gesetz aus der ängstlichen Reserviertheit des § 17 UWG. herauszutreten und einen sehr viel energischeren Strafrechtsschutz zu gewähren haben. Wenn jedoch ein dem Unternehmen und seiner Geheimnissphäre gegenüber völlig Fremder, ein „Dritter", der nicht am Geheimnis „beteiligt" ist, eine entsprechende Handlung vornimmt, so taucht sofort und jedesmal eine Schwierigkeit auf. Der Richter wird sich fragen müssen, ob dann überhaupt noch ein Betriebs*geheimnis* gegeben sein kann, wenn ein „Dritter" Mitwisser ist. Ist der Kreis der „Beteiligten" erst einmal gesprengt, so besteht eine gewisse Vermutung für die Offenkundigkeit der dem „Geheimnis" zugrundeliegenden Tatsachen. Wie soll dem Einwande des Angeklagten, daß die Offenkundigkeit bestehe, das Geheimnis selbst also untergegangen sei, schließlich wirkungsvoll begegnet werden? Fremdes Eigentum an einer körperlichen Sache bleibt bestehen, auch wenn sie von Hand zu Hand geht, soweit nicht die Bestimmungen über den Eigentumserwerb des Gut-

---

[260]) Sehr interessant ist der Gang der *schweizerischen Strafrechtsreform* in dieser Hinsicht. Im *Stooß*'schen Entwurf von 1894 lautete (für die damalige Zeit ungewöhnlich kühn und großzügig) § 89: „Wer ein Fabrikationsgeheimnis verrät, und wer sich den Verrat wissentlich zu Nutze machtwird ... bestraft." Aber schon der Vorentwurf von 1896 schränkte ein: „Wer ein Fabrikationsgeheimnis, *zu dessen Geheimhaltung er verpflichtet ist*, verrät ..." (Art. 95). Ebenso (unter ausdrücklicher Einbeziehung der „Geschäftsgeheimnisse") Art. 160 des Schweiz. VE. 1903, der Sache nach auch (freilich unter wesentlich anderer Systematisierung) Art. 97 des Schweiz. VE. von 1908, Art. 145 des VE. von 1916, Art. 139 des Regierungsentwurfs von 1918.

gläubigen eingreifen. Das wettbewerbliche Geistesgut, das zur Unternehmensindividualität in konstitutiver Beziehung steht, verliert dagegen diese seine Bedeutung und Funktion, wenn es „Allgemeingut" wird. Das Schutzobjekt des Betriebsgeheimnisschutzes geht also gegebenenfalls selbst eine Veränderung ein, wenn es verletzt wird; es löst sich auf, geht unter; ein „Mangel am Tatbestand" ist die Folge.

Daraus folgt: Die Strafbarkeit der Betriebsgeheimnisverletzungen muß grundsätzlich auf zwei Tätergruppen zugeschnitten und für beide tatbestandlich verschieden gestaltet werden. Weitestgehender Strafrechtsschutz gegenüber Verletzungen des Betriebsgeheimnisses durch einen „Beteiligten"; dagegen notwendigerweise Zurückhaltung bei der Bestrafung eines „Dritten"; nur insoweit auch der „Dritte" noch in einer gewissen engeren Beziehung zum Kreise der „Beteiligten" steht, wird eine Bestrafungsmöglichkeit bestehen, weil nur dann vermutet werden darf, daß seine Mitwisserschaft das Betriebsgeheimnis in seinem Sein noch nicht zerstört hat.

1. Die Strafbarkeit der am Betriebsgeheimnis „Beteiligten".

Wie oben [261]) gezeigt worden ist, beruht die Engherzigkeit des § 17 UWG. letzten Endes auf einer unklaren Erfassung des Begriffes des Betriebsgeheimnisses. Daß sich das Betriebsgeheimnis von den allgemeinen Branchenkenntnissen und Geschäftserfahrungen unterscheidet, daß das Verbot, das Betriebsgeheimnis zu verraten oder zu verwerten, keinerlei Bedeutung für die Ausnutzung dieser allgemeinen Geschäftserfahrungen hat, dem Unternehmensangestellten also in seinem beruflichen Fortkommen nicht hinderlich zu werden braucht, das ist das Ergebnis der oben vorgenommenen begrifflichen Untersuchungen über das Betriebsgeheimnis gewesen. Der von dieser Unterscheidung ausgehende Gesetzgeber wird daher, wenn er nur den Richter mit hinreichender Deutlichkeit auf den ins Auge gefaßten Unterschied hinweist, das Betriebsgeheimnis sehr viel nachdrücklicher schützen können, als dies heute durch das UWG. geschieht, ohne fürchten zu müssen, berechtigte Interessen namentlich der Angestellten und Arbeiter zu verletzen oder zu gefährden. Er wird insbesondere davon absehen dürfen, den strafrechtlichen Schutz des Betriebsgeheimnisses einem „Beteiligten" gegenüber von der Dauer

[261]) 1. Abschnitt III 1; 2. Abschnitt II.

eines zwischen dem Geheimnisträger und dem „Beteiligten" bestehenden Anstellungsverhältnisses abhängig zu machen.

a) Es fragt sich zunächst, welchem Personenkreise gegenüber das zukünftige Recht strengere und weitergehende Pflichten zur Geheimnisbewahrung auferlegen darf.

Die eigentümlichsten Lücken des UWG. haben sich daraus ergeben, daß § 17 Abs. 1 als Täter die während des Anstellungsverhältnisses handelnden Angestellten, Arbeiter und Lehrlinge ins Auge faßt. Den strafrechtlichen Schutz des Betriebsgeheimnisses von dem Lauf und der Dauer des Angestelltenverhältnisses unabhängig zu machen, ihn also auch auf den ehemaligen Angestellten, Arbeiter und Lehrling zu erstrecken, ist, wie wir sahen, bei gehöriger Einschränkung des Begriffs des Betriebsgeheimnisses möglich. Warum aber nicht auch die Sozien und Kompagnons, die Agenten, Spediteure, Lagerhalter, kurz solche mit oder in einem Unternehmen arbeitenden Personen, die nicht in einem Angestelltenverhältnis zu ihm stehen, eine unter Strafsanktion gestellte Schweigepflicht haben sollen, ist nicht einzusehen[262].

Nicht auf den Bruch eines durch Anstellungsvertrag begründeten Treuverhältnisses kommt es für die hier zu beschreibende Tätergruppe an, sondern auf die dem Unternehmen in wichtigsten wettbewerblichen Beziehungen zugefügte Schädigung seitens einer solchen Person, die in das Geheimnis eingeweiht, an ihm „beteiligt" ist. Das aber ist bei allen denen der Fall (mögen sie Angestellte, Sozien, Spediteure, Agenten oder auch Geschäftskunden sein), für die dem Unternehmen gegenüber eine Rechtspflicht zur Geheimniswahrung entsteht. Ob diese Rechtspflicht im Zusammenhang mit einem weitergehenden Rechtsverhältnis (Dienstvertrag, Werkvertrag, Agentenverhältnis, Sozietätsvertrag usw.) entsteht, oder ob sie allein und nur für die Wahrung eines anvertrauten Betriebsgeheimnisses begründet wird, ob sie sich aus einem Gesetz unmittelbar oder aus einem Vertrag ergibt, das alles ist vollkommen gleichgültig. Auf die rechtliche Schweigepflicht als solche kommt es an; ihre Dauer, nicht die des gleichzeitig mit ihr laufenden Anstellungsvertrages oder sonstigen Rechtsverhältnisses, ist für die Be-

---

[262]) Sehr richtig und beachtlich Paul Schmid M. & W. VII S. 77 ff. Das portugies. StGB. von 1884/86 bestraft in Art. 462 nicht nur den Fabrik-Angestellten und -Arbeiter, sondern auch den mit ihrer Verwaltung und Leitung Beauftragten, zieht also offenbar den Täterkreis weiter als das UWG.; ebenso auch das norweg. StGB. von 1902 in § 294 Ziff. 2.

gehungsmöglichkeit der strafbaren Geheimnisverletzung maßgebend[263]). Denn eben gerade die rechtliche Verpflichtung zum Schweigen ist für den Richter das sicherste Symptom dafür, daß der Verpflichtete bezüglich der Geheimnissphäre kein dem Unternehmen gegenüber beliebiger „Dritter", sondern daß er ein am Geheimnis „Beteiligter", ein „Eingeweihter" ist, mag er auch sonst dem Unternehmen gegenüber selbständig sein, mit dem Unternehmen also lediglich „im geschäftlichen Verkehre" stehen. Auch ein Geschäftskunde oder ein Bewerber um eine Anstellung kann durch eine solche Verpflichtung dem Kreise der Eingeweihten beitreten. Unter Umständen wird sich für das Unternehmen geradezu die Notwendigkeit ergeben, einem Kunden oder einem Bewerber gegenüber eine solche Erweiterung des Kreises der Wissenden vorzunehmen. Damit aber entsteht auch ein Schutzbedürfnis, und es ist nicht einzusehen, warum ein so Eingeweihter, falls er einer für seine Person begründeten Rechtspflicht entgegen das Geheimnis verletzt, nicht ebenfalls soll bestraft werden dürfen. Die Straflosigkeit, die sich nach unsern Darlegungen oben S. 177/78. in allen diesen Fällen sowohl hinsichtlich des Verrates wie auch hinsichtlich der Verwertung des Geheimnisses ergibt, ist, wenn man den Schaden des Unternehmens ansieht, einfach ein Unding.

Aus dem Geschäftsbrauche, in Anstellungsverträgen die Schweigepflicht auf „alle geschäftlichen Vorgänge und Einrichtungen" zu erstrecken, kann sich eine Gefahr unter strafrechtlichen Gesichtspunkten nicht entwickeln. Denn wir haben oben [264]) gezeigt, daß die einseitige Bezeichnung einer Tatsache als geheim von seiten der maßgebenden Unternehmensfaktoren durchaus noch nicht zur Entstehung eines Betriebsgeheimnisses führt. Die hier vertretene Interessentheorie

---

[263]) Das eben ist in den Schweizerischen Entwürfen seit 1896 sehr richtig erkannt. Darum ist denn auch in diesen Entwürfen seit jeher von der engherzigen Abhängigkeit der Strafbarkeit des Geheimnisverrats vom Gegebensein und der Dauer eines Anstellungsverhältnisses abgesehen worden, von der jetzt wieder § 11 des Österreich. Bundesgesetzes gegen den unl. Wettb. vom 26. Sept. 1923, sowie § 21 Abs. 2 des ungarischen Gesetzes von 1923 und § 31 Abs. 1 des tschechoslowak. Gesetzes vom 15. Juli 1927 nicht losgekommen sind. Sicher hat hierbei das Vorbild des deutschen UWG. gewirkt. Vgl. darüber Fuld, GRUR. **32** (1927) S. 787 ff., 789, der berichtet, daß die tschechische Industrie den Schutz gegen Verrat auch über die Dauer des Angestelltenverhältnisses hinaus verlangt, dieses Verlangen aber nicht durchgesetzt habe. Also tout comme chez nous!

[264]) 1. Abschnitt III 1 b.

bewahrt eben gerade vor einer solchen Konsequenz. Nur soweit die Verschwiegenheitspflicht sich auf eine Tatsache bezieht, die im Hinblick auf die Eigenart des Unternehmens objektiv in dessen wettbewerblichem Interesse liegt, betrifft sie ein „Betriebsgeheimnis". Die Unternehmensleitungen mögen also immerhin vorsichtig eine ganz allgemein gehaltene Formel zur Bezeichnung des Umkreises der Schweigepflicht ihrer Angestellten oder Geschäftsfreunde oder sonstigen Kontrahenten verwenden, der Kreis der wirklichen Betriebsgeheimnisse kann dadurch nicht vergrößert werden.

b) Freilich erscheint es mir notwendig, daß der Richter vom Gesetzgeber selbst hierauf aufmerksam gemacht wird. Nicht durch eine Legaldefinition — wir lehnten sie oben [265]) als für diese Zwecke ungeeignet ab. Wohl aber dadurch, daß der Gesetzgeber im Tatbestande den Erfolg bezeichnet, vor dessen schadenbringenden Eintritt er das Unternehmen gerade durch Poenalisierung der Geheimnisverletzungen bewahren will. Wie das Gesetz dabei zweckmäßig zu verfahren hat, das ist bereits oben im 1. Abschnitt unter IV 2 b entwickelt worden.

Indem ich mich auf diese Darlegungen beziehe, gelange ich dazu, daß zunächst folgender Grundtatbestand für die erste Gruppe der strafbaren Geheimnisverletzungen (Täterkreis: die am Geheimnis „Beteiligten") gebildet wird:

Mit ... wird bestraft, wer ein Betriebsgeheimnis einer Rechtspflicht zuwider offenbart oder verwertet und dadurch das Interesse des Unternehmens an Erhaltung der ihm eigentümlichen Wettbewerbsfähigkeit gefährdet oder verletzt.

c) Es fragt sich, ob die von § 17 UWG. verwendeten Einschränkungen im subjektiven Tatbestande beizubehalten sind. Das könnte m. E. nur dann geschehen, wenn mindestens die de lege lata oben [266]) festgestellten Lücken ausgefüllt werden, also gleichberechtigt neben die Wettbewerbs- und Schädigungsabsicht wenigstens auch die eigennützliche Absicht des Täters gestellt wird. Aber es fragt sich doch grundsätzlich, ob eine solche über den Vorsatz hinausweisende Deliktsabsicht erforderlich ist.

Der Gesetzgeber wird m. E. nur unter folgenden Voraussetzungen Anlaß nehmen können, eine bestimmte Deliksabsicht als subjektives Unrechtselement in den subjektiven besonderen Tatbestand eines Strafrechtssatzes aufzunehmen:

[265]) 1. Abschnitt IV 1.

[266]) S. 170 ff.

entweder soll die Deliktsabsicht ein objektives Tatbestandselement ersetzen, das als solches zu einer unnötigen Einengung des objektiven Tatbestandes führen würde und darum nun eben „ins Subjektive verflüchtigt" wird („kupiertes Erfolgsdelikt" im Sinne Bindings[267]); Hauptbeispiel: Die Absicht der rechtswidrigen Zueignung beim Diebstahl des § 242 StGB.);

oder eine bestimmte Deliktsabsicht wird gefordert, weil nur ihr Gegebensein den Grad verbrecherischer Gesinnung indiziert, der dem Gesetzgeber als Voraussetzung strafrechtlicher Unrechtsfolgen überhaupt oder doch besonders qualifizierter strafrechtlicher Unrechtsfolgen erforderlich erscheint[268]).

M. E. scheiden diese beiden Voraussetzungen beim Betriebsgeheimnisschutz aus. Hat die Verwertung oder die Offenbarung des Betriebsgeheimnisses stattgefunden und ist dadurch die Wettbewerbsfähigkeit des Unternehmens mindestens gefährdet worden, so ist derjenige Schaden eingetreten, der beim Schutze des Betriebsgeheimnisses einzig und allein interessiert. Weitergehende Folgerungen, die sich mindestens in der Absicht des Täters wiederspiegeln müßten, sind durchaus gleichgültig. Außerdem wird durch das Erfordernis der Gefährdung oder Verletzung der dem Unternehmen eigentümlichen Wettbewerbsfähigkeit im objektiven Tatbestand zum Ausdruck gebracht, was § 17 UWG. zum Teil, und zwar ganz unrichtig, in dem Erfordernis der Wettbewerbs- oder Schädigungsabsicht subjektiviert hatte. Soweit diese Wettbewerbs- oder Schädigungsabsicht auf eine Beeinträchtigung der Wettbewerbsfähigkeit des Unternehmens gerichtet ist, ist es aus den oben dargelegten Gründen besser, diese Beeinträchtigung im objektiven Tatbestand in die Erscheinung treten zu lassen. Soweit sie darüber hinausgeht, ist sie gleichgültig.

Daß andererseits der auf Geheimnisverletzung und Beeinträchtigung der Wettbewerbsfähigkeit gerichtete einfache Vorsatz des Täters nicht hinreichen soll, um unter dem Gesichtspunkte der Schuld die Strafwürdigkeit des Täters zu begründen, ist nicht einzusehen.

Von jeder Komplizierung des subjektiven Tatbestandes durch Hervorhebung irgend einer Deliktsabsicht ist mithin Abstand zu nehmen. Eine ausdrückliche Bezeichnung der Schuldform („vorsätzlich" oder „wissentlich") im Tatbestand erübrigt sich. Der justizstrafrechtliche

267) Lehrbuch, Besond. Teil I² (1902) S. 12.

268) Vgl. als Beispiele etwa StGB. § 258 („seines Vorteils wegen"), § 346 („Absicht, jemand der gesetzlichen Strafe rechtswidrig zu entziehen").

Vergehenscharakter des Deliktes liegt auf der Hand. Fahrlässigkeit der Begehung genügt also mangels ihrer ausdrücklichen Hervorhebung im Gesetze nicht. Den Dolus eventualis aber als hinreichende Vorsatzform etwa durch ein „wissentlich" auszuschalten, fehlt m. E. jeder Anlaß[269]).

Erwägungen über den subjektiven besonderen Tatbestand und über die Schuld führen aso nicht zu einer Modifizierung des oben formulierten Tatbestandes.

d) Der Tatbestand der Geheimnisverletzung, wie er uns bisher beschäftigt hat, wird ein Vergehen, nicht etwa ein Verbrechen darzustellen haben. Soll also der Versuch strafbar sein, muß es im Gesetz ausdrücklich angeordnet werden.

Führt man sich vor Augen, welche Verhaltensweisen heute mangels einer Strafbarerklärung des Versuchs straflos bleiben müssen (vgl. oben S. 166 ff.), bedenkt man ferner, welche sonderbaren Folgerungen die sofortige Entlassung eines beim Versuch einer Geheimnisverletzung Ertappten heute nach sich ziehen kann (vgl. oben S. 168), so wird man sich der seit langem erhobenen Forderung[270]), den Versuch unter Strafe zu stellen, nicht versagen können. Ist der Versuch selbst unter Strafe gestellt, wird die Rechtsprechung sich auch nicht weiter veranlaßt sehen, den Tatbestandsmerkmalen „offenbaren" und „verwerten" eine so weite Auslegung zu geben, wie dies bei der Judikatur des Reichsgerichts nach unsern obigen Darlegungen[271]) heute notgedrungen, aber juristisch immerhin nicht ganz unbedenklich der Fall ist. Der oben[272]) geschilderte Fall des agent provocateur würde, von der subjektiven Versuchsauffassung des Reichsgerichts aus betrachtet, mit unter den (für strafbar erklärten) Versuch des Geheimnisverrats fallen.

Weiter, d. h. in den Bereich der Vorbereitungshandlungen hinein, die Strafbarkeit zu erstrecken, will mir ganz allgemein nicht ratsam erscheinen[273]). Ob ein besonderer Tatbestand der Geheimnis-Ausspähung erforderlich ist, wird unten erörtert werden.

---

[269]) Anders Kohlrausch Z. **50** S. 71.

[270]) Schon vor der Ausarbeitung des a. UWG. von 1896 wurde die Strafbarkeit des Versuchs gefordert; vgl. Friedlaender S. 175; Paul Schmid S. 52; derselbe in M. & W. VII S. 77 ff.; neuerdings greifen die alte Forderung auf: der Verein Deutscher Chemiker (Dresdener Tagung 1928) in GRUR. **33** S. 586 ff., Kohlrausch Z. **50** S. 56 ff.

[271]) Vgl. oben S. 167, 169/70.

[272]) S. 168.

[273]) Zu beachten ist hier ja auch immerhin § 20 UWG.

e) Nach zwei Richtungen hin erscheint mir eine Qualifizierung des bisher gewonnenen Tatbestandes der Geheimnisverletzung erforderlich. Die Qualifizierung kann entweder im Hinblick auf besondere Eigenschaften des Täters, oder hinsichtlich besonderer Wirkungen der Tat notwendig werden.

α) Was das erstere betrifft, so ist an die oben S. 178 ff. dargestellten Sondertatbestände, sowie an § 133 AE. 1925 und § 140 AE. 1927 anzuknüpfen[274]).

Die Durchführung der oben S. 178 ff. angeführten Gesetze macht es notwendig, daß folgende Personenkategorien, selbst gegen den Willen der Unternehmensleitungen, zur Kenntnis wichtiger Betriebsgeheimnisse gelangen können:

1. Beamte der verschiedensten Ressorts;

2. Sachverständige, wie sie etwa nach § 21 Ziff. 1 der Gewerbeordnung, nach § 21 Abs. 2 des Weingesetzes, nach § 10 des Lebensmittelgesetzes, nach § 880 der Reichsversicherungsordnung, nach § 206 der Reichsabgabenordnung von den Behörden zugezogen werden können;

3. sonstige Vertrauenspersonen oder „Beauftragte", die ständig oder sporadisch zur Unterstützung der Behörden kraft öffentlichen Auftrages tätig werden (vgl. etwa § 15 des Margarinegesetzes von 1897);

4. Mitglieder der Organe und Angestellte der Versicherungsträger, Mitglieder oder Angestellte der Versicherungsbehörden, Vertreter oder Beisitzer der Versicherungsbehörden.

Wir können als weitere, von der bisherigen Gesetzgebung vernachlässigte, praktisch aber sehr wichtige Kategorien noch folgende hinzufügen:

5. die gerichtlichen Sachverständigen, deren Mitwirkung schon gegenüber den §§ 17 ff. UWG. regelmäßig notwendig ist, um die Tatbestandsmäßigkeit einer Handlung als Geheimnisverletzung festzustellen, und auch im künftigen Rechte für den genannten Zweck meist nicht wird entbehrt werden können. Die Furcht vor diesen Sachverständigen — das beweisen mir eine ganze Reihe von Auskünften auf meine Umfrage[275]) — verhindert heute oft genug die Unternehmen, einen Geheimnisverräter strafrechtlich verfolgen

---

[274]) Vgl. bereits Kronecker in Aschrott-Liszt (1910) Bd. II S. 340.

[275]) Sehr bezeichnend auch die Mitteilung von Kohlrausch Z. 50 S. 67.

zu lassen. Der gerichtliche Sachverständige, der sich in einem Prozeß wegen Geheimnisverrat über die Betriebsgeheimnisse des verletzten Unternehmens orientiert, wird weder durch § 17 Abs. 1, noch durch § 17 Abs. 2 UWG. gehindert, diese Geheimnisse selbst zu verwerten oder zu verraten. (Vgl. oben S. 177/78). Daß das ein ganz unhaltbarer Rechtszustand ist, liegt auf der Hand.

6. Die in einem Zivil- oder Strafverfahren mitwirkenden Prozeßvertreter und Verteidiger. Für ihre Einbeziehung in den Täterkreis sprechen die gleichen Gründe, wie sie soeben unter Ziff. 5 entwickelt worden sind.

Endlich kommen als besondere und letzte Kategorie

7. noch die Mitglieder der Betriebsvertretungen in Betracht.

Diesen Personengruppen gegenüber ist der Träger des Betriebsgeheimnisses hinsichtlich der Wahrung des Geheimnisses machtlos. Er kann ihren Blick in seine Geheimnissphäre nicht verhindern. Um so mehr muß der Staat ihn gegen Verletzungen des Betriebsgeheimnisses seitens dieser Personengruppen schützen. Verletzt aber ein zu einer solchen Gruppe gehöriger Täter das Betriebsgeheimnis, das ihm infolge der ihm vom Staate anvertrauten Befugnisse bekannt geworden ist, so wiegt seine Tat besonders schwer; denn er verletzt nicht nur die wettbewerblichen Interessen des Unternehmens, sondern zeigt sich zugleich als des in ihn gesetzten öffentlichen Vertrauens unwürdig. Darum scheint mir diesen Tätern gegenüber, die auch noch, und zwar ex lege, zu den „Eingeweihten" oder zu den am Betriebsgeheimnis „Beteiligten" gehören, eine besondere Strafnorm als gerechtfertigt.

Die Gruppen 1—4 würden m. E. unter den gemeinsamen Oberbegriff „Amtsträger" fallen, wie er in § 9 Ziff. 4 des AE. 1927 ausweislich der Begründung[276]) zu verstehen ist. Handelt es sich doch bei ihnen um Personen, die „bestellt sind, ein öffentliches Amt auszuüben" oder „Dienstverrichtungen" vorzunehmen, „die aus der Staatsgewalt abzuleiten sind und der Verwirklichung staatlicher Zwecke dienen, also zur Zuständigkeit öffentlicher Behörden oder Beamten gehören und daher von Privatpersonen nicht vorgenommen werden dürfen"[277]).

Um bezüglich der in Gruppe 2 genannten Sachverständigen alle

---

[276]) S. 10/11.

[277]) So Begründung zum AE. 1927 S. 11 im Anschluß an R. **54** 203, **60** 139.

Zweifel auszuschließen, kann man sie vorsichtshalber neben der Kategorie der „Amtsträger" zusammen mit den Sachverständigen der Gruppe 5 besonders nennen. An dritter Stelle würden dann die Prozeßvertreter und Verteidiger und als vierte Kategorie die Vertreter der Betriebsvertretungen zu nennen sein.

Nun fallen diese Tätergruppen, da ihnen die Sondergesetze regelmäßig ausdrücklich eine besondere Schweigepflicht bezüglich der zu ihrer Kenntnis gelangten Betriebsgeheimnisse auferlegen, insoweit unter den oben formulierten Tatbestand der strafbaren Geheimnisverletzung. Für die prozessualen Sachverständigen, die Prozeßvertreter und Verteidiger aber hat bisher weder die Straf- noch die Zivilprozeßordnung eine solche Schweigepflicht statuiert. Durch Einbeziehung dieser Personen in einen qualifizierten Tatbestand der Geheimnisverletzung würde jedoch eine solche Schweigepflicht sofort begründet werden.

Durch die Fassung des Tatbestandes ist dafür zu sorgen, daß die Strafbarkeit der genannten Täterkategorien auch dann noch möglich ist, wenn sie die eigentliche strafbare Handlung erst nach dem Ausscheiden aus dem Amte, der Betriebsvertretung, der Prozeßrolle begangen haben. Demgemäß muß deutlich gemacht werden, daß es nur darauf ankommt, daß ihnen das Betriebsgeheimnis in der in Frage kommenden Eigenschaft zugänglich geworden ist, nicht aber, daß sie zur Zeit der Tat noch die Eigenschaft als Amtsträger usw. haben müßten. Die nachstehend vorgeschlagene Fassung dürfte dafür geeignet sein. Immer ist für die Strafbarkeit natürlich Voraussetzung, daß zur Zeit der Tat noch von einem echten Betriebsgeheimnis gesprochen werden kann und daß nicht etwa ein besonderer Rechtfertigungsgrund (etwa zufolge Aufhebung der Schweigepflicht) Platz greift.

Demgemäß möchte ich folgenden Gesetzesvorschlag formulieren:

Mit ... wird bestraft, wer ein Betriebsgeheimnis, das ihm als Amtsträger, amtlich zugezogenem Sachverständigen, Prozeßvertreter oder Verteidiger, oder Mitglied einer Betriebsvertretung zugänglich geworden ist, offenbart oder verwertet und dadurch das Interesse des Unternehmens an Erhaltung der ihm eigentümlichen Wettbewerbsfähigkeit gefährdet oder verletzt.

Der Begriff „Amtsträger" würde im Sinne des § 9 Ziff. 4 AE. 1927 zu interpretieren sein. Auch hier wäre der Versuch unter Strafe zu stellen. Eine Qualifizierung des Tatbestandes durch eine besondere Deliktsabsicht, wie dies in § 145 a der Gewerbeordnung oder in § 142

Abs. 2 der Reichsversicherungsordnung geschehen ist, halte ich nicht für erforderlich, wenn der Strafrahmen mit der gehörigen Spannweite versehen ist. Zu erwägen wäre, ob einem Amtsträger gegenüber nicht auf die Nebenstrafe des Amtsverlustes soll erkannt werden können. M. E. wäre diese Nebenstrafe da am Platze, wo der Geheimnisverrat eine grobe Verletzung der dem Amtsträger als solchem obliegenden Pflichten darstellt [278]). Unter Amtsverlust verstehe ich dabei lediglich den Verlust desjenigen Amtes, das dem Amtsträger Anlaß und Möglichkeit zur Begehung der strafbaren Handlung gegeben hat. Eine „Unfähigkeit zur Bekleidung öffentlicher Ämter" auf Zeit, wie sie § 35 StGB. kennt, und auch die §§ 47, 48 des AE. 1927 zulassen, halte ich aus früher an anderer Stelle [279]) dargelegten Gründen für eine kriminalpolitisch bedenkliche und daher besser zu vermeidende Maßnahme.

Dem § 100 des Betriebsrätegesetzes gegenüber erscheint die oben vorgeschlagene Norm als eine Verschärfung des Rechtszustandes. Aber oben [280]) ist bereits gezeigt, daß das Betriebsrätegesetz mit § 17 UWG. nicht abgestimmt ist und daß somit in verschiedenen Fällen eine (dem Betriebsrätegesetz gegenüber strengere) Bestrafung nach UWG. bereits jetzt in Frage kommt. Außerdem beachtet das Betriebsrätegesetz nicht genügend die Tatsache, daß das Mitglied der Betriebsvertretung eine ganz besondere Schweigepflicht hat, deren Verletzung dem Unternehmen gegenüber als besonders schweres Unrecht erscheint. Daher steht m. E. nichts im Wege, die Handlung der Betriebsvertretungsmitglieder in den qualifizierten Tatbestand mit aufzunehmen.

β) Was die Qualifizierung nach Maßgabe besonders schwerwiegender **Wirkungen der Tat** betrifft, so haben wir an die in der Einleitung getroffene Feststellung anzuknüpfen, wonach in der Nachkriegszeit in fast allen wichtigen Verratsfällen der Täter zugunsten eines ausländischen Unternehmens handelt. Hieraus können sich für die deutsche Volkswirtschaft überhaupt die schädlichsten Folgen ergeben. **Kohlrausch** [281]) hat völlig recht, daß gegen einen solchen

---

[278]) Die nähere Begründung hierfür findet sich in meinem Aufsatz über die Gestaltung der Ehrenstrafen im künftigen Strafrecht (Z. **45** 37—42).

[279]) In dem in vor. Anm. zitierten Aufsatz.

[280]) S. 187.

[281]) Z. **50** S. 71.

„wirtschaftlichen Landesverrat“ mit einer Sondernorm vorgegangen werden muß[282]).

Freilich entstehen bei der Fassung einer solchen Sondernorm beträchtliche, von Kohlrausch bereits hervorgehobene Schwierigkeiten. Es kommt darauf an, die deutsche Industrie in den deutschen Betrieben gegen Geheimnisverletzungen zugunsten der ausländischen Industrie, repräsentiert durch ausländische Betriebe, zu schützen. Sofort taucht das schwierige Problem auf, wie die Nationalität der Betriebe zu bestimmen ist. Nach der Nationalität der Betriebsleiter? Nach dem Sitz? Nach der Nationalität des beteiligten Kapitals? Im französischen Code pénal art. 418 wird der Verrat des Fabrikationsgeheimnisses bestraft, soweit er erfolgt gegenüber einem étranger oder einem Français résidant en pays étrangers. Aber einmal wird eine solche Bestimmung nur den Fällen gerecht, wo das Unternehmen, zu dessen Gunsten der Verrat erfolgt, in der Hand einer physischen Person sich befindet, während es natürlich heutigentages wesentlich darauf ankommt, dem unlauteren Wettbewerb „ausländischer“ juristischer Personen einen Riegel vorzuschieben. Außerdem können im Falle des Vorschiebens eines Strohmannes erhebliche Beweisschwierigkeiten gerade bei der im Code pénal gewählten Fassung entstehen. Die Methode des Code pénal dürfte also für die hier in Frage kommende Sondernorm nicht empfehlenswert sein.

Kohlrausch hat angesichts der großen Schwierigkeiten, die Nationalität eines Unternehmens zu bestimmen, in der von ihm vorgeschlagenen Sondernorm nun unmittelbar an ihren Zweck, nach Analogie des Landesverrats die deutsche Volkswirtschaft im Konkurrenzkampf mit den ausländischen zu schützen, angeknüpft und folgende Fassung vorgeschlagen:

> „Ist der Täter ein Deutscher und hat er durch die Verwertung oder Mitteilung wissentlich die deutsche Volkswirtschaft geschädigt, so kann auf Zuchthaus bis zu 5 Jahren erkannt werden.“

Methodisch klingt dieser Vorschlag an Art. 517 des italienischen Strafgesetzentwufs von 1927 an, in dem die Preisgabe von Erfindungen oder neuen industriellen Verfahren mit Strafe bedroht wird,

---

[282]) Daß der Gesichtspunkt des „wirtschaftlichen Landesverrats“ nicht dazu führen kann, die ganze Reform des strafrechtlichen Betriebsgeheimnisschutzes mit den Vorschriften über Landesverrat zu verbinden, hat Kohlrausch a. a. O. S. 68 ff. treffend dargelegt.

deren Offenbarung „der heimischen Industrie Schaden verursachen" kann.

Aber ob nicht auch bei einer solchen Fassung praktisch die größten Feststellungsschwierigkeiten entstehen werden? Der Richter müßte als Erfolg der Handlung feststellen, daß die deutsche Volkswirtschaft geschädigt ist. Wird Voraussetzung hierfür nicht mindestens der Nachweis sein, daß ein „ausländisches" Unternehmen den Vorteil vom Geheimnisverrat hat? Kehren damit nicht alle Schwierigkeiten, die oben angedeutet sind und die Kohlrausch zu meiden sucht, doch wieder zurück? Und wie ist dem Einwande des Angeklagten zu begegnen, daß zwar ein ausländisches Unternehmen im Besitz des Geheimnisses sei, mit ihm aber nichts anzufangen wisse, weil die nötigen Betriebseinrichtungen fehlen oder sonstige Hindernisse im Wege stehen? Schwierigkeiten über Schwierigkeiten!

M. E. kommen demgegenüber nur zwei Möglichkeiten in Betracht.

Entweder muß man trotz allem den Versuch machen, zu Unterscheidungen hinsichtlich der Nationalität der in Rede stehenden Unternehmungen zu gelangen und dann den qualifizierten Fall überall da annehmen, wo ein „ausländischer" Betrieb Empfänger des verratenen Betriebsgeheimnisses ist, weil in diesem Falle die Schädigung der deutschen Volkswirtschaft vermutet werden darf.

Oder man muß als qualifiziertes Tatbestandsmerkmal nicht die Schädigung der deutschen Volkswirtschaft aufstellen, sondern sich mit ihrer Gefährdung begnügen.

Für den ersten Weg haben wir in der deutschen Kriegswirtschaftsgesetzgebung Vorbilder. Die Verordnungen des Bundesrats über die staatliche Überwachung feindlicher Unternehmungen vom 4. September 1914 (RGBl. S. 397), über die zwangsweise Verwaltung französischer Unternehmungen vom 26. November 1914 (RGBl. S. 487), englischer Unternehmungen vom 22. Dezember 1914 (RGBl. S. 556), russischer Unternehmungen vom 4. März 1915 (RGBl. S. 133), über die Liquidation britischer Unternehmungen vom 31. Juli 1916 (RGBl. S. 871), französischer Unternehmungen vom 14. März 1917 (RGBl. S. 227) usw. haben sich allesamt mit der Frage nach der Nationalität der Unternehmungen abfinden müssen und tatsächlich auch in einer praktisch brauchbaren Weise abgefunden. Freilich hatte es der Gesetzgeber im Kriege insofern leicht, als es für ihn nur darauf ankam, die im deutschen Inland befindlichen, dem Zugriff deutscher Zwangsmaßnahmen zu unterwerfenden „feindlichen" Unternehmungen zu definieren. Da genügte eine Formel, wie die des § 1 der VO. vom 4. September 1914: „Unternehmungen oder Zweigniederlassungen von Unternehmungen, welche vom feindlichen Ausland aus geleitet oder beaufsichtigt werden, oder deren Erträgnisse ganz oder zum Teil in das feindliche Ausland abzuführen sind.“

Jetzt dagegen wäre eine Bestimmung der ausländischen Nationalität zu treffen, die auch die im Ausland befindlichen, ja gerade und in erster Linie diese Unternehmungen trifft und dabei doch die im Auslande befindlichen „deutschen“ Unternehmen unberührt läßt. Ferner aber wäre auch der Verrat zu qualifizieren, der zugunsten eines ausländischen Staates durch Vermittlung irgendeiner Zwischenperson begangen wird; und endlich dürfte auch der Fall nicht unberücksichtigt bleiben, wo nicht ein ausländisches Unternehmen, sondern eine Einzelperson Empfänger des verratenen Geheimnisses ist, die ein Unternehmen nicht repräsentiert.

Daraus ergibt sich, daß die Bestimmung des Adressaten des Geheimnisverrates jedenfalls sehr umständlich, kasuistisch und darum letzten Endes doch irgendwie unvollständig sein würde. Und der Sinn einer solchen Norm könnte doch nur darin gesehen werden, daß die Preisgabe eines Betriebsgeheimnisses an einen derartigen, näher zu bestimmenden Adressaten eine Gefährdung der deutschen Volkswirtschaft involviere.

So scheint es mir das Richtige zu sein, unmittelbar an diesen Gedanken heranzugehen und die von Kohlrausch vorgeschlagene Norm mit der Veränderung anzunehmen, daß an Stelle von „geschädigt“ das umfassendere „gefährdet“ gesetzt wird.

Also:

„Ist der Täter Deutscher und hat er durch die Verwertung oder Offenbarung die deutsche Volkswirtschaft gefährdet, so kann auf . . . . . erkannt werden.“

f) „Der Werkverrat ist ein typisch internationales Delikt“ [283]). Daher ja auch in vielen Fällen seine Färbung als „wirtschaftlicher Landesverrat“. Diese internationale Natur des Delikts bringt es mit sich, daß sowohl die Verrats-, wie die Verwertungshandlung häufig nicht im Inland, sondern im Ausland stattfindet. De lege lata entsteht dann, wie Kohlrausch treffend gezeigt hat [284]), die unerfreuliche Möglichkeit, daß der Geheimnisverrat nicht bestraft werden kann; so, wenn der Täter ein Ausländer ist (weil dann die

[283]) So Kohlrausch Z. 50 S. 63. Vgl. dazu aber auch schon Wassermann in Unl. W. III S. 9.

[284]) a. a. O. S. 63 ff.

in StGB. § 4 Ziff. 3 aufgestellte Voraussetzung „Deutscher" nicht vorliegt), oder wenn der Täter zwar Deutscher ist, die lex loci aber eine die Geheimnisverletzung unter Strafe stellende Norm nicht hat. Um diesen Möglichkeiten zu entgehen, schlägt Kohlrausch [285]) eine Bestimmung folgenden Inhalts vor:

> „Die Tat kann auch dann bestraft werden, wenn sie im Ausland begangen ist. Die §§ x—z (entsprechend den §§ 5—7 Entw. 1927) finden keine Anwendung."

Kohlrausch hat eine solche Bestimmung formulieren müssen, weil bei dem von ihm vorgeschlagenen Tatbestande der Betriebsgeheimnisverletzung der Erfolg darin besteht, daß eine praktische Verwendung des Geheimnisses stattfindet („verwerten") oder daß ein anderer Kenntnis von dem Geheimnis erlangt („mitteilen"). Wird also die Ausführungshandlung im Sinne des von Kohlrausch formulierten Tatbestandes im Auslande gesetzt, so tritt auch immer der „Erfolg" im Auslande ein, und die oben beschriebene, aus § 4 StGB., bzw. aus § 5 ff. des AE. 1927 sich ergebende Situation liegt vor.

Den damit verbundenen Übelständen aber dürfte der von mir gemachte Gesetzesvorschlag von vornherein nicht ausgesetzt sein. Denn wenn, wie oben vorgeschlagen, der Erfolg des Deliktes darin bestehen muß, daß „das Interesse des Unternehmens an Erhaltung der ihm eigentümlichen Wettbewerbsfähigkeit gefährdet oder verletzt" wird, so ist in allen Fällen — und das sind die praktisch ja überwiegend in Frage kommenden —, wo ein in Deutschland befindliches Unternehmen verletzt wird, der Erfolg in Deutschland eingetreten. Nach der herrschenden Lehre vom Distanzdelikt [286]) ist dann aber das Delikt in Deutschland „begangen", mag auch der Täter die Verwertungs- oder Offenbarungshandlung als solche im Auslande gesetzt haben [287]). Eine besondere Bestimmung der von Kohlrausch vorgeschlagenen Art erübrigt sich mithin für diese Fälle.

Nach Kohlrauschs Sondernorm „kann" freilich seitens der deutschen Verfolgungsbehörden auch dann eingeschritten werden, wenn das verletzte deutsche Unternehmen im Auslande seinen Sitz hat und im Auslande von einem Ausländer verletzt wird. Also eine erhebliche Erstreckung des Schutzprinzips. Mir scheint es jedoch sehr zweifelhaft, ob eine solche Ausdehnung noch von praktischer Bedeutung

---

[285]) a. a. O. S. 71.

[286]) Vgl. v. Liszt-Schmidt S. 170.

[287]) Auch die Nationalität des Täters bleibt, was praktisch wichtig sein dürfte, gleichgültig.

ist. Gemeint hat Kohlrausch seine Ausnahmevorschrift vom Territorialitätsprinzip doch auch vor allem für diejenigen Fälle, wo nach dem von mir vorgeschlagenen Tatbestande eine solche Ausnahmevorschrift unnötig ist. M. E. ist daher den praktischen Bedürfnissen genügt, wenn dafür gesorgt ist, daß Geheimnisverletzungen zum Schaden von in Deutschland befindlichen Unternehmen auch dann verfolgt werden können, wenn der Täter, mag er Deutscher oder Ausländer sein, im Auslande tätig wird. Dafür aber ist durch die von mir gewählte Tatbestandsfassung gesorgt. Diese Fassung bezieht sich übrigens auch noch auf solche Fälle, wo das Betriebsgeheimnis einer im Auslande befindlichen Zweigniederlassung oder Tochterunternehmung eines in Deutschland befindlichen Hauptbetriebes durch eine Verwertungs- oder Verratshandlung im Auslande verletzt wird; denn auch in diesem Falle wird in der Regel zugleich auch die Wettbewerbsfähigkeit des deutschen Hauptbetriebes in Gefahr geraten.

Nach alledem glaube ich auf eine für Auslandstaten zu bildende Sondernorm verzichten zu dürfen.

2. Ich komme zu der zweiten Tätergruppe, zu den dem Unternehmen gegenüber Fremden, den „Dritten", und habe hier gemäß dem oben S. 203 ff. Ausgeführten zunächst

a) eine genauere Umschreibung dieses Täterkreises vorzunehmen. Wenn jemand, der nicht zum Kreise der „Eingeweihten" (oben 1) gehört, also dem Unternehmen zur Wahrung des Geheimnisses nicht rechtlich verpflichtet ist, ein „Betriebsgeheimnis" verwertet oder andern mitteilt, so fragt es sich, ob man angesichts der Wahrscheinlichkeit der Offenkundigkeit überhaupt noch von einem „Geheimnis" sprechen kann. Nur dann wird das möglich, wird also für den Regelfall noch mit einem Geheimnis zu rechnen sein, wenn der Kreis der Mitwissenden noch nicht völlig unbegrenzt ist, vielmehr immer noch deutlich übersehbar ist. So geht ja durch einen Verrat ein Geheimnis nicht sofort unter[288]). Das wird vielmehr erst dann der Fall sein, wenn derjenige, dem es verraten worden ist, nun seinerseits das Geheimnis weiterverbreitet. Dann kommt es zur Offenkundigkeit in dem oben S. 122 ff. erwähnten Sinne. Darum kann nun aber der durch den ersten Verrat vom „Geheimnis" in Kenntnis Gesetzte seinerseits noch immer ein wirkliches „Geheimnis" verletzen und strafwürdige Schädigungen des betroffenen Unternehmens herbeiführen.

[288]) Das ist zweifellos auch die Auffassung des § 17 Abs. 2 UWG.

§ 17 Abs. 2 UWG. ist ebenso, wie Kohlrausch in dem von ihm vorgeschlagenen § b [289]), auf richtigem Wege gewesen, wenn die Begrenzung des hier interessierenden Täterkreises durch eine nähere Bestimmung der Art, wie der „Dritte" Kenntnis von dem Geheimnis erlangt hat, versucht wird: Kenntniserlangung durch eine nach § 17 Abs. 1 strafbare Mitteilung oder durch eine gegen das Gesetz oder die guten Sitten verstoßende eigene Handlung. Ich möchte diese Formel ebenfalls annehmen und demgemäß vorschlagen:

Mit . . . wird bestraft, wer Betriebsgeheimnisse, deren Kenntnis er durch eine nach § . . . strafbare Offenbarung oder durch eine rechts- oder sittenwidrige eigene Handlung erlangt hat, offenbart oder verwertet und dadurch das Interesse des Unternehmens an Erhaltung der ihm eigentümlichen Wettbewerbsfähigkeit gefährdet oder verletzt.

b) Im Gegensatz zu Kohlrausch würde ich den Versuch auch hier unter Strafe stellen. Es liegt kein Grund vor, hier davon abzusehen.

c) Mir scheint es ferner, auch hier unter Abweichung von Kohlrausch, angezeigt, auch bei diesem Tatbestande die oben unter 1 e erörterte Qualifizierung zu ermöglichen. Warum soll nicht auch ein von einem „Dritten" begangener, ans Landesverräterische grenzender Verrat eines Betriebsgeheimnisses eine entsprechend strengere Bestrafung nach sich ziehen?

d) Wassermann hat vor längerer Zeit [290]) den Vorschlag gemacht, den Geheimnisverrat, den der ehemalige Angestellte nach Beendigung des Vertragsverhältnisses begeht, nicht, wie das de lege lata nach § 17 Abs. 2 UWG. nötig ist, nur dann zu bestrafen, wenn der Täter das Geheimnis in rechts- oder sittenwidriger Weise erlangt hat, sondern ohne Rücksicht auf die Art der Geheimniserlangung immer dann, wenn „der Verrat selbst sich als ein Verstoß gegen die guten Sitten darstellt". Wassermann hat diese Strafbestimmung auf den ehemaligen Angestellten bezogen, damit aber natürlich in Wirklichkeit eine Strafbestimmung für den uns hier interessierenden Täterkreis der „Dritten" vorgeschlagen, soweit nicht, was natürlich oft der Fall sein wird, der entlassene Angestellte auch nach der Beendigung des Anstellungsverhältnisses noch eine Schweigepflicht hat [291]).

[289]) S. 72.

[290]) Unl.W. III S. 9 ff. Vgl. dazu den Fall R. **30** S. 251!

[291]) In diesem Falle greift von meinen Vorschlägen natürlich die oben unter 1 a und b erörterte und formulierte Norm durch.

Kann der von Wassermann herangezogene Gesichtspunkt ganz allgemein für die Geheimnisverletzungen durch „Dritte“ verwendet werden? Ist demgemäß die soeben zu a) vorgeschlagene Norm zu ändern? Ich glaube nicht, und zwar deswegen, weil Wassermanns Vorschlag jedenfalls, wenn man ihn sich auf alle „Dritten“, nicht nur auf ehemalige Angestellte erstreckt denkt, an dem Problem vorübergeht, das uns zur Bildung eines zweiten, durch die Art der Geheimniserlangung begrenzten Täterkreises veranlaßt hat. Denn wenn für den Täterkreis jede Begrenzung aufgegeben wird, so schwindet die Möglichkeit, noch von einem „Geheimnis“ zu sprechen. Die damit auftauchenden Schwierigkeiten aber müssen abgeschnitten werden. Darum möchte ich vorziehen, den Wassermannschen Gesichtspunkt nicht zu verallgemeinern.

3) Wir konnten oben S. 174 (sub II 1) und S. 175 (sub III 3) feststellen, daß nach heutigem Recht die illegale Erwerbung, also die Auskundschaftung oder Ausspähung eines Betriebsgeheimnisses straflos bleiben muß. Die Ausspähung wird in der Regel eine Vorbereitungshandlung zum Verrat oder zur Verwertung eines fremden Betriebsgeheimnisses sein, von der hier vorgeschlagenen Strafbarkeit des Versuchs also nicht erfaßt werden. Nun kann es zweifelhaft sein, ob es angezeigt ist, die Strafbarkeit über den Versuch hinaus in das Gebiet der Vorbereitungshandlungen zu erstrecken. Ohne Not darf das aus rechtsstaatlichen Gründen nicht geschehen. Was jedoch die „Ausspähung“ betrifft, so sehe ich in ihr bereits eine recht erhebliche Gefahr für das Unternehmen, eine Gefahr, die nicht nur vage und unbestimmt ist, sondern den Eintritt eines Schadens doch als unmittelbar drohend erscheinen läßt. Auch Kohlrausch hat[292]) für die Ausspähung einen besonderen Straftatbestand vorgeschlagen. Er hält es für strafwürdig, wenn jemand „sich durch eine gegen das Gesetz oder gegen eine Vertragspflicht verstoßende Handlung aus Eigennutz oder zu Zwecken des Wettbewerbs oder in der Absicht, den Inhaber des Geschäftsbetriebes zu schädigen, die Kenntnis eines Geschäfts- oder Betriebsgeheimnisses unbefugt verschafft“ [293]). In der Sache stimme ich diesem Vorschlag zu; nur glaube ich auch hier auf die Hervorhebung des Motivs und des Zweckes der Handlung

[292]) a. a. O. S. 72.

[293]) Auch in den schweizerischen Entwürfen begegnet die Ausspähung des Betriebsgeheimnisses als Deliktstatbestand: Entw. 1896 Art. 95, Entw. 1903 Art. 160, Entw. 1908 Art. 97; dagegen weicht Entw. 1916 Art. 145 von dieser Linie ab, ebenso dann auch Entw. 1918 Art. 139.

verzichten zu sollen. Um den Charakter des Delikts als einer zum (subsidiären) delictum sui generis gestempelten Vorbereitungshandlung hervortreten zu lassen, genügt es m. E. zu sagen:

Mit .... wird bestraft, wer mit dem Willen, eine der in § ... bezeichneten Handlungen zu begehen, sich durch eine rechtswidrige Handlung die Kenntnis eines Betriebsgeheimnisses verschafft.

4. Schließlich noch ein Wort über die den einzelnen Tatbeständen beizufügende Strafdrohung.

Das Höchstmaß der Gefängnisstrafe ist nach § 17 UWG. ein Jahr; in den Sondertatbeständen, wie sie S. 178 ff. erörtert sind, begegnen sehr verschiedene Maxima der Gefängnisstrafe; immerhin kommt hier — vgl. etwa § 145 a Ziff. 2 GewO. und § 142 RVO. — das Maximum von 5 Jahren vor.

Ich möchte mit Kohlrausch vorschlagen, für die einfachen Tatbestände beider Fallgruppen der eigentlichen Geheimnisverletzung als Strafe anzudrohen: Gefängnis bis zu 2 Jahren und Geldstrafe. Den Amtsträgern, Sachverständigen, Prozeßvertretern, Verteidigern und Mitgliedern der Betriebsvertretungen gegenüber müßte auf Gefängnis bis zu 5 Jahren erkannt werden können; es wäre also schlechthin Gefängnis und Geldstrafe anzudrohen. Den landesverräterischen Fällen gegenüber muß, solange die heutige Strafskala besteht, — darin hat Kohlrausch völlig recht — die Möglichkeit bestehen, auf Zuchthausstrafe zu erkennen. Das von Kohlrausch vorgeschlagene Höchstmaß von 5 Jahren erscheint dabei angemessen. Im Falle mildernder Umstände mag Gefängnis in Frage kommen.

Für die Ausspähung möchte ich in Analogie zu den unten zu 5 zu erörternden Tatbeständen Gefängnis bis zu 1 Jahr und Geldstrafe für angemessen halten.

5. Die §§ 18 und 20 UWG. will Kohlrausch, vom Strafmaß abgesehen, unverändert lassen. In der Tat kommt eine Verstärkung des strafrechtlichen Schutzes hier nicht in Frage. Auch würde ich es bei § 18, wo ausweislich der oben S. 115 mitgeteilten Statistik noch niemals auf Gefängnisstrafe erkannt worden ist, bei der bisherigen Strafandrohung (Gefängnis bis zu einem Jahre und Geldstrafe oder eine dieser Strafen) belassen. Eine Betriebsgeheimnisverletzung braucht hier ja auch nicht notwendig vorzuliegen. Bezüglich des § 20 UWG. stimme ich dem Vorschlage Kohlrauschs zu, hier das Gefängnismaß bis auf 1 Jahr (gegenüber jetzt 9 Monate) zu erhöhen.

* * *

Nach dem bisher Gesagten wäre dem Gesetzgeber vorzuschlagen, an die Stelle der §§ 17, 18, 20 UWG., sowie an die Stelle der oben S. 178 ff. genannten besonderen Tatbestände folgende Strafrechtssätze treten zu lassen:

§ I.

Mit Gefängnis bis zu 2 Jahren und mit Geldstrafe [394]) wird bestraft, wer ein Betriebsgeheimnis einer Rechtspflicht zuwider offenbart oder verwertet und dadurch das Interesse des Unternehmens an Erhaltung der ihm eigentümlichen Wettbewerbsfähigkeit gefährdet oder verletzt.

Der Versuch ist strafbar.

§ II.

Mit Gefängnis und Geldstrafe wird bestraft, wer ein Betriebsgeheimnis, das ihm als Amtsträger, amtlich zugezogenem Sachverständigen, Verteidiger oder Prozeßvertreter oder Mitglied einer Betriebsvertretung zugänglich geworden ist, offenbart oder verwertet und dadurch das Interesse des Unternehmens an Erhaltung der ihm eigentümlichen Wettbewerbsfähigkeit gefährdet oder verletzt.

Der Versuch ist strafbar.

Amtsträger ist, wer bestellt ist, ein öffentliches Amt auszuüben.

Stellt die Handlung eine grobe Verletzung der einem Amtsträger obliegenden Pflichten dar, so ist neben Gefängnis auf Amtsverlust zu erkennen.

§ III.

Mit Gefängnis bis zu zwei Jahren und mit Geldstrafe wird bestraft, wer Betriebsgeheimnisse, deren Kenntnis er durch eine nach §§ I, II strafbare Offenbarung oder durch eine rechts- oder sittenwidrige eigene Handlung erlangt hat, offenbart oder verwertet und dadurch das Interesse des Unternehmens an Erhaltung der ihm eigentümlichen Wettbewerbsfähigkeit gefährdet oder verletzt.

Der Versuch ist strafbar.

§ IV.

Ist in den Fällen der §§ I—III der Täter Deutscher und hat er durch seine Handlung die deutsche Volkswirtschaft gefährdet, so wird er mit Zuchthaus bis zu 5 Jahren, bei mildernden Umständen mit Gefängnis bestraft.

394) § 27 b StGB. macht es unnötig, hinzuzusetzen: „oder mit einer dieser Strafen". Vgl. pro futuro AE. 1927 § 73 letzter Satz.

§ V.

Mit Gefängnis bis zu einem Jahre und mit Geldstrafe wird bestraft, wer mit dem Willen, eine der in den §§ I—III bezeichneten Handlungen zu begehen, sich durch eine rechtswidrige Handlung die Kenntnis eines Betriebsgeheimnisses verschafft.

§ VI.

Wie § 18 UWG.

§ VII.

Wie § 20 UWG., aber unter Heraufrückung des Höchstmaßes der Gefängnisstrafe auf ein Jahr.

B.

Prozeßrecht.

1. Nach § 22 UWG. sind die in den §§ 17, 18, 20 UWG. beschriebenen strafbaren Handlungen nur auf Antrag zu verfolgen. Nach § 374 Ziff. 7 StPO. gehören die genannten Delikte außerdem zu den im Wege der Privatklage verfolgbaren, so daß ein Einschreiten der Staatsanwaltschaft von Amts wegen gemäß § 376 StPO. überhaupt nur in Frage kommt, wenn dies im öffentlichen Interesse liegt. Antragsberechtigt sind die verletzten Geschäftsinhaber[295]) oder, wenn es sich um juristische Personen handelt, die als deren Organe handelnden maßgebenden Unternehmensleiter. Dagegen gehören gemäß § 22 zu den Antragsberechtigten nicht die in § 13 Abs. 1 UWG. genannten Verbände zur Förderung gewerblicher Interessen, deren selbständiges Antragsrecht auf die hier nicht interessierenden Delikte der §§ 8, 12 UWG. beschränkt ist.

Bei den Sondertatbeständen der Gewerbe-, Reichsversicherungs- und Reichsabgabenordnung, sowie der übrigen, oben S. 178 ff. besprochenen Gesetze begegnet, wie gezeigt, eine sehr mannigfache, des einheitlichen Grundgedankens durchaus entbehrende Regelung des Antragsrechts, abgesehen davon, daß hier mitunter, insbesondere bei qualifizierten Fällen, von Amts wegen zu verfolgen ist.

a) Es fragt sich, wie das Strafverfolgungsrecht geregelt werden soll, wenn die oben vorgeschlagenen materiell-rechtlichen Bestimmungen als geltendes Recht gedacht werden.

Wer mit Wernicke[296]) auch heute noch in der Gesetzgebung gegen

[295]) Pinner-Elster § 22 Note 2.

[296]) M. & W. VII (1907/08) S. 158/59.

den unlauteren Wettbewerb und somit auch in den Bestimmungen über den Schutz des Betriebsgeheimnisses nichts anderes als ein „Erzeugnis mittelständlerischer Agitation" sieht, wird natürlich geneigt sein, die Strafverfolgungsmöglichkeit tunlichst zu erschweren. Wernicke selbst weist denn auch jeden Gedanken an die Einführung der Offizialverfolgung weit von sich. Dagegen hat Fuld [297]) gegenüber dem Entwurf zum UWG. von 1909 bedauert, daß die öffentliche Klage nur bei öffentlichem Interesse erhoben werden solle; er hat auf die verschiedenartige Praxis der Staatsanwaltschaften [298]) hingewiesen, die teilweise zwar sehr geneigt seien, das öffentliche Interesse bei Betriebsgeheimnisverletzungen zu bejahen, in manchen Staaten doch aber auch eine sehr zurückhaltende Auffassung verträten. Nun haben freilich die Justizverwaltungen der einzelnen Staaten, wie wir aus der Begründung von 1909 [299]) entnehmen, vielfach die Staatsanwaltschaften angewiesen, „daß die Strafverfolgung der beklagten Auswüchse in der Regel im öffentlichen Interesse liege und ein energisches Einschreiten gegen alle in Betracht kommenden Ausschreitungen angezeigt sei". In einer preußischen Justizministerialverfügung vom 16. August 1927 wird „in Erweiterung früherer Vorschriften bestimmt, daß bei allen Zuwiderhandlungen gegen das UWG. dann, wenn ein Verband zur Förderung gewerblicher Interessen den Strafantrag stellt, in der Regel ein öffentliches Interesse an der Strafverfolgung anzunehmen ist". Wenn nun auch gerade diese Anweisung sich bei den Geheimnisverletzungen nicht zugunsten der Unternehmen auswirken kann, da bei ihnen die genannten Verbände ein Antragsrecht nicht haben, so zeigt doch die Verfügung eine gewisse Tendenz zur Zurückdrängung der Privatklage überhaupt. Sollte der Gesetzgeber vielleicht Anlaß haben, diesen Gedanken aufzunehmen und jedenfalls den § 374 Ziff. 7 zu streichen, um so bei gestelltem Strafantrage die amtliche Verfolgung sicherzustellen?

Ich möchte mich in der Tat hierfür aussprechen. Irgendwelche Mißstände im Sinne eines übermäßigen Anwachsens der Strafverfahren der Zahl nach sind durchaus nicht zu erwarten. Wir brauchen auf Grund der seit 1896 gemachten Erfahrungen uns heute nicht mehr zu bemühen, „jeden, der die Strafverfolgung herbeizuführen wünscht", durch besondere Vorkehrungen, wie die Bestimmung des § 374 Ziff. 7 StPO., „zu einer sorgfältigen Prüfung des Sachverhalts und des

[297]) M. & W. VII S. 83 ff.

[298]) Vgl. dazu auch Jacubowsky M. & W. XII (1912/13) S. 401 ff.

[299]) Abgedruckt auch bei Pinner-Eyck 2. Aufl. S. 170.

eigenen Interesses zu veranlassen" [300]). Dafür sorgen die tatsächlichen Verhältnisse ganz von selbst. Denn nicht nur die Privatklage, sondern jedes Verfahren, das eine Betriebsgeheimnisverletzung zum Gegenstand hat, bedeutet für den Verletzten ein sehr erhebliches und ängstlich gescheutes Risiko [301]).

Die Unternehmen fürchten mitunter mehr als den durch eine strafbare Geheimnisverletzung angerichteten Schaden die öffentliche Verhandlung darüber unter Zuziehung von Sachverständigen, weil dabei erst recht ihre Geheimnisse offengelegt werden und ihnen unabsehbarer Schaden droht. Es ist sehr interessant, wie sich das Reichsgericht mehrfach mit großem Verständnis für diese heikle Situation der Unternehmer bemüht hat, die aus den Verfahrensvorschriften für die Geheimsphäre der Unternehmen drohenden Gefahren zu bannen [302]). Dennoch ist es z. B. in praxi vorgekommen, daß eine bereits erhobene Privatklage nur deswegen zurückgenommen wurde, weil als Sachverständige nur Leiter von Konkurrenzbetrieben in Frage kamen, denen unmöglich Einblick in die Betriebsgeheimnisse gewährt werden durfte. Daher kann gar kein Gedanke daran sein, daß seitens der betroffenen Unternehmungen Mißbrauch mit dem Antragsrecht getrieben werden würde; und zwar selbst dann ist ein solcher Mißbrauch nicht zu fürchten, wenn dem prozessualen Sachverständigen, wie oben vorgeschlagen, eine unter Strafsanktion gestellte Schweigepflicht auferlegt und wenn außerdem, wie unten zu fordern sein wird, eine weitgehende Beschränkung der Öffentlichkeit des Verfahrens in Zukunft ermöglicht werden wird.

Die Fälle von Geheimnisverletzungen, in denen sich die Unternehmen zur Stellung eines Strafantrags überhaupt entschließen,

---

[300]) So begründete der III. Regierungsentwurf vom 3. XII. 1895 die Einführung der Privatklage bei den Betriebsgeheimnisverletzungen usw. Treffend sagt dazu Jacubowsky (M. & W. XII S. 401), die Erwartung einer sorgfältigen Prüfung „ging nur allzu sehr in Erfüllung".

[301]) In den mir zugegangenen Zuschriften aus der Praxis des Wirtschaftslebens wird, soweit diese Fragen berührt werden, einhellig betont: 1. die Scheu vor den Beweisschwierigkeiten; 2. die Sorge vor der Erörterung der Geheimnisse in öffentlicher Verhandlung; namentlich aber 3. die Furcht vor den an der Geheimnisenthüllung oft mehr als gut interessierten Sachverständigen. Aus der Literatur sei verwiesen auf Friedlaender S. 247/48, André, 19. DJT. Bd. I S. 78, Korn, ebenda Bd. III S. 254/55, Lobe, M. & W. VIII S. 118 ff., neuestens Kohlrausch Z. **50** S. 66, 72.

[302]) Vgl. die interessanten Entscheidungen R. **39** 321, ferner M. & W. XV S. 48 S. 127. (§ 267 StPO. zwinge nicht dazu, in den Urteilsgründen die Betriebsgeheimnisse als solche zu erörtern und damit preiszugeben.)

liegen in aller Regel so, daß an der Durchführung der Strafverfolgung ein öffentliches Interesse besteht. Aber dieses öffentliche Interesse soll vom Gesetzgeber generell vermutet, nicht von der zersplitterten Praxis der Staatsanwaltschaften erst von Fall zu Fall nachgeprüft werden. Daraus folgt nun freilich nicht, daß die Antragsdeliktsnatur der Betriebsgeheimnisverletzungen überhaupt zu beseitigen sei. Gerade weil eine Strafverfolgung unter Umständen sehr unliebsame und gefährliche Folgen für den betroffenen Betrieb mit sich bringen kann, wäre es nicht angängig, ohne, ja gegen den Willen des von der Geheimnisverletzung betroffenen Unternehmens ein Strafverfahren durchzuführen. Aber wird der Verfolgungswille seitens des Unternehmens erklärt, so ist m. E. nunmehr generell der Anlaß für die Staatsanwaltschaften zum Einschreiten gegeben.

Ich schlage also vor, den oben entworfenen §§ I—VII folgende Bestimmung zuzufügen:

„§ VIII.

Die Strafverfolgung findet in den Fällen der §§ I—VII nur auf Antrag statt. Der Antrag ist zurücknehmbar."

Außerdem wäre in § 374 Ziff. 7 der StPO. hinter „Vergehen" einzufügen: „mit Ausnahme der in den §§ 17, 18, 20" (entsprechende Zifferänderungen infolge Inkrafttretens der oben vorgeschlagenen Novelle wären vorzunehmen) „bezeichneten".

b) Das Antragsrecht würde nach dieser Bestimmung dem verletzten Unternehmen zustehen. Es könnte aber die Frage sein, ob bei strafbaren Handlungen von Amtsträgern das Antragsrecht nicht auch, oder gar ausschließlich den Vorgesetzten einzuräumen wäre. Bekanntlich sind gerade über diese Frage innerhalb des Strafrechtsausschusses des Reichstags bei der Beratung des § 140 AE. 1927 große Meinungsverschiedenheiten entstanden. § 140 Abs. 2 gab das Antragsrecht nur dem Vorgesetzten. Im 32. Ausschuß[303]) wurde aber beantragt, auch dem Verletzten das Antragsrecht zu geben. Mit Recht betonte der Abg. Dr. Barth, daß § 140 Abs. 2 sonst im Widerspruch zu den §§ 17, 22 UWG. stehen würde; auch konnte er auf die an den Reichstag gerichtete Eingabe der Spitzenverbände von Handel und Industrie[304]) hinweisen, die dem § 140 gegenüber das Fehlen eines dem Verletzten eingeräumten Antragsrechts beanstandet hatten.

303) Protokoll der 47. Sitzung vom 17. I. 1928.

304) Abgedruckt in: Die Wirtschaft und das Recht, 3. Jahrg. (1928) S. 258 ff.

Nun lag jedoch die Frage bei § 140 AE. 1927 insofern besonders, als § 140 die Verletzung des Amtsgeheimnisses schlechthin unter Strafe stellte und von der Verletzung des Betriebsgeheimnisses nicht besonders sprach. Die schon oben beleuchtete Fehlerhaftigkeit dieses Vorgehens zeigt sich aber gerade sofort auch im Hinblick auf die Regelung des Antragsrechtes. Bei dem weit gefaßten § 140 konnte das Antragsrecht gar nicht dem Vorgesetzten versagt werden, und es war nur die Frage, ob es auch der Verletzte erhalten solle. Beim Betriebsgeheimnisbruch aber liegt es angesichts der durch ihn berührten vitalen Interessen des Unternehmens und im Hinblick auf das mit jedem Strafverfahren für das Unternehmen eintretende eigenartige Risiko gerade umgekehrt. Hier muß das Antragsrecht des Unternehmens das Primäre sein, und es fragt sich nur, ob ein Antragsrecht auch dem Vorgesetzten des das Betriebsgeheimnis verletzenden Amtsträgers einzuräumen sei.

M. E. muß aber diese Frage verneint werden. Auch in den Fällen landesverräterischer Färbung[305]) möchte ich das Antragsrecht auf das verletzte Unternehmen beschränken. Denn in allen Fällen würde ich es für unbillig halten, ein Unternehmen gegen seinen Willen in einen Verratsprozeß zu verwickeln und ihm das eben gerade für seine Geheimnissphäre und damit für seine Wettbewerbsfähigkeit so gefährliche prozessuale Risiko aufzubürden. Die oben formulierte Antragsbestimmung bedarf m. E. keiner weiteren Ergänzung.

2. Weitgehende Einigkeit besteht darin, daß das unter 1 geschilderte Prozeßrisiko — sowohl im Straf- wie im Zivilprozeß — durch eine Einschränkung des Grundsatzes der Öffentlichkeit gemindert werden muß. Wenn der Grundsatz der Öffentlichkeit dazu führt, daß in einem zum Schutze eines in seinen Interessen durch Geheimnisverletzungen gefährdeten Unternehmens die Konkurrenten mit Notizbüchern im Zuhörerraum erscheinen, um möglichst genau vom Sachverständigen über die Betriebsgeheimnisse der klagenden Firma unterrichtet zu werden, so offenbart sich darin eine eklatante Überspannung dieses Grundsatzes, der insoweit aufhört, richtiges Recht zu sein.

Lobe[306]) hatte also recht, wenn er forderte, daß im Straf- wie im Zivilprozeß „auf Antrag des Verletzten" die Öffentlichkeit aus-

[305]) Bei Idealkonkurrenz mit Landesverrat ist wegen des Landesverrats als solchen selbstverständlich ex officio zu verfolgen.

[306]) M. & W. VIII S. 120.

zuschließen sei. Kohlrausch[307]) macht einen nicht so weitgehenden Vorschlag, indem er dem § 172 GVG. die Fortsetzung beigefügt wissen will: „. . . . oder wenn durch öffentliche Verhandlung ein wichtiges Geschäfts- oder Betriebsgeheimnis gefährdet würde". Ich halte Lobes Vorschlag für besser, weil ich Bedenken gegen das normative Element „wichtig" in Kohlrauschs Formel habe und weil außerdem § 172 GVG. es dem Ermessen des Gerichts überläßt, ob die Öffentlichkeit ausgeschlossen werden soll. Da die Gefahr, daß es über „unwichtige" Betriebsgeheimnisse zu einem Straf- oder Zivilprozeß kommt, ohnehin gering ist, glaube ich auf die von Kohlrausch vorgeschlagene Einschränkung verzichten zu dürfen.

Soll nun eine für das Zivil- wie für das Strafverfahren gleichermaßen passende Vorschrift aufgestellt werden, wie das Lobe im Auge hat, so fragt es sich, wem das Recht zustehen soll, den Antrag auf Ausschließung der Öffentlichkeit zu stellen. Im Zivilprozeß wird ein Interesse an Ausschließung der Öffentlichkeit ein Prozeßbeteiligter, nämlich die im Hinblick auf die Geheimnisverletzung klagende Partei, haben. Im Strafprozeß dagegen ist der an der Ausschließung der Öffentlichkeit Interessierte vielleicht Nebenkläger, falls er einen Bußanspruch geltend macht; vielleicht fungiert er als Zeuge, was aber keineswegs immer[308]) der Fall zu sein braucht; möglich ist aber auch, daß er in dem Strafprozeß, von der Stellung des Strafantrags abgesehen, nicht als Prozeßbeteiligter aufzutreten hat. In diesem Falle müßte ihm entweder das Recht zustehen, als Strafantragsberechtigter auch den Antrag auf Ausschließung der Öffentlichkeit zu stellen, oder aber die Staatsanwaltschaft müßte gehalten sein, es auf sein Verlangen an seiner Stelle zu tun.

Es wäre also zu formulieren als

„§ 170 a GVG.:

In einem Verfahren, das die Verletzung eines Betriebsgeheimnisses zum Gegenstand hat, ist auf Antrag eines Prozeßbeteiligten die Öffentlichkeit auszuschließen.

---

[307]) Z. 50 S. 66, 72.

[308]) Man denke an ein großes Unternehmen, dessen Leiter zwar den Strafantrag zu stellen haben wird und auch als der an der Ausschließung der Öffentlichkeit maßgeblich Interessierte angesehen werden muß, dem aber möglicherweise die in Frage kommenden Ereignisse innerhalb des Betriebes nur durch Berichte von Abteilungsleitern oder sonstigen Angestellten bekannt geworden sind, sodaß seine Zuziehung als Zeuge unterbleibt. Eine solche Rolle als Prozeßbeteiligter würde er dann nicht zu spielen haben.

Auf Verlangen des wegen der Verletzung des Betriebsgeheimnisses Strafantragsberechtigten hat die Staatsanwaltschaft den Antrag im Sinne des Abs. 1 zu stellen."

Ganz unbedenklich ist es, daß der Ausdruck „Prozeßbeteiligter" auch den Beklagten im Zivilprozeß und den Angeklagten im Strafprozeß mit umfaßt. Sollten diese aus irgendeinem Grunde den Antrag stellen, so ist damit dem Kläger, bzw. dem Verletzten nicht geschadet, sondern nur gedient. Wenn also nur dafür gesorgt ist, daß der am Betriebsgeheimnis Interessierte den Ausschluß der Öffentlichkeit herbeizuführen in der Lage ist, so ist das Erforderliche erreicht. Dem aber genügt die vorgeschlagene Fassung,

Eine Ergänzung der §§ 173 Abs. 2 und 174 Abs. 2 erscheint mir nicht erforderlich. Durch die Verkündung der Urteilsgründe wird eine Gefährdung des Betriebsgeheimnisses kaum zu besorgen sein, zumal das Reichsgericht in den oben [309]) zitierten Urteilen eine das Betriebsgeheimnis als solches schonende Fassung der Urteilsgründe mit StPO. § 267 für vereinbar hält. Auch dürfte die Gefahr einer Verletzung des Betriebsgeheimnisses durch die Urteilsverkündung keineswegs größer sein, als durch die schriftliche Ausführung der Urteilsgründe, deren Ausfertigungen ja unkontrollierbar in die Welt hinausgehen. Der Schweigebefehl des § 174 Abs. 2 GVG. würde allerdings — und insofern könnte eine Erstreckung des § 174 Abs. 2 auf den Ausschluß der Öffentlichkeit wegen Gefährdung eines Betriebsgeheimnisses Bedeutung haben — eine Rechtspflicht zur Wahrung des Betriebsgeheimnisses begründen und somit dazu führen, daß ein Bruch des Betriebsgeheimnisses im Sinne des oben formulierten § I Abs. 1 „einer Rechtspflicht zuwider" erfolgen würde. Aber durch unsere Fassung der Tatbestände der Geheimnisverletzung ist ja ohnehin schon dafür gesorgt, daß nicht nur die am Verfahren beteiligten „Amtsträger" (Richter, Schöffen, Staatsanwalt, Protokollführer, Justizwachtmeister), sondern jedenfalls auch die Sachverständigen, vor deren Kenntniserlangung besondere Sorge besteht, sowie die Verteidiger und Prozeßvertreter eine Rechtspflicht zur Wahrung des Geheimnisses haben und wegen Verletzung dieser Rechtspflicht bestraft werden können. Es bleiben also allenfalls Zeugen, für die eine solche Rechtspflicht möglicherweise nicht besteht. Meistens freilich werden die Zeugen dem Unternehmen als Angestellte angehören und als solche die Schweigepflicht haben. So dürfte

[309]) Anm. 302.

der Schweigebefehl, dessen praktische Bedeutnng ohnehin gering ist, auch für unsere Fragen wenig zu besagen haben. Es schadet freilich nichts, wenn man mit Kohlrausch[310]) den § 174 Abs. 2 durch das Einschiebsel „oder eines Betriebsgeheimnisses" hinter „Staatssicherheit" ergänzt. Unbedingt erforderlich scheint mir diese Maßregel nicht zu sein.

3. Ohne Sachverständigenbeweis wird sich ein Strafverfahren wegen Geheimnisverletzung häufig nicht durchführen lassen. Welche Gefahren damit für den am Betriebsgeheimnis Interessierten gegeben sind, ist bereits festgestellt worden. Indem aber in dem oben vorgeschlagenen § II dem Sachverständigen, der mit der prozessual (also legal!) erworbenen Kenntnis des Betriebsgeheimnisses Mißbrauch treibt, Strafe angedroht ist, dürfte das geschehen sein, was seitens des Gesetzgebers in dieser Beziehung zur Sicherung der betroffenen Unternehmen geschehen kann. Eine Änderung des § 74 StPO. (Ablehnung des Sachverständigen) wird kaum in Frage kommen. Dem an der Geheimniswahrung interessierten Unternehmen würde eine Erstreckung des Ablehnungsrechtes auf solche Fälle, wo der Sachverständige als Konkurrent ein Interesse daran hat, das Betriebsgeheimnis kennen zu lernen, kaum etwas nützen, da das Unternehmen durch einen mit prozessualen Rechten ausgestatteten Prozeßbeteiligten im Sinne des § 74 Abs. 2 StPO. nicht vertreten sein wird, wenn man, wie hier geschehen, die Privatklage in den hier interessierenden Fällen ausschließt.

4. § 26 UWG. mag für alle oben formulierten Tatbestände der Betriebsgeheimnisverletzung weiter gelten. Eine Reform des Bußerechts und Adhäsionsverfahrens wird in Verbindung mit einer Neugestaltung lediglich der §§ 17, 18, 20 UWG. nicht durchgeführt werden können.

---

310) A. a. O. S. 72.

IV.

Gutachten des Herrn Regierungsrat Professor Dr. Karl Wrabetz-Wien

über die Frage:

Bedarf das Betriebsgeheimnis eines verstärkten Schutzes?

Im ersten Heft der Zeitschrift für die gesamte Strafrechtswissenschaft (50. Band 1929) hat Herr Dr. Eduard Kohlrausch, Professor an der Universität in Berlin, seine Ansichten über „Industriespionage" kundgetan. Er wirft vor allem die Frage auf, ob es sich im Industrieverrat in erster Linie um ein wirtschaftliches, oder um ein kriminelles Problem handelt. In dieser Hinsicht ist festzustellen, daß die Ergreifung wirksamer Maßnahmen zur Bekämpfung des Verrates von Geschäfts- und Betriebsgeheimnissen in der Nachkriegszeit dringlicher geworden ist als je. Die ohnedies rückgängige Entwicklung des Wirtschaftslebens, welche bis zu einem gewissen Grade eine natürliche Konsequenz des Krieges war, wurde noch durch die Überhandnahme der sog. Wirtschaftsdelikte zum Schaden vieler Betriebe außerordentlich nachteilig beeinflußt. Die erfahrungsgemäß nach langjährigem Kriegszustande eintretende Deteriorierung der Moral hat im Gefolge der wirtschaftlichen Not die mannigfaltigsten Erscheinungen auf dem Gebiete des geschäftlichen Wettbewerbes gezeitigt, die in Österreich nur ganz unwirksam bekämpft werden konnten, insolange nicht das Bundesgesetz gegen den unlauteren Wettbewerb vom 26. September 1923, das erste Spezialgesetz dieser Art, in Kraft getreten war. Früher boten gegen gewisse Tatbestände unlauteren Wettbewerbs nur einzelne Bestimmungen der Gewerbeordnung (wie über den Gebrauch von Firmen, über die Bezeichnung des Geschäftslokales) einen sehr dürftigen, fast gänzlich unzureichenden Schutz. Andere Tatbestände konnten nach den Normen des allgemeinen Strafgesetzbuches verfolgt werden, insbesondere nach den Bestimmungen über Betrug, Diebstahl, Veruntreuung. Solche Verfolgungen setzten in allen Fällen die Schädigungsabsicht oder den bereits eingetretenen Schaden voraus. Die Maßregeln gegen derartige Schädigungen waren auch nur repressiver Natur. Ein Schutz der so weit reichte wie bei gesetzlicher Zulässigkeit einer Klage auf Unterlassung war nicht geboten. So war z. B. die offenbar irreführende Bezeichnung von Waren nur dann strafbar, wenn alle Tatbestandsmerkmale des Betruges gegeben waren. Verfolgungen wegen Bezeichnung irgend eines Gewebes als Seide führten, wenngleich offenkundig war, daß es sich hier nicht um Seide handeln könne, zu keinem Ziele, wenn bei der Ware ein so geringer Preis angegeben war, daß der erfahrene Käufer annehmen mußte, es handle sich nicht um reine Seide. Der Tatbestand des Betruges wurde nicht als gegeben erachtet, da die Irreführung zweifelhaft war, aber auch eine Schädigung nicht vorlag, wenn der Preis dem Normalpreis eines anderen Gewebes entsprach. Die Verfolgung einer wahrheitswidrigen Anpreisung aus dem Gesichtspunkte der unlauteren Anlockung von Kunden, wurde erst durch das Wettbewerbsgesetz möglich gemacht. Vorher wurde in solchen und ähnlichen Fällen, wie z. B. im Falle der Prämienverheißung, ein Schutz des Kundenkreises schmerzlich vermißt. Beim Verrat von Betriebs- und Geschäftsgeheimnissen gaben die Vorschriften des bürgerlichen Rechtes und des Strafrechtes nur wenig Anhaltspunkte zur Verfolgung. Es konnten unter den gegebenen Voraussetzungen die Delikte des Diebstahls, der Veruntreuung und des Betruges in Betracht kommen; auf dem Gebiete des bürgerlichen Rechtes nur die Bestimmungen über Schadenersatzpflicht aus widerrechtlichen oder sittenwidrigen Handlungen; schließlich die Sanktionen, welche die Gewerbeordnung, das Handelsgesetzbuch bzw. das Handlungsgehilfengesetz und das Angestelltengesetz für den Fall der Untreue im Dienste oder des Vertrauensmißbrauches festsetzten.

Wichtig ist auch hervorzuheben, daß dort, wo Gesetze etwa eine Ahndung des Industrieverrates zuließen, die Judikatur vielfach versagt hat. Die Textierung dieser Gesetze ist auf Spezialfälle nicht zugeschnitten, weshalb der Gesetzesauslegung ein weiter Raum gegeben war.

Es konnten daher in Österreich, viel später als im Deutschen Reich, lediglich die Bestimmungen der Gesetze über den unlauteren Wettbewerb, welche konkrete Tatbestände festgestellt und mit Sanktionen versehen haben, zur Verfolgung von Wirtschaftsdelikten herangezogen werden. Der Verrat von Betriebs- und Geschäftsgeheimnissen ist, wie schon die Wiener Handelskammer gelegentlich der Begutachtung der Grundsätze für die Erlassung eines Wettbewerbsgesetzes festgestellt hat, nach strenger Auffassung nicht schlechtweg als unlauterer Wettbewerb zu qualifizieren. Der Verrat als solcher könnte nur nach den Bestimmungen des bürgerlichen Rechtes und des Strafrechtes unter gewissen Voraussetzungen beurteilt werden. Er ist meist eine Handlung, die unlauter ist und unter Umständen den Wettbewerb nachteilig beeinflußt. Eine unlautere Wettbewerbshandlung selbst ist nur die Verleitung zum Verrate bzw. die Verwertung des Verrates. Da es aber ungleich schwieriger ist, den Verführer zu finden als den Verräter selbst, so richten sich die Bestimmungen über den Verrat von Geschäftsgeheimnissen zunächst und in erster Linie gegen den Verräter. Das deutsche Gesetz gegen den unlauteren Wettbewerb vom Jahre 1909 bedroht den Angestellten, der Geschäfts- oder Betriebsgeheimnisse unbefugt an andere zu Zwecken des Wettbewerbes mitteilt, mit Strafe, ferner denjenigen, der solche Geheimnisse, die er durch Mitteilung oder durch eine ungesetzliche oder sittenwidrige eigene Handlung erlangt hat, zu Zwecken des Wettbewerbes unbefugt verwertet. Durch den zweiten Absatz des § 17 des deutschen Wettbewerbsgesetzes wird, sowie durch § 11 des österreichischen Gesetzes, der Erwägung Rechnung getragen, daß ein Verrat von Geschäftsgeheimnissen nicht nur durch Angestellte des Konkurrenten erfolgen kann, sondern auch durch andere Personen, die zum Geschäftsinhaber in einem Vertrauensverhältnisse stehen. So muß beispielsweise die Bezugsquelle einer Ware dem Spediteur anvertraut werden. Hier liegt gewiß ein eminentes Vertrauensverhältnis vor. Anders, wenn zu Reparaturzwecken Gewerbsleute in ein Unternehmen berufen werden, wodurch sie ein Einblick ist die Verhältnisse des Unternehmens gewinnen. Hier könnte eine Strafandrohung kaum zum Ziele führen, weil die Erkenntnis dessen, was geheim zu halten ist, für dritte Personen weit schwieriger ist, als für die Angestellten eines Unternehmens.

Bei der Frage, ob das Betriebsgeheimnis eines verstärkten Schutzes bedarf, wird also zu untersuchen sein, ob mit den Bestimmungen der Gesetze gegen den unlauteren Wettbewerb das Auslangen gefunden werden kann, bzw. welche Änderungen sie, um den Schutz zureichend zu gestalten, erfahren müssen, oder ob ein besonderes

Gesetz gegen den Industrieverrat zweckmäßig erschiene, wie dies bei anderen Materien [Warenzeichengesetz und Zugaben zu Waren (Prämiengesetz)] als notwendig erachtet wurde.

Als Mangel des Wettbewerbsgesetzes wird zunächst die zu enge Begrenzung des Tatbestandes auf die Zeit des Dienstverhältnisses bezeichnet. Einer der Entwürfe zum deutschen Gesetze dehnte die Haftung bis zur Dauer von zwei Jahren nach Beendigung des Dienstverhältnisses aus. Der Gesetzgeber sah von dieser Vorschrift ab, weil es sich hier um eine ziemlich wichtige sozialpolitische Frage handelt. Der Angestellte erwirbt in einem Geschäftsbetrieb vielfach Kenntnisse, bezüglich deren man nicht verlangen kann, daß er sie auf einem späteren Dienstposten nicht benützt. Die Frage der weiteren Beschränkung des Angestellten in der Ausnützung seiner Kenntnisse streift die Frage der sog. Konkurrenzklausel. Die Zulässigkeit einer solchen Klausel ist auch im österreichischen Gesetz mit vielen Kautelen umgeben, welche bezwecken, diese Klausel nicht zu einer unbilligen Erschwerung des Fortkommens des Handlungsgehilfen zu machen. Auch nach dem österreichischen Wettbewerbsgesetz (1923) gilt das Verbot, ein Dienstgeheimnis weiterzugeben, nur für die Zeit während welcher das Dienstverhältnis besteht. Nach dieser Zeit kann der Bedienstete von dem Betriebsgeheimnis in jeder Weise Gebrauch machen, allerdings mit der Einschränkung, daß die Kenntnis desselben nicht auf einer unbefugten Mitteilung eines Dritten und auf eigenen gegen das Gesetz oder gegen die guten Sitten verstoßenden Handlungen beruht (§ 11 Abs. 2). Unter Umständen kann in dem Verrat nach Endigung des Dienstverhältnisses ein Verstoß gegen die Generalklausel erblickt werden, z. B. wenn der Angestellte sich in dem Betriebe auf kurze Zeit engagieren ließ, um ein Geschäftsgeheimnis auszukundschaften. Im Berichte des Justizausschusses des österreichischen Reichsrates heißt es mit Bezug auf die Motive der Beschränkung auf die Dauer des Dienstverhältnisses ganz kurz: „Die Beschränkung der Geheimhaltungspflicht auf die Dauer des Dienstverhältnisses schließt jede Gefährdung des Fortkommens des Angestellten aus". Eine gegenteilige Bestimmung, wonach die Geheimhaltungspflicht über das Dienstverhältnis hinaus besteht, wäre trotzdem nicht kurz von der Hand zu weisen, müßte aber eine Terminierung enthalten. Es steht hier das Interesse des Dienstnehmers, durch das Verbot in seinem Fortkommen nicht gehindert zu werden, vielmehr erworbene Kenntnisse in neuen Stellungen ausnützen zu dürfen, dem allfälligen Interesse des Dienstgebers an der möglichsten

Geheimhaltung seiner Betriebseinrichtungen, Betriebsverfahren u. dgl. gegenüber. Eine einheitliche Abgrenzung wird schwer zu treffen sein, da das Interesse des Dienstgebers begreiflicher Weise nach der Bedeutung des Geschäftsgeheimnisses auch zeitlich abgestuft ist. Die einjährige Frist, wie sie in der Konkurrenzklausel fixiert ist, wird in der überwiegenden Mehrzahl der Fälle dem Dienstgeber nicht genügen, bedeutet aber immerhin bereits eine Beeinträchtigung des Erwerbes des Dienstnehmers.

Die Umschreibung des objektiven Tatbestandes, des Verrates oder der Verwertung von Geschäfts- oder Betriebsgeheimnissen ist im allgemeinen zureichend. Es sei denn, man wollte eine Definition des Betriebs- bzw. Geschäftsgeheimnisses in das Gesetz aufnehmen. Das Wettbewerbsgesetz hat hiervon in der Erwägung Abstand genommen, daß die Mannigfaltigkeit der in Betracht kommenden Verhältnisse eine gesetzliche Festlegung dieses Begriffes geradezu ausschließt. Nach der herrschenden Anschauung muß also die Feststellung, ob ein Geschäfts- oder Betriebsgeheimnis vorliegt, im einzelnen Falle der Rechtsprechung überlassen bleiben. Freilich hat es an anderen Anregungen nicht gefehlt. Der Strafrechtslehrer Finger verweist darauf, daß der Gesetzgeber tatsächlich zwei Arten von Geheimnissen im Auge hatte und zwar erstens die industriellen Geheimnisse, d. i. jene, die sich auf die Herstellung und Hervorbringung der Waren beziehen und zweitens die kaufmännischen, die sich auf den Vertrieb der Waren beziehen. Zu den ersteren („Betriebsgeheimnissen") gehören, insbesondere technische Verfahrensarten, zu den zweiten („Geschäftsgeheimnissen") gehören u. a. Bilanzen, Jahresabschlüsse, Kundenlisten. —

Nicht so eindeutig ist die Frage zu lösen, ob der subjektive Tatbestand im Gesetze richtig erfaßt ist. Vielfach wird das Gesetz folgendermaßen ausgelegt: Wer unrechtmäßig in den Besitz eines Geheimnisses gelangt ist, darf es weder anderen mitteilen, noch selbst verwerten, gleichgiltig ob er ein Angestellter oder sonst jemand ist. Wer rechtmäßig in den Besitz des Geheimnisses gekommen ist, hat es während der Dauer eines Dienstverhältnisses und zwar zufolge dieses Dienstverhältnisses zu wahren.

Dr. Kohlrausch behandelt auch die Frage, ob das Gesetz Anwendung zu finden hat, wenn eine Geheimhaltungspflicht über die Dauer des Dienstverhältnisses hinaus vertraglich vereinbart wurde oder diese gar schon aus der Natur des Geheimnisses sich ergeben könnte. Zivilrechtlich bildet zweifellos der Vertragsbruch den Grund eines Schadenersatzanspruches. Strafrechtlich ist aber eine solche vertragliche Ausdehnung belanglos, weil das geltende Gesetz das Delikt ausdrücklich auf die Dauer des Dienstverhältnisses einschränkt.

Die Verwertung von Geschäfts- und Betriebsgeheimnissen kann den § 1 UWG. verletzen, auch wenn ein Verstoß gegen § 17 (rechtswidrige Mitteilung oder Verwertung von Geheimnissen) nicht vorliegt. In sittenwidriger Weise ist die Kenntnis eines Geheimnisses dann erlangt worden, wenn der Angestellte in Wettbewerbs- oder Schädigungsabsicht das in ihn gesetzte Vertrauen mißbraucht, indem er heimlich eine umfangreichere oder sicherere Kenntnis von Betriebsgeheimnissen zu erlangen sucht, als sie ihm vermöge des Dienstverhältnisses zugänglich geworden ist.

Der subjektive Tatbestand ist sehr labil umschrieben. Es wird in der Frage des Verschuldens vorausgesetzt, daß die Mitteilung des Geheimnisses an andere zu Zwecken des Wettbewerbs oder in der Absicht, dem Inhaber des Geschäftsbetriebes Schaden zuzufügen, erfolgt. Auch wer Mitteilungen über Geschäftsgeheimnisse durch eine gegen das Gesetz oder die guten Sitten verstoßende eigene Handlung erlangt hat, ist nur dann strafbar, wenn er sie zu Zwecken des Wettbewerbes unbefugt verwertet (§ 17 deutsches Wettbewerbsgesetz). Im österreichischen Gesetze ist subjektives Verschulden vorhanden, wenn mit der strafbaren Handlung der Zweck des Wettbewerbes verfolgt wird. Im Entwurfe des österreichischen Gesetzes waren nach den Worten" zu Zwecken des Wettbewerbes noch die Worte: „oder in der Absicht dem Inhaber des Unternehmens Schaden zuzufügen" enthalten. Die Fassung des subjektiven Tatbestandes ist in beiden Gesetzen zu eng. Die richtige Fassung wäre diejenige, die erkennen läßt, daß jeder, der um seines Vorteiles willen Geschäfts- oder Betriebsgeheimnisse einem anderen mitteilt oder unbefugt verwertet, strafbar ist. Es ist vollkommen gleichgiltig ob dies zu Zwecken des Wettbewerbs oder zum Zwecke der Schädigung des Geschäftsinhabers geschieht. Voraussetzung der Strafbarkeit ist, daß alle Tatbestandmerkmale vom Vorsatz erfaßt werden. Der Täter muß sich bewußt sein, daß ein Betriebs- oder Geschäftsgeheimnis vorliegt und daß der Empfänger es zu Zwecken des Wettbewerbes ausnützen kann. (Siehe Dr. Alfred Walden „Gesetz gegen den unlauteren Wettbewerb 1924"). Auch dolus eventualis genügt. Der Bedienstete, der etwas mitteilt oder verwertet, wird strafbar, wenn er zwar nicht überzeugt ist, daß es sich um ein Betriebsgeheimnis handelt oder daß es zu Zwecken des Wettbewerbes verwertet wird, aber doch die Möglichkeit im Kauf nimmt, daß ein solches vorläge und zu Wettbewerbszwecken verwendet werden sollte. Der Versuch ist, wie bei jedem vorsätzlichen Delikt, in gleicher Weise strafbar wie die vollendete Handlung. Nach § 17 des deutschen Wettbewerbsgesetzes ist der Versuch nach Auffassung vieler Kreise straflos. Wenn diese Anschauung richtig wäre, so wäre allerdings die wirsame Verfolgung des Industrieverrates schwerlich denkbar. Nicht die Übergabe der Rezepte an den Konkurrenten, sondern schon die Abschriftnahme von solchen in der nachweisbaren Absicht davon einen unbefugten Gebrauch zu machen, muß strafbar sein, denn der Schutz des Geschäftsgeheimnisses muß auch präventiv sein und die Abwehr der Vollendung des Deliktes durch Strafdrohung möglich machen. Die Strafdrohung darf nicht erst im Falle irreparablen Schadens einsetzen.

Noch soll darauf hingewiesen werden, daß Strafdrohungen, welche sich in Geldstrafen von höchstens M. 2500.— oder M. 5000.— ausdrücken, eine unzureichende Sanktion sind und insbesondere nicht ausreichen, wo der Verrat von Geschäftsgeheimnissen ein so großzügiger und umfangreicher ist, daß dadurch der Gesamtwirtschaft unwiederbringlicher Schaden zugefügt wird. Erfahrungsgemäß kommt gerade bei Delikten aus Gewinnsucht der Geldstrafe eine ausschlaggebendere Bedeutung zu als der Freiheitsstrafe.

Die Gesetze gegen den unlauteren Wettbewerb lassen, wie aus dem Vorhergehenden ersichtlich ist, der Auslegung einen weiten Spielraum. Schon die Unklarheit, welche bezüglich der Beschränkung des Deliktes auf die Dauer des Dienstverhältnisses besteht, wäre zu beseitigen. Es ist strittig, ob der tatsächliche Bestand oder der rechtliche Bestand des Dienstverhältnisses maßgebend ist. Nicht einzusehen ist, warum die Sanktion lediglich für Bedienstete nicht auch für Beauftragte des Unternehmens gilt. Die Einreihung des Verrates als solchen in die Materie des unlauteren Wettbewerbes ist, wie früher hervorgehoben, begrifflich teilweise unrichtig. Ferner sollte bei einer legalen Änderung der Versuch einer Definition des Betriebs- und Geschäftsgeheimnisses unternommen werden, beispielsweise wie dies Finger angeregt hat, mit einer Unterscheidung zwischen industriellen (Betriebs-) Geheimnissen und kaufmännischen (Geschäfts-) Geheimnissen. Es werden sich dann festere Anhaltspunkte für die Beurteilung der Strafsachen ergeben, zumal wenn die typischesten Fälle des Verrates im Gesetz aufgezählt werden und wird insbesondere bezüglich der Strafwürdigkeit besser differenziert werden können.

Auch der Personenkreis, welcher als Anstifter, Täter, Mitschuldiger oder Teilnehmer am Verrate in Betracht kommt, sollte erschöpfend aufgeführt werden. Auch eine teilweise negative Umschreibung dürfte in diesem Punkte zweckmäßig erscheinen. Es ist auch darauf hingewiesen worden, daß die vorher erwähnten Rücksichten sozialpolitischer Natur für die Beschränkung des Tatbestandes des Verratsdelikts auf die Zeit des Dienstverhältnisses nicht durchaus für die Neuregelung maßgebend sein dürfen. Ich glaube, daß insbesondere in diesem Belange zwischen Betriebsgeheimnissen einerseits und Geschäftsgeheimnissen andererseits ein Unterschied gemacht werden müßte. Schließlich soll hier noch auf folgendes hingewiesen werden. Eine Frage prinzipieller Natur, die mit dem Schutze des Geschäfts- oder Betriebsgeheimnisses zusammenhängt, trifft dessen Verhältnis zum Patentschutz. Die modernen Privilegiengesetze streben aus verschiedenen Gründen und besonders im Interesse des Fortschrittes der Industrie nach der möglichsten Publizität neuer Erfindungen, für deren Ausnützung Alleinrechte nur in den Formen des Patentschutzes zugelassen werden sollen. Dieser würde, wenigstens theoretisch, durch den Schutz des Betriebsgeheimnisses wesentlich in seiner Bedeutung herabgesetzt werden. Immerhin gibt es aber eine große Anzahl von Fabrikationsgeheimnissen und Betriebsmethoden, welche ihrem Erfinder und Benützer Vorteile gewähren, sich zur Patentierung nicht eignen und daher mit Recht geheimgehalten werden. Auch an dieser Erwägung dürfte eine Neuregelung der auf den Industrieverrat bezughabenden Normen nicht vorbeisehen.

Die Regelung des Betriebs- und Geschäftsgeheimnisses ist ein Gebiet, auf welchem ein systematisch wohlbegründeter Rechtsschutz notwendig ist. Die Normen der Gesetze gegen den unlauteren Wettbewerb sind in wichtigen Beziehungen unzureichend oder unklar und vermeiden es insbesondere in Details einzugehen und entsprechend zu konkretisieren. Es wird daher nur ein Spezialgesetz gegen den Industrieverrat eine verläßliche Abhilfe bieten können.

FSC
www.fsc.org
MIX
Papier | Fördert gute Waldnutzung
FSC® C083411

Kolibri 360 GmbH
Ferdinand-Jühlke-Straße 7
99095 Erfurt, Deutschland
produktsicherheit@kolibri360.de